江苏省公共图书馆
对地方文献开发利用研究

许文惠　郑　瑶　陆　瑶/著

东南大学出版社
SOUTHEAST UNIVERSITY PRESS
·南京·

图书在版编目(CIP)数据

江苏省公共图书馆对地方文献开发利用研究 / 许文惠，郑瑶，陆瑶著. — 南京：东南大学出版社，2024.3
ISBN 978-7-5766-1380-3

Ⅰ.①江… Ⅱ.①许… ②郑… ③陆… Ⅲ.①公共图书馆-地方文献-文献资源建设-研究-江苏 Ⅳ.①G259.275.3

中国国家版本馆 CIP 数据核字(2024)第 070836 号

责任编辑：马　伟　责任校对：张万莹　封面设计：顾晓阳　责任印制：周荣虎

江苏省公共图书馆对地方文献开发利用研究

Jiangsu Sheng Gonggong Tushuguan Dui Difang Wenxian Kaifa Liyong Yanjiu

著　　者	许文惠　郑瑶　陆瑶
出版发行	东南大学出版社
出 版 人	白云飞
社　　址	南京市四牌楼 2 号　邮编：210096　电话：025-83793330
网　　址	http://www.seupress.com
电子邮件	press@seupress.com
经　　销	全国各地新华书店
印　　刷	广东虎彩云印刷有限公司
开　　本	700mm×1000mm　1/16
印　　张	20.5
字　　数	350 千字
版　　次	2024 年 3 月第 1 版
印　　次	2024 年 3 月第 1 次印刷
书　　号	ISBN 978-7-5766-1380-3
定　　价	98.00 元

(本社图书若有印装质量问题，请直接与营销部联系。电话：025-83791830)

前 言
PREFACE

江苏省作为中国东部沿海地区的重要省份，拥有着丰富的历史文化遗产和地方文献资源。公共图书馆作为公共文化服务体系的重要组成部分，对地方文献的开发和利用具有举足轻重的地位。本书研究了江苏省公共图书馆对地方文献的开发利用，为图书馆在地方文献的收集、整理、保存和利用提供有益的参考。

江苏省公共图书馆在地方文献的开发利用方面取得了一定的成绩。目前，全省各级公共图书馆普遍设立了地方文献专架或专室，开展了地方文献的征集、整理、数字化等工作，为地方文献的开发利用奠定了基础。此外，一些图书馆还通过开展地方文献讲座、展览等活动，提高了地方文献的利用率和影响力。

尽管江苏省公共图书馆在地方文献的开发利用方面取得了一定的成绩，但也存在一些问题。首先，地方文献的收集范围有限，影响了文献的完整性和系统性。其次，地方文献的数字化程度较低，不利于资源的共享和利用。最后，图书馆在地方文献的宣传推广方面力度不够，导致许多珍贵的地方文献被束之高阁，无法发挥其应有的价值。

为了更好地开发和利用地方文献，江苏省公共图书馆需要采取以下对策：一是加大地方文献的收集力度，扩大收集范围，从而提高文献的完整性和系统性；二是加强地方文献的数字化建设，推动资源共享和利用；三是加大宣传推广力度，通过开展各种活动提高地方文献的知名度和影响力。

本书正文共八章，辅文包括参考文献及附录一~附录十，其中许文惠同志（南京图书馆）负责第一、第五、第六章的撰写，并负责全书统稿，计130千字；郑瑶同志（南京图书馆）负责第三、第四章及附录七~附录十内容的撰写，计115千字；陆瑶同志（南京图书馆）负责第二、第七、第八章以及参考文献及附录一~附录六内容的撰写，计105千字。

著 者

目 录
CONTENTS

第一章　地方文献概述 ··· 001
- 第一节　何为文献和地方文献 ····································· 003
- 第二节　地方文献的特性 ·· 014
- 第三节　网络地方文献 ··· 031

第二章　江苏地方文献与江苏地方文化 ································ 055
- 第一节　江苏文献的概念 ·· 057
- 第二节　江苏地方文献的基本特点 ······························· 060
- 第三节　江苏地方文献的历史、文化、地域研究 ············ 065
- 第四节　江苏地方文献的传藏 ····································· 071
- 第五节　《江苏文库》 ··· 074

第三章　公共图书馆地方文献的资源建设模式 ····················· 079
- 第一节　公共图书馆地方文献资源的采集模式 ··············· 081
- 第二节　公共图书馆地方文献资源的合作模式 ··············· 093
- 第三节　公共图书馆地方文献资源的收藏模式 ··············· 117
- 第四节　参与公共图书馆地方文献建设的社会力量 ········· 122

第四章　公共图书馆地方文献资源的服务模式 ····················· 137
- 第一节　公共图书馆地方文献资源的用户对象与信息需求 ··· 139
- 第二节　地方文献资源的服务政策 ······························· 150
- 第三节　公共图书馆地方文献服务模式影响因素分析 ····· 154
- 第四节　公共图书馆地方文献资源的服务模式 ··············· 158

第五章　公共图书馆地方文献资源的开发利用 ····················· 179
- 第一节　文旅融合背景下公共图书馆对地方资源的开发利用——研学旅行 ··· 181

  第二节 公共图书馆地方文献阅读活动案例 …………… 191
  第三节 公共图书馆开发利用地方文献的意义 …………… 198
  第四节 开发利用地方文献的策略 ……………………… 205

第六章 公共图书馆地方文献资源的评价体系 ……………… 211
  第一节 公共图书馆地方文献资源评价体系构建原则和依据
     …………………………………………………… 213
  第二节 地方文献资源服务质量评价内容与体系建立 …… 218
  第三节 面向读者的评价机制 …………………………… 221

第七章 实证研究 ………………………………………… 231
  第一节 南京图书馆地方文献征集工作细则 …………… 232
  第二节 南京图书馆地方文献服务模式分析 …………… 240

第八章 地方文献开发利用现存问题与对策 ……………… 263
  第一节 江苏省公共图书馆地方文献工作的基本经验 …… 265
  第二节 江苏省地方文献开发利用现存问题 …………… 269
  第三节 文旅融合背景下公共图书馆地方文献资源的发展策略
     …………………………………………………… 274
  第四节 建设面向地区经济与文化的地方文献信息资源体系
     …………………………………………………… 284

参考文献 ……………………………………………………… 288
附录一 ………………………………………………………… 291
附录二 ………………………………………………………… 299
附录三 ………………………………………………………… 308
附录四 ………………………………………………………… 309
附录五 ………………………………………………………… 310
附录六 ………………………………………………………… 311
附录七 ………………………………………………………… 312
附录八 ………………………………………………………… 313
附录九 ………………………………………………………… 315
附录十 ………………………………………………………… 317

地方文献概述／第一章

在信息化时代，地方文献作为公共图书馆的重要组成部分，其概念和特性逐渐受到广泛关注。本章将梳理文献和地方文献的概念，阐述公共图书馆地方文献工作的必要性和重要性，并深入探讨信息化时代下网络地方文献的概念和特性。

文献是人类在长期的社会实践中积累下来的知识、经验和文化的载体。它记录了人类的历史、思想、科技等方面的信息，是传承人类文明的重要途径。文献的种类繁多，包括书籍、报纸、杂志、报告、档案等。地方文献则是某一特定地区内产生的文献，其具有地域性和专题性的特点。

公共图书馆作为公共服务机构，承担着保存和传承人类文明的重要使命。地方文献工作是公共图书馆的一项重要任务，其必要性主要体现在以下几个方面：首先，地方文献工作是保存和传承地域文化的重要手段；其次，地方文献工作可以为地方经济和社会发展提供信息支持；最后，地方文献工作可以为学术研究提供重要的资料来源。

随着信息化时代的到来，网络地方文献逐渐崭露头角。网络地方文献是指通过网络传播和呈现的地方文献，具有数字化、网络化、动态化的特点。与传统的纸质文献相比，网络地方文献具有更高的传播效率和更广泛的影响力。同时，网络地方文献还具有可交互性、可检索性等优势，能够更好地满足用户的需求。

然而，网络地方文献也存在一些问题。例如，由于网络信息的易变性，网络地方文献的质量和稳定性难以保证；此外，由于网络信息的无序性，用户在获取和使用网络地方文献时需要花费更多的时间和精力进行筛选和整理。因此，公共图书馆在开展地方文献工作时，需要充分考虑网络地方文献的特点和存在的问题，采取有效的措施来保障其质量和可用性。

综上所述，地方文献工作是公共图书馆的一项重要任务，具有必要性和重要性。在信息化时代下，网络地方文献的兴起为地方文献工作带来了新的机遇和挑战。公共图书馆应积极应对这些变化，加强地方文献的收集、整理、保存和传播等工作，为传承人类文明、服务社会发展和学术研究做出更大的贡献。

第一章 地方文献概述

第一节 何为文献和地方文献

文献是知识的宝库，它们以各种形式承载并传递着人类在社会、科技、文化等各个方面的智慧与思考。地方文献作为文献的一个重要分支，具有其特殊的价值和意义。它们详细记录了某一地区的历史变迁、文化传承和社会发展，因而成为该地区人民的宝贵记忆和集体智慧的结晶。此外，文献是指以文字、图像、声音等形式记录下来的知识载体，其种类包括书籍、报刊、录音、录像等。地方文献则是指特定地区内产生的文献，它们反映了该地区的历史、文化和社会发展状况。

地方文献对于研究特定地区的历史、文化、社会等方面具有极高的价值。通过地方文献，我们可以深入了解一个地区的发展历程、风土人情、文化特色等，从而更好地认识和了解该地区的独特魅力和发展潜力。同时，地方文献也为学者们提供了丰富的研究资料，帮助他们揭示历史真相、挖掘文化底蕴，并推动学术研究的深入开展。

地方文献对于传承和弘扬地方文化具有重要作用。一个地区的文化是一个地区人民的精神家园，是维系该地区团结和发展的重要纽带。地方文献作为文化的载体，能够将传统文化和现代文明有机地结合起来，从而推动文化的创新和发展。通过地方文献的传承和弘扬，我们可以增强人们对本地文化的认同感和自豪感，激发他们为地区的发展和繁荣贡献自己的力量。

地方文献还具有促进地区交流与合作的重要功能。随着全球化的深入发展，地区之间的交流与合作越来越频繁和重要。地方文献作为一种重要的信息媒介，能够为地区之间的交流与合作提供有力的支撑。通过地方文献的交流与传播，我们可以增进地区之间的了解和友谊，促进地区之间的经济、文化、科技等方面的合作与发展。

一、文献的概念界定

文献是人类在历史长河中创造的知识的结晶，是记录人类智慧的重要载体。在学术研究领域，文献被广泛地应用于知识的传播、交流和传承。然而，对于"文献"这一概念，不同的学者和学术机构有着不同的理解和界定。

在一般意义上，文献被定义为记录知识和信息的一切载体。这包括各种书籍、期刊、报纸、手稿、电影、录音等。文献不仅仅是文字记录，还包括各种视觉、听觉和多媒体资料。它们是人类社会发展的见证，反映了人类社会的思想、文化和科技的演变。

在《论语》中，孔子首次提及了"文献"一词。他指出："夏礼吾能言之，杞不足徵也；殷礼吾能言之，宋不足徵也。文献不足故也。足，则吾能徵之也。"此处的"文献"与今日所理解的文献存在显著差异。在孔子的语境中，"文献"包含双重含义：一方面，指代文字资料，如古代典籍和档案；另一方面，则指储存在人们脑海中的知识。因此，在古代，"文献"涵盖了历史上的图书、档案和当时贤者的学识与见解。

随着历史的演进，人们的知识记录技术与能力愈发精湛。传统的口述历史与知识逐渐被书面记载所取代。在此背景下，"文献"的含义逐渐变得更为专一，缩小至仅指代"典籍"。

文献在现代社会中具有多角度的定义。根据《辞海》（1979年版）的解释，文献被视为具有历史价值的图书文物资料，涵盖了某一学科的有关重要图书资料。在当今时代，文献的概念进一步扩展为记录知识的各种载体，通过文字、图像、符号、声频和视频等形式将人类知识记录在各种载体上，如纸张、胶片和磁带等。

根据我国《文献著录总则》（GB 3792.1—1983）的标准定义，文献是记录知识的一切载体。此外，周文骏主编的《图书馆学情报学词典》将文献定义为通过特定技术手段将信息内容记录到一定载体上形成的存储型传递媒介。杜泽逊在《文献学概要》一书中则将文献概括为古今一切社会史料的总称。

在学术研究领域，文献被赋予了更为具体和深入的含义。通常，学术文献是指经过同行评审并发表在学术期刊或会议论文集上的论文或报告。这些文献通常是某一学科领域内的最新研究成果，具有较高的学术价值和影响力。除了论文和报告，学术文献还包括各种教材、专著、研究报告和技术报告等。

此外，文献还可以根据其内容、形式和用途进行分类。例如，按照内容可以分为社会科学文献、自然科学文献、人文科学文献等；按照形式可以分为图书、期刊、报纸、手稿、电影、录音等；按照用途可以分为学术研究文献、政府决策文献、商业情报文献等。

综上所述，文献的概念界定应包含两个核心要素：一是知识；二是载体。其他描述和解释则用于进一步明确知识内容及载体形式。

二、地方文献的概念界定

地方文献是一个特定地域内自然、社会、人文、历史等各个方面的综合性记录。它不仅包括地方志、地方史、地方档案等传统文献，还包括地方人士著作、地方出版物、地方报纸、地方期刊等现代文献。这些文献资料不仅对当地人民具有重要意义，而且对全人类文明的发展也具有重要意义。

地方文献是对一个地区历史与现状的综合反映，是认识一个地区的重要工具。通过地方文献，我们可以了解该地区的地理环境、自然资源、人口结构、经济发展、文化传统等方面的信息，从而更好地认识和了解这个地区。同时，地方文献也是传承和弘扬一个地区优秀文化的重要载体，通过它可以将该地区的文化遗产、历史记忆传承下去，让后人更好地了解和继承该地区的历史和文化。

对于图书馆、博物馆等机构来说，收集、整理、保存和利用地方文献是其重要的职责之一。通过对地方文献的收集和整理，可以建立完整的地区性文献体系，为当地人民和研究者提供丰富的文献资源。同时，通过挖掘和利用地方文献，也可以推动当地的学术研究、文化产业和社会发展。

我国地方文献的起源和收集实际上早于该概念的确立和定义，其深厚的历史可追溯至几千年前的西周和东周时期。自其发端之初,地方文献就以其特有的形式和内容,展现了我国丰富多彩的地域文化。这些文献从志书、谱牒、史官的记录中,提供了关于地方风土人情、家族沿革和地方发展的宝贵信息。中国古代的统治者高度重视对地方的各种信息进行详细的记录。这一传统自始至终贯穿于历朝历代,为今天了解和研究地方文化留下了丰富的历史资料。这些早期的文献资料构成了现在所称的地方文献的基石。

1. 狭义的地方文献

在学术领域中,地方文献的狭义定义通常是指地方史料。地方史料以其独特的地域性特点,成为区域性文献的代表。不论文献的出版地点、形式,或是编著者的出生地和文献的载体如何,只要内容与特定地区紧密相关(包括该地的地理位置、建制沿革、名胜古迹、风俗人情、物产资源、语言文字,以及经济、文化教育等方面),均被视为地方文献。

地方史料的定义以文献内容是否具有地方特征为依据,强调了地方文献的地域特色及其在政治、历史和文化方面的价值。然而,仅从狭义的角度理解地方文献,只能从一个特定层面揭示其本质特征——地域性。实际上,"地方史料"这一概念的范围相对狭窄,并不能完全涵盖所有的地方文献。

如在《中国图书馆分类法》中,地域性特征的文献分布广泛,不仅涵盖了"地方史料"和"地方史志",还涉及众多与地域相关的其他文献类型。过于局限的地方文献定义可能导致研究视野受限,使我们无法全面挖掘和利用各类具有地域特色的文献资源。为了更好地利用这些珍贵的文献资源,我们需要拓宽视野,不再将地方文献简单地定义为"地方史料"或"地方史志",而是将其看作一个更广泛的概念,即包括与特定地域相关的所有文献资料。通过这样的方式,我们可以更全面地挖掘和利用各类具有地域特色的文献资源,进一步推动相关领域的研究与发展。

2. 广义的地方文献

在广义上,地方文献包括地方出版物、地方人士著述和地方史料,其涵盖范围较之狭义概念更为广泛,从而增强了地方文献的包容性。然而,实际操作中，并非所有地方出版物和地方人士著述都归类于地方文献。

地方出版物主要指在特定地域范围内出版的各类出版物，包括图书、期刊、音像制品，以及网络信息等。这些出版物在一定程度上反映了某一地域在特定时期的科学发展与文化发展水平。然而，由于其内容的多样性，涉及众多领域和学科，多数地方出版物在内容上并不具备显著的地方特色。若不加以筛选，将所有地方出版物都视为地方文献进行收藏，会导致文献的杂乱无章，难以突显地方文献的独特性和优势。因此，内容上不具备地方特色的地方出版物应排除在地方文献收藏之外。

同样，地方人士著述也存在类似问题。目前，对于地方人士有两种理解："狭义"的地方人士主要指本地籍贯的人士；而"广义"的地方人士则包括本地籍贯人士以及长期居住或工作在本地的外地籍贯人士。具体包括以下三种情况：一是本地籍贯且在本地的长期工作和生活；二是本地籍贯但工作和生活在其他地方；三是外地籍贯但长期在本地工作和生活。

无论是从"广义"还是"狭义"的角度来看，由于工作和生活的环境以及人生经历的影响，这些地方人士与本地都有着密切的联系，因此，他们的著述中有一部分或多或少地带有明显的地方色彩，这部分文献理应被视为地方文献进行收藏。然而，也有相当一部分地方人士的著述并不具备明显的地方特征，这些文献则应排除在地方文献的范畴之外。

三、公共图书馆的地方文献工作

《公共图书馆业务规范》（GB/T 40987.1—2021）中定义"地方文献"（local document）是"有关某一特定地区及其居民的各类型文献"。省级公共图书馆的业务工作包括：公共图书馆的一般业务，以及作为所在行政区域内地方文献收藏中心、联合编目中心、古籍保护中心和图书馆协调与协作中心所承担的特殊业务。

在1904年3月，名为湖南图书馆的省级公共图书馆正式成立（图1.1）。为充实馆内藏书，该馆刚成立就发出了募捐启事，呼吁社会各界人士慷慨捐献书籍和资金。所收集的图书主要集中在湖南地方志和湘籍人士的著作，这些书籍构成了湖南图书馆最早的藏书基础，展现了该图书馆对地方文化的深厚关注与珍视。

图 1.1　湖南图书馆馆舍（定王台）
图源：湖南图书馆官网

在 1941 年，杜定友先生深知图书馆在文化传承中的重要地位，他在担任广东省立图书馆馆长期间明确指出该馆的首要任务是保存广东文献。他认为作为图书馆，保存文献是首要任务，因为这些文献是历史的见证、是文化的载体、是知识的宝库。只有将它们妥善保存，才能让后人更好地了解广东的历史和文化，更好地推动学术研究的发展。

为了更好地服务于学术研究，杜定友先生特别设立了广东文献专藏。这一专藏涵盖了广东史料、乡贤著述、名人传记和本省刊物等多个方面，为学者们提供了系统的、全面的文献资料。同时，他还组织编制了详尽的《广东文献索引》，方便学者们快速查找所需的文献资料。这一索引不仅包括了文献的作者、标题、出版时间等基本信息，还详细介绍了文献的内容和价值，为学者们的研究提供了极大的便利。

杜定友先生对图书馆的贡献并不仅限于保存文献和提供资料。他还十分注重图书馆的现代化建设和服务质量的提升。他引进了先进的图书馆管理理念和技术，加强了图书馆的数字化建设，提高了图书馆的信息化水平。同时，他还积极推动图书馆与其他学术机构的合作与交流，为图书馆的发展注入了新的活力。

杜定友先生的努力和贡献，使得广东省立图书馆成为当时国内最具影响力的图书馆之一。他的理念和做法，也为后来的图书馆建设提供了宝贵的经验和启示。如今，当我们走进广东省立中山图书馆（广东省立图书馆），依然可以感受到杜定友先生对学术研究和文化传承的执着和热爱。他的精神和思想，将永远激励着我们为学术事业和文化传承而努力奋斗。

在 1957 年，文化部（现文化和旅游部）联合北京大学、武汉大学等六家单位在南京举办了首届全国省市图书馆工作人员进修班。杜定友先生在这次活动中发表了题为《地方文献的搜集整理与利用》的演讲。这份演讲稿是我国关于地方文献工作的首次系统理论总结，全面阐述了地方文献的基本理论和主要工作内容。他强调了地方文献的空间区域性特征、载体多样性和价值史料性等特点。关于地方文献的范围，他科学地划分为史料、人物和出版三个部分，并指出图书馆地方文献工作的核心环节包括收集、整理和利用三个方面。

公共图书馆作为地方的文化地标，开展地方文献工作更是有着义不容辞的责任和得天独厚的优势。省级公共图书馆作为区域文献保障中心和地方文献中心，在馆藏文献体系结构、馆藏文献选择、复本量等方面均做出相应规定；在馆藏发展政策中明确对地方文献的全面入藏、系统收集地方文献信息、保存和传承地方文献的要求。地方文献工作主要内容分为收集、整理和使用三个部分。公共图书馆的地方文献工作是一项非常重要的任务，它旨在收集、整理、保存和利用本地区的文献资源，为当地的文化、历史和社会发展提供支持。以下是关于公共图书馆的地方文献工作的一些内容：

1. 收集文献

公共图书馆的地方文献工作首先要收集本地区的文献资源，其中包括历史、文化、地理、政治等方面的资料。这些资料可以通过多种途径获得，例如，捐赠、购买、复制等。图书馆应该积极与当地政府、文化机构、社会团体等合作，扩大文献收集的范围和渠道。

图书馆地方文献的收集是一项至关重要的工作，它是公共图书馆建设中的重要环节。对于公共图书馆而言，如何有效地收集和整理地方文献，是一项既重要又艰巨的任务。因此，公共图书馆必须重视地方文献的收集工作，并将其作为一项长期性的工作来抓。

地方文献的收集需要从多个渠道入手。除了传统的政府机构，如档案馆、党史办等，还可以从社会团体组织、网络资源等方面进行收集。例如，政协文史委员会、文联等社会团体组织往往拥有大量珍贵的地方文献资料，而网络资源的丰富性也为地方文献的收集提供了更多可能性。此外，对于散落在民间的珍贵文献资料，则可以通过面向本地区各单位、各群众发出征集公告的方式进行收集。

在收集地方文献的过程中，图书馆可以采用挑选、采购、征求、受赠、复制、交换、馆际共享等多种方式进行。挑选是从已有的馆藏文献中挑选出需要的地方文献；采购则是根据读者需求或馆藏需要从市场、书店、出版商、收藏家等处进行购买；征求则是面向社会各界发出征集公告，以获取散落在民间的珍贵文献；受赠则是接受来自企事业单位、知名作家或社会群体的赠书；复制、交换、馆际共享等方式则是为了满足读者需要，针对比较珍贵的孤本或是材料易受损的地方文献所采取的收集方式。

然而，地方文献的收集工作并非易事。这不仅需要前期做好充足的调查研究，以掌握当地的天、地、人、事、物等情况，还需要在实际工作中保持专业性、敏锐性和不屈不挠的顽强意志。因为这需要不断地深入了解和研究地方的历史、文化和社会发展状况，才能够更好地发现有价值的地方文献。因此，对于从事地方文献工作的人员素质要求较高。

为了更好地完成地方文献的收集工作，公共图书馆需要采取一系列措施。首先，要建立健全地方文献的收集制度，明确收集的范围和标准，确保收集工作的有序开展。其次，要加强与地方政府、企事业单位和社会团体的合作与交流，拓宽收集渠道和资源。再次，要积极利用现代信息技术手段，建立数字化平台，实现地方文献资源的共享和传播。最后，还需要加强人才培养和队伍建设，以提高从事地方文献工作人员的专业素养和业务能力。

总之，公共图书馆地方文献的收集工作是一项长期而艰巨的任务。只有通过不断的努力和实践，才能够更好地完成这项工作，为公共图书馆的建设和发展做出更大的贡献。

2. 整理和保存文献

收集到的文献需要进行整理和保存，以便更好地利用和保护这些宝贵的资源。图书馆应该建立完善的文献整理和保存制度，并且采取适当的措施，如数字化、缩微化等，确保文献的长久保存和有效利用。

传统的地方文献整理工作主要包括分类、编目、上架等内容。由于地方文献具有特殊性，使其在分类编目上与普通藏书相比存在着更多样化的需求。为了满足这些多样化的需求，图书馆可以编制不同的分类目录，如普通分类目录、人名目录、专题目录以及出版编年目录等，为读者提供多种多样的资料线索。这些分类目录不仅方便读者根据自身需求从不同角度快速查阅，还能为相关的参考研究提供更为详尽的信息。

尤其值得注意的是，杜定友曾提出过地方文献的特殊分类方法——"冠号"分类法。这种方法不仅可以延续全馆藏书分类体系的一致性，还能保证地方文献的特殊性。通过"冠号"分类法，图书馆员可以根据地方文献的特点和内容，对其进行更为细致和准确的分类。这种方法不仅提高了地方文献的整理效率，还使得读者能够更加方便地找到自己所需的资料。

此外，随着数字时代的快速发展，地方文献的整理工作还包含了地方文献的数字化。数字化主要是指通过利用网络平台和技术手段，实现地方文献的数字化和建设地方文献数据库。通过数字化处理，一些价值较高的珍本、善本等得以永久保存，因而有效地解决了这类地方文献藏与用相矛盾的问题。同时，数字化还使得地方文献的传播和利用更加便捷，读者可以通过网络随时随地查阅到这些资料。

建设地方文献数据库是指通过图书馆员对地方文献的二次加工，建设书目数据库、全文数据库、资源导航数据库及特色专题数据库等各类型数据库。这些数据库的建立为读者提供了更为全面和详尽的地方文献资源，使得读者可以更加方便地进行相关研究。同时，这些数据库还有助于图书馆对地方文献进行更为科学的管理和利用。

综上所述,传统的地方文献整理工作在分类编目上存在着多样化需求,而数字化时代的来临则为这种整理工作提供了新的思路和方法。通过编制不同的分类目录、采用特殊的分类方法、进行数字化处理和建设各类数据库等措施,图书馆可以为读者提供更为全面和便捷的地方文献资源服务,从而更好地满足读者的需求。

3. 提供使用服务

公共图书馆的地方文献工作是一项至关重要的服务,旨在为当地读者提供高质量的文献资源。在这个过程中,图书馆应以服务为本,以满足读者的需求为中心,通过多种方式提供利用服务。

首先,图书馆可以设立专门的阅览室,为读者提供一个舒适的、安静的阅读环境。阅览室应具备丰富的文献资源,包括书籍、期刊、报纸等,以满足不同读者的需求。此外,图书馆还可以提供复制服务,如复印、扫描等,方便读者获取所需的文献信息。

其次,图书馆可以通过开展专题展览来展示地方文献的特色和价值。这些展览可以涵盖历史、文化、民俗等多个方面,以吸引更多的读者了解和关注地方文献。同时,图书馆还可以利用数字化手段,如建立网站、发布电子书等,从而使文献的传播范围更广,利用效率更高。

然而,传统的地方文献服务主要停留在查阅和提供简单咨询的层面,这在很大程度上限制了地方文献的使用价值。因此,图书馆应不断挖掘地方文献的更多价值。例如,通过对地方文献进行深度研究,生成专题报告或进行再版工作,为政府决策、企业发展或个人研究提供有力的支持。此外,图书馆还可以依据地方文献资源开展展览、讲座、沙龙等宣传推广活动,吸引更多读者使用地方文献,从而提高地方文献的利用率。

综上所述,公共图书馆的地方文献工作应以服务为本,为当地读者提供优质的服务。通过多种方式提供利用服务、开展专题展览、挖掘地方文献的更多价值等措施,图书馆可以更好地满足读者的需求,实现资源的最大化使用。

4. 开展研究合作

公共图书馆的地方文献工作在推动本地区的文化和社会发展中起着至

关重要的作用。这些图书馆作为知识的宝库，拥有丰富的文献资源，可以为研究者提供宝贵的资料，帮助他们深入挖掘本地区的文化资源。通过与当地的研究机构、学者等合作，公共图书馆可以与其共同开展研究项目，进一步推动本地区的文化和社会发展。

公共图书馆的地方文献工作不仅有助于提高本地区的文化软实力，还可以促进当地的社会经济发展。例如，通过研究本地区的文化遗产，可以发掘其经济价值，推动旅游业的发展。同时，深入挖掘本地区的文化资源，也可以为当地的文化产业提供丰富的素材，促进文化产业的发展。

为了更好地推动本地区的文化和社会发展，公共图书馆应该积极与当地的研究机构、学者等建立合作关系。图书馆可以提供丰富的文献资源，为研究项目提供必要的文献支持。同时，图书馆还可以搭建研究平台，为学者们提供一个交流和合作的场所，促进学者之间的学术交流和合作。此外，图书馆还可以通过举办学术讲座、展览等活动，向公众普及本地区的文化知识，以提高公众的文化素养。

在实践中，许多公共图书馆已经在这方面取得了显著的成果。他们与当地的研究机构、学者等合作开展了一系列的研究项目，深入挖掘本地区的文化资源，为学术研究提供了有力的支持。这些研究成果不仅有助于提高本地区的文化软实力，还为当地的经济社会发展做出了积极的贡献。

地方文献的基本属性包括地域性、历史性、系统性和多样性。这些属性使得地方文献成为一个宝贵的资源，对于研究一个地区的历史文化和经济社会具有重要意义。

第二节
地方文献的特性

地方文献是一个丰富而复杂的知识领域。通过对地方文献的分类、特点、分布及重要性的探讨,我们可以更好地认识和理解这一领域,从而可以更好地利用这些资源来推动当地的经济和社会发展。

地方文献的分类是多种多样的。根据不同的分类标准,地方文献可以被划分为不同的类型。例如,根据文献的载体,地方文献可以分为纸质文献和数字文献;根据文献的内容,地方文献可以分为历史文献、地理文献、文化文献等;此外,根据文献的出版形式,地方文献还可以分为正式出版物和非正式出版物。

地方文献的特点也是非常显著的。一方面,地方文献具有地域性,它反映了某一地区的历史、文化和社会发展状况,因此对于该地区的认识和研究具有重要的价值。另一方面,地方文献具有多样性,它涵盖了该地区的政治、经济、文化等多个方面,为人们提供了丰富的信息。

地方文献的分布也是值得关注的。地方文献的地域性和多样性特点,使得其分布相对分散。在图书馆、档案馆、博物馆等机构中,都可以找到地方文献的踪迹。此外,随着数字技术的发展,地方文献也逐渐转为数字化,使得更多的人可以方便地获取和利用这些资源。

地方文献的重要性不言而喻。它不仅对于研究某一地区的历史、文化和社会发展状况具有重要的价值,而且对于推动该地区的经济和社会发展也具有重要的意义。例如,通过研究某一地区的地方文献,可以对该地区的历史文化遗产有所了解,从而为当地的旅游和文化产业发展提供支持;同时,也可以对该地区的经济发展状况和社会问题有所了解,为当地政府制定政策提供依据。

第一章
地方文献概述

一、地方文献的分类

地方文献的分类指按照文献的地区性进行归类。通过地方文献的分类，可以将不同地区的文献归入不同的类别，以便于对不同地区的文化、历史和社会发展进行研究和分析。

在地方文献的分类中，可以根据文献的地区归属、内容主题、出版形式等多种因素进行分类。例如，可以根据文献所涉及的地区范围，将其分为国家、省、市、县等不同级别的文献；根据文献的内容主题，将其分为历史、地理、文化、经济、社会等不同类别的文献；根据文献的出版形式，将其分为图书、期刊、报纸、网站等不同形式的文献。

在地方文献的分类中，还需要注意以下几点：

（1）分类标准的选择要根据研究目的和研究领域来确定，不同的分类标准适用于不同的研究目的和研究领域。

（2）分类时要充分考虑文献的地区性特征，将其归入相应的地区类别中。

（3）分类时要注重文献的完整性和准确性，尽可能保留文献的全部信息。

（4）分类时要遵循一定的规范和标准，保证分类的科学性和系统性。

地方文献的分类是研究地方文化、历史和社会发展的重要手段，通过科学合理的分类，可以更好地整理和利用地方文献资源，推动地方文化和社会的发展。一般将地方文献分为地方史料、名人资料、地方出版物、革命文献资料、风土民俗资料，以及家谱资料等不同类别，不同收藏单位也会根据各自馆藏资源的特色进行重新分类。

1. 地方史料

地方史料的范围非常广泛，涵盖了地方志、碑刻、拓片、名人字画、家谱等多种类型。其中，地方志是地方史料的核心，它以区域为中心，记录了某一地区的地理形态、气候环境、历史沿革、政治经济、历史条件、历代地方人物、艺术、名胜，以及风俗等方面的信息，是该地区最全面、最详尽的历史资料。

地方志的种类繁多，分为综合性地方志和专业性地方志两大类。综合性地方志是以某一地区为研究对象，包含了该地区的各个方面，如市志、县志等；而专业性地方志则是以某一特定领域为研究对象，如水利志、教育志等。这些专业性地方志在内容上更加深入、具体，对于了解某一特定领域的发展历程和现状具有重要的参考价值。

自20世纪80年代以来，我国开始重视史志的修订和整理工作，这也符合了"盛世修志"的传统观念。在新修地方志的工作中，全国各地积极踊跃，市有市志，县有县志，甚至有的乡镇也修有自己的志书。这些新修的地方志不仅丰富了地方文献的种类和内容，也为后人了解和研究当地的历史提供了重要的资料。

除了新修的地方志，我国还有大量的旧志书和碑刻等资料需要整理和保护。这些资料记录了大量的历史信息和文化遗产，对于了解我国的历史和文化具有重要意义。因此，应该重视对这些资料的研究和保护工作，让它们得以传承和发扬光大。

地方史料是一个丰富而重要的领域，它不仅是研究某一地区历史和文化的重要资料，也是该地区不可多得的宝贵财富。应该充分发掘和利用这些资料，为学术研究和社会发展提供有力的支持。

2. 名人资料

收集名人资料是一项非常有意义的工作，它不仅能够丰富知识储备，还能够为后代提供宝贵的历史资料。在收集名人资料时，应该坚持一个原则，那就是"多多益善"。

本土人士的资料是非常重要的，因为这些资料能够反映出当地的文化、历史和社会背景。无论是名人的还是普通人的资料，都应该被充分地收集和保存。无论这些资料是印成册的书籍、报纸、杂志，还是散见于网络上的各种文章，都应该被收录和保存。这样才能够全面地反映出一个地区的历史和文化。

以河南省安阳市为例，这座历史悠久的城市孕育了大量的俊才英杰。这些名人涵盖了政治、思想、军事、史学、科技、医学、文学、艺术、教育等多个领域。此外,安阳市还拥有一大批优秀的工匠艺人,如石雕、木雕艺人等,以及戏剧和曲艺名人、裁缝、厨师、郎中、武师等各行各业的能工巧匠。这些人的资料也是非常宝贵的,因为它们能够反映出当地的手工艺水平和文化特色。

在收集名人资料时,应该尽可能地扩大收集范围,不应仅仅局限于名人的资料。因为普通人也有自己的故事和经历,这些经历和故事也能够反映出当地的历史和文化。此外,还可以通过各种渠道收集资料,如图书馆、档案馆、博物馆等,这些机构往往保存了大量的历史资料和文献,对于了解当地的历史和文化非常重要。

在收集名人资料时,还需要注意资料的准确性和可靠性。对于一些存在争议的资料,应该进行充分的考证和核实。只有这样,才能够保证所收集资料的真实性和可信度。

3. 地方出版物

地方出版物是指某一地区历代刻印、出版、发行的一切资料,包括本地区正式和非正式出版物。这些出版物不仅仅是文字和图像的载体,更是某一地区历史和文化的重要见证。地方出版物具有地域性和独特性,它们记录着本地区的经济、文化和社会发展轨迹,是了解和研究地方历史、文化、民俗等的重要资料。

在收藏地方出版物时,应该重点关注那些能够反映本地区经济、文化的发展轨迹,以及展示本地区人文历史面貌的资料。这些出版物不仅具有历史价值,也具有文化意义和艺术价值。通过收藏和研究地方出版物,可以更深入地了解本地区的历史和文化,同时也可以为当地的文化传承和发展做出贡献。

在鉴别和收藏地方出版物时,需要具备一定的鉴别能力和专业知识。首先,需要了解地方出版物的特点和规律,包括印刷技术、版式设计、纸张材料等方面的知识。其次,需要关注出版物的历史背景和文化内涵,了解其在本地区历史、文化中的地位和作用。最后,还需要注意鉴别出版物的真伪,避免收藏到仿制品或伪造品。

为了更好地保护和传承地方出版物,需要采取一系列措施。首先,应该加强宣传和教育，提高公众对地方出版物的认识和重视程度。其次，应该加强研究和整理，挖掘地方出版物的历史和文化价值，为学术研究和文化传承提供支持。最后，还应该加强保护和修复工作，确保这些珍贵的历史文化遗产得以长久保存。

4. 革命文献资料

地方革命史是地方出版物的重要组成部分，它不仅是地方出版物的一部分，更是进行革命传统教育的重要资料。通过深入挖掘和研究地方革命史，可以更好地了解当地的革命历程和革命先烈的英勇事迹，为传承和弘扬革命精神提供有力的支撑。

地方革命史具有鲜明的地域特色，它与当地的政治、经济、文化和社会发展紧密相关。因此，在编写地方革命史时，需要充分考虑当地的历史背景和特点，尽可能地收集和整理相关的历史资料，包括文献、档案、口述历史等。同时，还需要结合当地的实际情况，进行深入的实地调查和研究，以获得更加全面和准确的历史资料。

地方革命史不仅是进行革命传统教育的重要资料，还可以作为图书馆馆藏的一个特色内容。通过将地方革命史作为图书馆馆藏的一个特色内容，可以更好地满足读者的阅读需求，提高图书馆的知名度和影响力。同时，也可以为学术研究提供更加丰富和全面的资料，从而推动地方历史研究的深入发展。

5. 风土民俗资料

风土民俗，是指一个地区特有的地理环境、生产生活方式、文化传统，以及语言习惯等构成的民俗风情。它是一个地方文化的独特表现，也是人们精神文化的重要组成部分。风土民俗的形成，与当地的历史、地理、气候、物产等因素密切相关，是人们在长期的生活实践中不断积累和形成的。

首先，风土民俗涉及当地的自然环境。比如，中国南方的水乡文化，与当地水系发达、河网密布的自然环境密切相关。当地居民的出行、生产、生活等方面都离不开水，因此形成了独特的船文化，如船上婚礼、船上集市等。而在中国的黄土高原地区，由于土地贫瘠、气候干旱，当地居民形成了以耕种和畜牧为主的生计方式,因此形成了豪放、粗犷的民俗风情。

其次,风土民俗也涉及当地的生产生活方式。比如,在中国的一些山区,由于地势陡峭、交通不便,当地居民形成了以农耕和狩猎为主的生产生活方式。他们种植的农作物和狩猎的动物都是当地的特产,因此形成了独特的食品文化,如湘菜的辣味、川菜的麻辣等。而在中国的平原地区,由于土地平坦、交通便利,当地居民形成了以种植和商贸为主的生产生活方式,因此形成了繁华的城市文化和商业传统。

最后,风土民俗还涉及当地的文化传统和语言习惯。比如,在中国南方的许多地区,人们有在春节期间贴春联、放鞭炮、赏花灯等传统习俗。这些习俗蕴含着当地的历史文化和语言习惯,如春联的韵律美、花灯的造型美等。同时,当地的语言也是民俗风情的重要组成部分,如闽南话的俚语、客家话的谚语等。

6. 家谱资料

家谱是一个家族的历史记载,详细记录了一个家族的姓氏起源、发展历程、家族成员,以及重要人物的事迹。它是家族传统和文化的载体,也是地方文献的重要组成部分。家谱对于研究当地历史和风土民情具有重要的参考价值,因为它能够提供丰富的历史信息和地方特色。

家谱中所记载的人物和相关事件,往往具有鲜明的地域特色。这是因为家族成员均在特定的地域范围内活动,他们的生活、工作和社交都与当地的历史、文化和环境紧密相关。例如,宋代三朝宰相韩琦家族编撰的《韩氏家谱》,详细记录了韩氏家族在政治、文化和社会方面的贡献,同时也反映了当时社会的风土民情和历史文化背景。《韩氏家谱》对于研究宋代历史和文化具有重要的参考价值。

除了提供地域特色方面的信息外,家谱还能帮助我们更好地理解家族成员之间的关系和家族结构。通过家谱可以了解家族成员之间的亲缘关系、婚姻状况、家族传承等方面的信息,这对于研究家族社会结构、家庭关系,以及家族传统等方面都具有重要的意义。

此外,家谱也是家族文化传承的重要载体。通过家谱,家族成员可以了解家族的传统、信仰、价值观以及家族故事和传说等方面的信息。这对于家族成员来说，不仅能够使他们更好地了解自己的家族历史和文化，也能够更好地传承和发扬本家族的传统和文化。

二、地方文献的特点

地方文献作为文献的一种类型，具有内容广泛、形式多样的特点。然而，其最本质的特点是什么？这值得深入探讨。

1. 地域性

地方文献作为地域文化的历史见证，其地域性特点显而易见。这一特性可以说是地方文献的灵魂。

地方文献是某一特定地域内反映该地区的自然与社会现象的各类文献的总和，其中包括了地理、历史、政治、经济、文化等多个方面。它既是历史的见证，也是文化的传承。地域性作为地方文献的本质特点，主要体现在以下几个方面：

首先，地域性体现在地方文献的内容上。地方文献的内容具有显著的地方特色，它反映了某一区域的地理位置、地形地貌、山川河流、气候灾害、语言文字、风俗民情、名胜古迹、经济生活等多方面的历史和现状。这些内容都是某一地区的独特之处，是其他地区无法替代的。例如，苏州地区的文献资料，就充分反映了苏州地区的特色，如园林文化、水乡风情等。

其次，地域性体现在地方文献的地理空间范围上。地方文献中的地方区域是相对一个国家而言的，是国家领土所辖的某一部分。这个范围可以小到一个自然村，也可以大到一个地区。无论范围大小，地方文献都是对某一地区的详细记录和反映。

最后，地域性还体现在地方文献的载体形式上。地方文献的载体形式多种多样，包括图书、期刊、报纸、电子文献等。这些载体形式都为地方文献的地域性特点提供了有力支撑。例如，电子文献可以通过数字化技术，将地方文献转化为数字资源，方便读者通过网络进行检索和阅读。

以苏州地区为例,有关记载苏州地区知识的文献资料,如《吴地记》《洪武苏州府志》《同治苏州府志》《康熙吴县志》《万历长洲县志》等66种方志,就记载了自晋代至民国时期苏州府所辖地区的政治、经济、文化、军事、交通等各方面的详细资料。这些资料都是对苏州地区的详细记录和反映,充分体现了地方文献的地域性特点。

2. 资料性

地方文献是一个广泛而丰富的概念,涵盖了各种类型的资料。这些资料不仅限于公开出版物或内部资料,还包括成册的著述、零星散页、日记、手稿、方志、族谱、图画、相簿、磁带或光盘等。简而言之,任何能够反映地方人物、历史、物产、风貌、习俗等方面的资料,只要具有了解和认识其地方的价值,都可以被视为地方文献。

然而,地方文献是否具备了堪称"文献"的史料价值和学术价值,并不是一个有明确判断标准的问题。这很大程度上取决于采用者如何利用这些资料。不同的利用方式可能会强调不同的价值侧重点,从历史价值到文化价值,再到社会价值等。因此,对于地方文献的史料价值和学术价值的认识和评价,需要采用者具备一定的专业素养和判断力。

为了更好地利用地方文献,可以采用各种方法和技术。其中数字化技术是一个重要的手段,通过将传统的纸质资料转化为数字格式,可以方便地存储和检索这些资料。数字化技术不仅提高了资料的可及性和可获取性,还有助于保护和保存珍贵的文献。

数据分析技术也是处理地方文献的重要工具。通过处理和分析大量的地方文献数据,可以挖掘出更深层次的信息和知识。这有助于我们更好地理解地方历史、文化和社会发展等方面的情况。

3. 史料性

地方文献作为我国历史文献系统的重要组成部分,其具有非本质的主要特征。这些特征不仅体现在地域性上,更在于其史料性和学术价值。地方文献必须具备存史、资政、励志的作用,这就要求其必须具备较高的史料价值和学术价值。

在地方文献的收集和整理过程中,不能忽视其地域性的特点。地域性是地方文献的"范围选择"要求，它涵盖了所有涉及某一地方的图书文物资料，不论其出版形式、出版地、出版者，以及出版物的载体如何。这不仅包括正式出版的文献资料，也包括非正式出版物，如手稿、内部资料等。

然而，地方文献的史料性和学术价值才是进行"质量选择"的准则。并非所有涉及地方的图书资料都是地方文献，因为其中可能存在纪实少、创作多，文学性强、资料性弱的情况。因此，在确定地方文献时，需要进行严格的筛选和鉴别。

纪实性是地方文献资料特点的重要体现。一些资料虽未公开发行，但不失其史料价值。例如，有些人写了一些生活片段回忆，或言论结集，或诗文汇编，这些资料并没有出版，只给亲友们内部传阅，但其中不乏珍贵的史料，也可作为地方文献。这些资料虽然形式多样，但都具备了重要的历史价值，为后人提供了宝贵的历史资料。

为了更好地发挥地方文献的作用，需要深入挖掘其史料价值和学术价值。这需要对地方文献进行全面的收集、整理和研究，挖掘其中蕴含的历史信息和学术价值。同时，也需要加强地方文献的宣传和推广工作，让更多的人了解和利用这些宝贵的资源。

4. 系统性

地方文献的不断产生是一种不以人的意志为转移的社会现象，它是某一地区在漫长的社会历史发展过程中所积累的物质和精神成果的集中体现。可以说，自从人类社会诞生以来，地方文献的生产就如同历史的脚步一般，从未停止过前进的步伐。

以地方志为例，这种特殊的文献形式充分展现了地方文献的丰富多彩。在1949年以前，我国各县市出版的古籍文献中，包括了各种府志、厅志、县志、风土志、人物志等。这些珍贵的地方志文献，如同历史的明镜，映射出那个时代的政治、经济、文化、自然等方面的真实面貌。它们不仅仅是文字的记录，更是那个时代人们生活、思想的见证。

而在1949年以后，随着社会的变迁和行政区划的调整，我国的地方志文献也进入了新的发展阶段。各种县市志如雨后春笋般涌现，它们以更加详尽、系统的内容，展现了新中国成立后各地区的发展历程。这些地方志文献，对于了解和研究当代中国的历史、文化、社会等方面，起到了重要的参考价值作用。

地方文献作为对某一区域政治、经济、文化、自然等方面的系统记录，具有极高的历史和文化价值。它们在内容上相互联系，形成了一个有机的整体，揭示了一个地区的全部发展历史。同时，地方文献也是地方文化的载体，它们以文字、图像、实物等多种形式，传承和弘扬着地方文化的精髓。

在今天这个信息爆炸的时代，地方文献的重要性愈发凸显。它们不仅是历史的见证，更是认识和了解一个地区最直接、最真实的途径。因此，对于地方文献的保护、整理和传承工作显得尤为重要。只有通过对这些珍贵的历史文献进行深入研究，才能更好地发掘其中的价值，为未来的发展提供借鉴和启示。

三、地方文献的分布

地方文献的分布可以说是无处不在，这是由地方文献的特性决定的。实体地方文献资源分布，从应用的角度分析，勾勒出以下几方面的分布状况：

1. 分布在具有收藏性质的机构内

地方文献资源是存在于图书馆、档案馆、博物馆、纪念馆等机构中的重要文化财富。这些资源不仅包括纸质载体的文字资料，还包括非纸质载体的文字资料、实物，以及实物所传达出来的信息资源。图书馆是其中最为重要的机构之一，它既是带有研究性和公益性的文化服务机构，也是大量地方文献信息资源的拥有者。

图书馆作为知识的宝库，肩负着收集、开发和利用地方文献的重要任务。为了更好地满足读者的需求，图书馆通常会设立专门的部室或阅览室，为读者提供丰富的地方信息资源。此外，图书馆还会编制各类地方文献的书目、索引、文摘等工具书，帮助读者快速定位所需资料。随着网络技术的飞速发展，图书馆还致力于制作地方文献专题数据库，将地方文献资源数字化，使得更多人能够通过网络轻松获取这些宝贵的知识资源。这种数字化方式不仅方便了读者，还有效地保护和传承了地方文献，为后世留下了丰富的文化财富。

档案馆则是专门负责收集和保存组织或单位历史记录的机构。档案馆中保存了大量的原始档案资料，其中不乏与地方紧密相关的历史原件、建筑图纸、土地契约等。这些珍贵的资料对于了解一个地区的历史和文化具有不可估量的价值。正是因为档案馆的精心保存，我们才能够一窥历史的真面目，并且更好地传承和发展地方文化。

博物馆作为文化和自然遗产的守护者，同样在地方文献的保存和传播方面扮演着重要的角色。博物馆藏有大量反映本地特色文化的出土文物、字画等实物，这些珍贵的遗存为我们提供了丰富的历史信息和文化内涵。博物馆通过展览、研究等多种方式，向公众展示和传播地方文化的独特魅力和价值。同时，博物馆还积极开展教育和宣传活动，从而提高了公众对地方文化的认识和重视，为地方文化的传承和发展做出了积极的贡献。

纪念馆则是一种特殊类型的博物馆，其主要针对某个特定主题或人物进行展示和宣传。纪念馆通过收集与特定主题或人物相关的实物和文献资料，为公众提供了一个全面深入了解该主题或人物的平台。纪念馆不仅具有教育意义，能够让人们了解历史和文化，还具有宣传意义，能够弘扬地方文化、宣传地方人物。通过展览、讲解等方式，纪念馆向公众传递正能量和价值观，激发人们对本地历史和文化的热爱和自豪感。

2. 分布在出版地方文献的机构内

地方文献的来源广泛而复杂，它的多样性主要源自以下几个方面：

首先，地方出版物是地方文献的重要来源之一。这些出版物包括地方出版社出版的各类书籍、期刊等，例如《北方文物》这样的地方期刊。这些出版物为地方文献提供了丰富的内容和详细的信息，为研究地方历史和文化提供了重要的资料。

其次，党政机关也是地方文献的重要来源之一。这些机关包括地方党委、地方政府和各级职能机构，以及地方人大常委会、地方政协和各民主党派的地方分支机构等。在日常工作中，这些机关会产生大量的文件资料，如法律法规、决定、指示、方法、报告、规则、会议记录、统计数据等，这些都是非常难得的准"第一手"地方文献资料。这些资料不仅有助于了解地方的政治、经济和社会发展状况，而且对于研究地方历史和文化也具有重要意义。

最后，企事业单位也是地方文献的重要来源之一。企事业单位在日常工作中会产生大量的档案资料和企业特色产品资料等，这些资料对于了解当地经济社会发展状况具有重要意义。同时，企事业单位举办的各类会议和学术活动也会产生大量的文件资料和论文集，这些都是地方文献的重要组成部分。

除了以上几个方面，还有一些其他机构和组织也是地方文献的重要来源之一。例如，各类图书馆、博物馆、档案馆等机构收藏的特色文献，以及各类社会团体、学术组织等举办的学术交流活动产生的资料等。这些机构和组织在地方文献的收集、整理和保存方面扮演着重要角色。

3. 分布在地方文献教学与研究机构内

高等院校、科学院所、社科联等团体和地方志办公室，是地方文献产生的主要来源。这些机构和组织在地方文献的生产中扮演着重要的角色，他们通过科研、学术研究、组织活动等方式，积累了大量的地方文献信息资源。

首先，高等院校是地方文献产生的重要源头之一。除了教学以外，高等院校还承担着科研的任务，经常参与或直接承担有关地方科研的选题。由于其专业根底深厚、科研能力强，因此成为引人注目的地方文献产生源。在科研过程中，高等院校的研究人员积累了大量的地方资料，这些资料对于深入了解一个地方的历史、文化和社会具有重要意义。

其次，科学院所也是地方文献的重要生产者。其研究的课题以本地自然和社会为主要研究对象，因此产生了大量的地方文献信息资源。这些资源不仅对于科学研究具有重要的价值，同时也为当地的文化传承和发展提供了重要的支撑。

再次，社科联等团体也是地方文献的重要来源之一。例如，社科联每两年组织一次社科科研成果评奖，其中地方文献占有相当大的比重。虽然作者来自各个领域，但社科联也应该被视为间接生产文献的单位。这些团体通过组织各种活动和评奖，促进了地方文献的创作和积累。

最后，地方志办公室是编撰史志的重要部门，也是地方文献的重要生产者。省、市、企事业单位的地方志办公室通过收集、整理、编撰各种地方文献，为当地的历史传承和文化发展做出了重要的贡献。他们的工作不仅有助于保存和传承当地的历史文化遗产，同时也为当地的经济和社会发展提供了重要的参考和借鉴。

综上所述，高等院校、科学院所、社科联等团体和地方志办公室是地方文献产生的主要来源。他们通过各自的方式和途径，积累了大量的地方文献信息资源，为当地的历史、文化和社会研究提供了重要的支撑和参考。因此，应该充分认识和重视这些机构和组织在地方文献生产中的重要作用，并积极支持和推动他们的工作，以促进当地的文化传承和发展。

四、地方文献的重要性

地方文献的重要性不言而喻，它是一个地区历史、文化、经济、社会等方面的综合反映。通过地方文献，可以了解一个地区的过去和现在，为未来的发展提供有益的参考。

1. 开发地区经济的重要信息资源

在当今社会，经济发展日新月异，各地都在积极寻找新的经济增长点。那么，新的增长点究竟在哪里呢？在这个问题上，地方文献为其提供了宝贵的线索。地方文献是一个地区历史与现状的真实记录，它涵盖了该地区的社会、经济、科技、文化等多个方面的信息。通过对地方文献的深入研究，可以了解一个地区的独特之处，发掘其潜在的优势和机遇，从而制定出符合当地实际的经济发展战略。

地方文献对于一个地区的经济发展具有重要意义。首先，它可以帮助认识一个地区的基本特点和优势。通过研究地方文献，可以了解到一个地区的自然资源、历史背景、文化传承、人口结构等方面的信息，从而更好地把握该地区的独特性和发展潜力。其次,地方文献可以为经济发展提供有力的决策支持。通过对地方文献的梳理和分析,可以了解一个地区经济发展的历史和现状,预测未来的发展趋势,从而制定出科学、合理的经济发展规划和政策。

地方文献具有许多其他文献所不具备的特点。首先,它具有真实性。地方文献大多来源于当地的历史资料和实地调查,其内容真实可靠,且具有很高的可信度。其次,它具有科学性。地方文献的编纂和整理遵循科学的方法和原则,其内容经过严格的考证和筛选,因而具有很高的学术价值。再次,地方文献还具有地方性、连续性和实用性的特点。它关注的是一个地区的具体问题和发展需要,能够为当地政府和企业提供有针对性的信息和建议。最后,地方文献的连续性保证了其内容的完整性和系统性,可借助其全面了解一个地区的历史演变和发展轨迹。

2. 开展科研和制定经济决策的依据

科研的目的在于揭示事物发展的客观规律,从而更好地服务于经济建设。地方文献作为这一过程中的重要参考依据,其所记录的内容不仅涵盖了社会现象,还涉及了自然现象,这些内容在一般性著作中难以找到。地方文献成为珍贵且具有独特价值的原始资料,这些资料为地方执政者提供了科学依据,有助于他们在制定决策时着眼于整体,避免出现短期行为或孤立行为。

地方文献的价值不仅在于其内容的独特性,更在于其对地方各项事业的强项与弱项的反映。通过对这些事业的相关情况的深入了解和分析,地方执政者可以更好地掌握其所在地区的实际情况,从而制定出更加科学、合理的决策。例如,在经济发展方面,地方文献可以提供有关当地资源、产业、市场等方面的信息,帮助执政者制定出符合当地实际情况的发展战略。

此外,地方文献还可以为执政者提供有关影响全局、影响久远的建议。通过对地方各项事业的深入了解和分析,执政者可以更加全面地了解当地的发展状况,从而避免因一时、一地、一个方面的成败得失而做出片面的决断。这样的决策方式可以更加科学、合理,有助于推动当地经济社会的持续发展。

3. 编史修志的真实资料

地方文献是某一地区的百科全书，它涵盖了该地区的历史、文化、社会、经济等多个方面的信息。它不仅是该地区的历史记录，也是该地区人民智慧的结晶。经过历代官府、学者的不断记载、修撰，地方文献得以流传下来，为了解地域历史变迁、查询历史资料提供了不可多得的珍贵文献。

地方文献的重要性不言而喻。首先，它是了解地方历史变迁的重要途径。通过地方文献，可以深入了解某一地区的历史发展过程，并且它可以从政治、经济、文化等多个角度揭示该地区的历史演变。这对于认识和理解地域文化、传统习俗等方面具有重要意义。

其次，地方文献是查询历史资料的重要来源。在编史修志的过程中，地方文献提供了大量的原始资料和数据。这些资料不仅具有极高的历史价值，也是研究地方历史、文化的重要依据。因此，没有地方文献，编史修志几乎是不可想象的。

最后，地方文献也是传承和弘扬地域文化的重要载体。通过地方文献的传播和推广，可以激发人们对地域文化的热爱和自豪感，促进地域文化的传承和发展。同时，地方文献也可以为当地的经济发展提供支持，促进当地的文化旅游等产业的发展。

4. 文学艺术创作的素材

地方文献是历史的见证。通过地方文献，我们可以了解一个地方的历史变迁、文化传承和社会发展。这些历史资料不仅可以为创作者提供背景知识，还可以激发他们的创作灵感。例如，在撰写历史小说或剧本时，创作者可以从地方文献中了解具体的历史事件、人物事迹和社会风貌，从而让作品更加真实可信。

地方文献是文化的载体。每个地方都有自己独特的文化传统和风俗习惯，这些文化元素可以通过地方文献得以保留和传承。对于文学创作者来说，了解和挖掘这些文化元素，可以丰富作品的文化内涵，增加作品的深度和广度。例如，在创作民俗小说或民间故事时，创作者可以通过地方文献收集当地的神话传说、民间故事和风俗习惯，从而让作品更加生动有趣。

地方文献是社会的"镜子"。一个地方的社会现象、民生问题都可以在地方文献中得到反映。对于关注社会现实的文学创作者来说,地方文献是他们获取创作素材的重要途径。例如,在创作社会题材的小说或报告文学时,创作者可以从地方文献中了解到当地的社会问题、民生状况和发展状况,从而让作品更加贴近现实、深入人心。

社会主义建设的目的就是要满足人们对日益增长的物质文化生活的需要。经济的繁荣带来了文化事业的发展,改革开放以来,文艺精品层出不穷,其中不少都与地方文献紧密相连。

5. 开展爱国主义、传统教育的生动教材

地方文献是一个地区宝贵的文化遗产,它详细记载了该地区的富饶资源、灿烂文化、杰出人物及重要历史事件。这些资料不仅具有极高的历史价值,更是青少年和广大民众进行爱祖国、爱家乡、继承革命传统教育的生动教材。

地方文献中关于富饶资源的记载,可以激发青少年和民众对家乡的自豪感。每个地区都有自己独特的自然资源和物产,这些都是长期自然选择和人类智慧的结晶。通过了解自己家乡的资源记载,人们可以更加珍视和自豪地看待自己的家乡,从而更加热爱祖国。

地方文献中关于灿烂文化的记载,可以引导青少年和民众深入了解和传承本地区的文化传统。每个地区都有自己独特的文化习俗、艺术形式和价值观念,这些都是该地区人民在长期历史发展过程中形成的宝贵财富。通过了解和传承这些文化传统,人们可以更好地认识和认同自己的文化根源,从而更加坚定文化自信。

地方文献中关于杰出人物的记载,可以激励青少年和民众积极向上、追求卓越。这些杰出人物往往是该地区的骄傲,他们为家乡乃至国家做出了卓越的贡献。通过了解这些人物的生平和成就,人们可以受到启发和鼓舞,从而更加努力地追求自己的梦想和目标。

地方文献中关于重要历史事件的记载,可以增强青少年和民众对历史的认知和理解。历史是一个国家和民族的记忆,通过了解本地区的历史事件，人们可以更加深入地认识和了解自己的家乡和祖国。这对于培养人们爱国主义情感和增强民族认同感具有重要意义。

6. 是中小型馆走特色化馆藏的必由之路

在当今信息化时代，图书馆的发展面临着巨大的挑战和机遇。对于中小型图书馆而言，特色化是其发展的必由之路。这是因为任何地区都有其独特的文化和行业特点，而体现这些特点的载体正是外地图书馆难以收集的珍贵资料。因此，中小型图书馆应该充分利用这些优势，建立具有地方特色的馆藏体系，更好地服务于当地社会。

建设地方特色馆藏体系有助于中小型图书馆在信息化浪潮中自成一家。随着信息技术的不断发展，大型图书馆的馆藏量越来越丰富，而中小型图书馆若仍然追求大而全的馆藏模式，将会在激烈的市场竞争中处于劣势。相反，如果中小型图书馆能够根据当地的文化和行业特点，建立具有地方特色的馆藏体系，发挥人无我有的优势，便能够在信息化浪潮中独树一帜，赢得社会的认可。

地方特色馆藏体系的建设有助于中小型图书馆更好地服务于当地社会。当地居民对本地区的文化和行业特点有着深厚的感情和认同感，而中小型图书馆作为当地的文化机构，应该充分利用这一优势，为当地居民提供更加精准、贴心的服务。例如，对于一些历史悠久的地区，中小型图书馆可以重点收藏当地的历史文献和民俗资料，为当地的历史文化研究提供支持；对于一些工业发达的地区，中小型图书馆可以重点收藏当地的工业技术和企业资料，为当地的企业提供技术和信息支持。

地方特色馆藏体系的建设还有助于中小型图书馆的可持续发展。在信息化时代，图书馆的生存和发展离不开资金的支持。而中小型图书馆由于规模较小，往往面临着资金短缺的问题。因此，中小型图书馆应该通过特色化发展，提高自身的核心竞争力，以争取更多的资金支持和合作机会。例如，中小型图书馆可以与当地的企业、政府机构和社会组织开展合作，共同开发具有地方特色的文化产品和服务，实现互利共赢。

第三节
网络地方文献

网络地方文献是指以数字形式存储和传播的地方文献，通常以电子图书、电子期刊、数据库等形式存在。这些文献主要涵盖了地方历史、文化、地理、政治、经济等方面的信息，对于了解和研究地方情况具有重要的参考价值。

网络地方文献的特点是方便快捷、易于检索和获取。与传统的纸质文献相比，网络地方文献不需要借阅或购买，只需要通过网络进行访问即可。此外，网络地方文献还具有多媒体的特点，它可以包含文字、图片、音频、视频等多种形式的信息，更加生动形象地展示地方的文化和历史。

然而，网络地方文献也存在一些问题。一方面，由于其数字化的特性，文献容易受到损坏或丢失；另一方面，由于网络的开放性和信息传播的快速性，文献的质量和准确性难以得到保证。因此，使用者在利用网络地方文献时，需要仔细辨别和评估其可靠性和价值。

一、网络地方文献资源的概念和范围

随着信息技术的飞速发展，网络已经成为人们获取信息的主要渠道之一。地方文献作为记录某一地区历史、文化、社会发展的重要载体，在网络时代也呈现出新的形态和特点。

根据国家文献标准《文献类型与文献载体代码》（GB 3469—1983）和《文献著录总则》（GB 3792.1—1983），文献被定义为"一切记录知识的载体"。由于知识可以记录在多种载体上，除了人为制造的载体外，还包括自然载体，例如人类的大脑。因此部分学者将文献限定为仅指"人工载体"。《图书馆学基础教程》则将文献定义为专门用于传播和交流知识的

"人工载体"。这一定义进一步限定了文献的范围,即只有专用于传播知识的载体才能称之为文献,而其他如邮票、钱币等虽然也记录了知识,但不能称之为文献。

同时,也需认识到网络的范畴不仅限于传输通道,还包括作为网络组成部分的后台存储设备。传输通道的主要功能是传播和交流知识、信息,而后台存储设备则专门用于记录知识、信息。

基于所提供的信息,可以认为网络是一种新型的信息载体,其主要用于记录和传播知识。然而,网络上的信息种类繁多,并非所有信息都可以被称为知识。例如,广告、聊天记录以及网站中的某些元素,尽管是信息,但并不能被视为知识。人们通常将网络上的知识和信息统称为"网络资源"或"网络信息"。

对于网络中的知识性内容,可以将其称为"网络文献",因为它们符合文献的传统定义。对于这些网络文献,如果它们涉及某一特定区域并具有一定的价值,可以将其称为"网络地方文献资源"。为了更好地描述这种资源,学术界使用了一些不同的术语,如"地方文献网络资源""地方文献网络信息资源"或"网络地方文献信息资源"。此外,这些术语在具体使用中可能存在一些细微的差异。

值得注意的是,地方文献的一个重要特征是其地域性。这是因为人、事、物首先都具有地域特性,这意味着涉及某一地域的文献资源数量庞大且覆盖范围广泛。这些文献资源可以涵盖人类的各种知识,包括具有地域特征的知识和普遍知识。尽管它们的主题范畴可能相似,但地方文献和普遍知识在描述客观世界的方式上存在显著差异。

除了地域特征外,普遍知识与地方文献之间的另一个区别在于它们的描述方式和内容。普遍知识主要关注现象背后的理论和方法,而地方文献则更侧重于对某一地区自然和人文现象的直接描述。因此,地方文献主要反映现象的存在,而不是反映人类对事物的认知。此外,地方文献的内容不包括基本理论方法等具有普遍共识的内容,而是专注于对地方事物的客观记录和报道。

地方文献的内容范畴主要包括本地自然环境、人文环境和地方事务三大元素及其相互关系。具体分类涵盖了本地自然环境、人文地理、历史、人物、政治与法律、社会、文化、教育、艺术、经济、工业、农业、城乡建设与管理等。《地方文献概论》明确指出,地方文献的涵盖范围主要涉及三个领域:区域性事件、人物和区域出版物。其中,区域性事件和社会现象主要包括特定区域内发生的历史事件和社会情况,如地方史、地方志、大事记等文献资料。此外,特定区域内的有形物质,如动植物、矿产等,也在地方文献的收集范围之内,相关文献表现形式包括动植物学、农业科学、地质科学等多领域。

对于区域人物的界定,主要涉及籍贯在本区域或在本地生活并对该区域产生影响的人物。而区域出版物则主要指内容涉及本区域的各类出版物。值得一提的是,网络地方文献资源已经基本覆盖了传统纸质地方文献的全部范围。一方面,归功于各类传统纸质地方文献收藏机构都在积极推进数字化建设;另一方面,地方政府和各行各业在信息网络化建设方面的工作也起到了推动作用。此外,为了加速各地之间的信息流通和经济发展,一些商业网站也提供了丰富的地方文献信息内容。同时,一些热衷于传播本地特色资源的个人或团体也创建了一些彰显本地风土人情的网站,为网络地方文献资源的建设做出了贡献。

网络地方文献资源是指通过网络传播、利用和保存的地方文献信息,其范围广泛,包括但不限于以下几个方面:

网络数据库是网络地方文献资源的重要组成部分,包括各类学术数据库、档案数据库、数字图书馆等。这些数据库通过互联网提供地方文献的检索、下载、利用等服务,具有数据量大、信息质量高、利用方便等特点。

网络档案馆是传统档案馆的延伸,通过互联网提供档案信息的查询、利用等服务。网络档案馆的地方文献信息主要包括政府公开信息、历史档案、名人手稿等,其具有原始性、真实性等特点。

网络博物馆是传统博物馆的数字化转型,通过网络展示和传播博物馆的藏品及展览信息。网络博物馆的地方文献信息主要包括历史文物、民俗文化等,其具有形象性、生动性等特点。

网络图书馆是传统图书馆的升级版,通过网络提供图书馆的借阅、查询等服务。网络图书馆的地方文献信息主要包括地方志、家谱、族谱等,具有系统性、全面性等特点。

地方新闻网站是地方政府或媒体开设的新闻网站，通过网络发布地方新闻和信息。地方新闻网站内的地方文献信息主要包括政府公告、政策法规、历史事件等，其具有时效性、广泛性等特点。

二、网络地方文献分布

根据对我国网络地方文献资源分布规律的调查，可以发现我国网络地方文献资源主要集中于地方性网站中，这些网站涉及收藏、整理以及产生地方文献的单位。具体而言，负责收藏和整理地方文献信息的单位主要包括公共图书馆、部分地方高校图书馆、档案馆，以及地方志机构等。

整理机构网站主要呈现综合性的特点，如地方信息门户、地方文化信息门户、地方新闻媒体等网站。产生地方文献的机构网站则涵盖了各类行业性网站，包括政府、科技、统计信息网站，以及文化、教育、科研、工业、农业、统计、气象等行业性网站。这些网站在产生地方文献资源方面发挥着重要的作用。

1. 公共收藏、整理机构网站

这类机构主要包括公共图书馆、高校图书馆、档案馆、地方志、博物馆、纪念馆等机构。这些机构网站资源内容权威，可供研究参考。

公共图书馆网站是收藏地方文献信息的主要机构，承担着保护和传承地方文化的重任。通过整理和数字化加工，公共图书馆网站建设了各种地方特色专题库，为地方文化的传承和发展提供了重要的支持。

在数字化时代，地方文献的数字化工作已经成为公共图书馆工作的重要内容。据调查，全国绝大多数省、区、市公共图书馆都在不同程度上开展了地方文献数字化工作，这不仅方便了读者获取地方文献信息，也有利于地方文化的传承和发展。

高校图书馆收藏地方文献信息主要是为了满足高校师生的学习和研究需求。与公共图书馆相比，高校图书馆的收藏更加注重专题性和权威性，同时也更加注重数字化建设。目前，很多高校图书馆利用自己的藏书特色建立地方文献专题数据库,并将其放在自己的网站上,为师生提供更加便捷的获取方式。

各地档案馆馆藏中也有很大一部分可以归入地方文献范畴。档案信息资源的数字化使得档案网站也成为提供地方文献信息的核心网站之一。不过,由于档案数据库的检索条件较为严格,利用起来不是很方便。

地方志网站是另一种重要的地方文献信息来源。这些网站通常以"地名+省情/区情+网/信息网"命名,内容涵盖了地方志数据库、地方志书目、地方年鉴、史志动态、地方专题信息,以及到其他地方志网站的链接等资源。通过这些网站,读者可以更加全面地了解各地的历史和文化背景,为学习和研究提供更加全面的资料。

2. 综合性地方信息门户网站

这类网站主要包括以提供大众生活信息为主的地方信息门户、地方新闻资讯门户和以传播地方文化为主的文化信息门户等网站。

地方信息门户网站是互联网上的一种重要类型,它们通常以"地名+热线/在线/信息港/之窗"等形式命名,例如,"天津北方网"和"天山网"。这些网站提供大量即时更新的信息,内容涵盖了大众生活的方方面面,如政府、企业、房产、文化、生活、娱乐、旅游、科技等。它们由于提供的信息多样、链接丰富,并且贴近大众生活,因此受到了各地人们的广泛欢迎和喜爱。

除了提供常规的信息服务外,地方信息门户网站还注重地方特色数据库的建设。例如,天府热线的四川省情资源数据库,就是一个具有地方特色的数据库。这些数据库不仅提供了丰富的本地化信息,还为地方经济的发展和文化的传承提供了有力的支持。

地方新闻资讯门户网站是另一种重要的地方性网站,它们通常以"地名+新闻网"的形式命名,如"深圳新闻网"。这些网站的内容与地方信息门户没有明显的区别,但它们的建设者通常是地方媒体机构,而非信息产业部门。随着互联网的发展,越来越多的地方信息门户与地方新闻资讯门户开始共建,如"浙江在线"等。共建门户不仅能够提供常规的信息服务,还可以添加当地报刊网络版的链接,进一步丰富了网站的内容。

地方文化信息门户网站是文化领域的门户网站，如"广东数字文化网"和"福建文化信息网"等。这些网站属于全国文化信息资源共享工程，通过整合地方图书馆、博物馆、美术馆、艺术院团、研究机构等现有的文化信息资源，传播地方特色文化。与地方文化机构网站相比，地方文化信息门户网站更加注重对网上各类文化资源的整合和传播。在名称上，它们通常以"地名＋文化网/文化信息网"的形式命名。

3. 政府、科技、统计信息网站

政府网站作为政府与公众之间的桥梁，发挥着重要的作用。它们不仅提供了地方政府领导、政策法规、政府公报、政府规划、项目建设、办事指南，以及地情资料等信息外，还链接了下属各机构、政府和非政府组织以及其他主要地方网站。通过"中国政府网站导航"或以"政府网"为检索词，利用搜索引擎，可以方便地搜索到各类政府网站。

为了加强地方信息资源建设，一些地方政府成立了专门机构，主要从事地方基本信息或经济信息工作。这类网站主要向用户传播地方基本信息以及经济信息资源，一般以"地名＋信息中心/经济信息网"命名。通过以"信息中心"为检索词，利用搜索引擎可以轻松地找到这类网站。

科研管理机构网站也是政府网站的重要组成部分。它们提供地方科技政策法规、发展计划、科研项目、成果、对外合作、产业化、人才、资源等信息，对于推动地方科技发展具有重要意义。这类机构网站常以"地名＋科技网/科技信息网"命名。

此外，统计机构网站也是政府网站的一种类型。它们一般以"地名＋统计＋信息网"命名，内容包括地情资料、统计数据、统计信息、统计公报、统计法规等。这些网站为公众提供了丰富的统计数据和信息，有助于人们更好地了解地方情况。

4. 地方行业性信息网站

地方行业性信息网站是互联网上的一种重要资源，它们以专业化的信息内容服务于特定地域和行业的用户。在命名上，这些网站通常采用"地名＋行业＋网/信息网/资源网"的结构，如"滨州工业信息网"和"宁夏农业信息网"，这种命名方式既直观地反映了网站的主题，也便于用户记忆和搜索。

这类网站的数量众多，涵盖了各个行业领域，如工业、农业、科技、文化、艺术、气象、水文、统计、美食、旅游，以及企事业管理等。其中，绝大部分网站属于政府行业部门主办，提供官方权威的信息内容，而另一部分则由商业机构或个人创建，主要以提供旅游资源为主。

地方行业信息网站的信息内容相对更为专业和深入，它们针对特定行业领域进行信息的搜集、整理和发布。例如，工业、农业网站主要发布地区行业概况、科学技术、政策法规、标准、项目、人才需求、供需信息、机构名录，以及行业动态等信息。这些信息对于企业决策、学术研究以及个人生活都有很高的参考价值。

此外，地方行业信息网站还具有地域特色，它们立足于本地，服务于当地用户。因此，网站所提供的信息内容更加贴近当地实际情况，更能满足用户的实际需求。

三、国内网络地方文献资源的核心网站

国内网络地方文献资源的核心网站主要集中在省级图书馆、大型公共图书馆和各类专题性网站。这些网站不仅收录了大量的地方文献资源，而且具有较高的学术价值和史料价值。国内网络地方文献资源的核心网站是研究地方历史和文化的重要工具。通过这些网站，用户可以方便地获取丰富的地方文献资源，从而深入了解各地的历史和文化。同时，这些网站的建设和发展也体现了我国对地方文献资源保护和利用的重视。随着技术的不断发展，相信这些网站将继续发挥更大的作用，为推动我国文化事业的发展做出更大的贡献。

1. 公共图书馆网站

全国公共图书馆网站基本上都提供一定的地方文献资源，举例如下：

河北省图书馆： 建有"河北作家专藏""政府信息专藏""地方志专藏""河北革命史资料专藏""河北历史与文化""李大钊及其研究专藏""地方戏曲资料""燕赵文化及旅游资料"。

山西省图书馆：建有"走进山西资源库"，其内容包括"市县概况""历史地理""名胜特产""文化艺术""感受山西""三晋文化论坛""晋商文化""锦绣太原""视频资料库""音频资料库""地方志资料库""文史资料库""谱牒资料库""山西经济信息""三晋英才""山西人物名录""山西历史地名""省外看山西""山西日报地方稿"。以上资源库均为全文数据库。

黑龙江省图书馆：建有"中国民间文化艺术（黑龙江篇）——海伦剪纸""望奎皮影戏""凝固的历史——哈尔滨建筑文化""侵华日军要塞揭秘""中国民间文化艺术（黑龙江篇）——富裕漫画""龙江剧多媒体资源库""第二次世界大战的终结地""小兴安岭野生植物""寒地黑土农业技术开发利用数据库""北大荒专题数据库""犹太人在哈尔滨""神奇鄂伦春""黑龙江非物质文化遗产（赫哲族卷）""龙江艺术精粹数据库""东北招幌""黑龙江边境贸易""黑土文化""金源文化""黑龙江野生动物""馆藏抗日战争文献""哈尔滨旧影""黑龙江体育名人""百年萧红""音乐之城——哈尔滨""黑龙江世纪英雄谱"。

吉林省图书馆：建有吉林省图书馆专利信息服务平台、中国朝鲜族专题数据库、吉剧文化多媒体资源库、吉林省红色历史文化专题数据库、吉林省非物质文化遗产数据库、长白山动植菌物图片数据库、吉林二人转数据库、东北抗联数据库、打牲乌拉数据库、吉林省农业种植数据库、吉林省旅游数据库、萨满文化数据库、百家之言——吉林省人物口述历史多媒体资源库、吉林省地方特色资源视频库、东北抗日联军斗争史、吉林省编年纪事、杨靖宇将军专题。

辽宁省图书馆：建有专题自建数据库："辽宁文化信息数据库""张学良专题数据库""九一八专题数据库""辽宁籍三十年代著名作家专题数据库""辽宁社科学者及著述专题数据库""东北历史图录数据库""辽宁大事记""辽宁地方法律法规数据库""馆藏新中国成立前辽宁期刊数据库（1949年前）""馆藏'满铁'图书资料数据库"；专题外购数据库：辽宁满族文化多媒体资源库、辽宁满族碑石专题资源库。

南京图书馆（江苏省图书馆）：自建特色地方资源数据库有"江苏作家作品数据库""江苏地区老报纸数据库""江苏特色博物馆""江苏近现

代名人""江苏名人故居""江苏非物质文化遗产""江苏红色之旅""江苏地方文献视频资源""江苏文化数据库"。

浙江省图书馆：自建特色地方资源数据库有"风景浙江""浙江藏书史""浙江家谱总目提要""浙江省名山古寺旅游资源图库""杭州西湖龙井茶文化资源库""浙江地方戏曲多媒体资源库""意匠生辉——浙江传统美术与技艺多媒体资源库"。

安徽省图书馆：特色资源有"安徽文化名人"、"安徽古建筑"、"徽州建筑"、"安徽旅游"、"安徽印象"。

福建省图书馆：建有《朱子文化》网上展厅、《福文化》网上展厅、《福建茶文化》网上展厅、《福建文化记忆》网上展厅、坊巷名人、古代刻书展、海丝印记、福建民俗影像库。

江西省图书馆：特色资源有江西历史文化名人、江西书院系列专题资源库、江西革命旧址系列专题片、江西传统手工艺微纪录片、赣南客家民居专题片、江西历史文化名镇名村资源库、映像江西乡村系列专题片、中国经典戏曲动漫·江西篇、江西民歌动漫。

山东省图书馆：系统维护中。

河南省图书馆：建有地方文献数据库、河南省政府公开信息服务平台。

湖南省图书馆：建有"地方文献长廊"，其内容包括"湖南风情""湖南地方文献""湖湘人物""湘版图书""馆藏地方文献数据库"。前三种为专题数据库，后两种为书目数据库。"馆藏地方文献数据库"内容包括馆藏地方文献书目数据库、湖南地方志（1949年以前的地方志目录）、湖南省志新志篇目、馆藏地方年鉴、馆藏地方统计年鉴篇目、2000年馆藏地方期刊目录、湖南姓氏源流、湖南地方报纸重要信息索引等。

湖北省图书馆：特色资源有问道武当、红色历史文化、黄石矿冶遗址专题库、花鼓戏多媒体资源库、爱旅游、湖北特色美食库、楚剧多媒体资源库、湖北获奖少儿文艺作品、湖北三国文化、荆楚名胜、湖北地方文献专题、楚天智海学习中心、湖北特色资源库湖北民间传说与故事数字动漫、湖北地域舞蹈作品、江城往事专题片、汉剧多媒体资源库、梁山调多媒体资源库、汉水文化多媒体资源库、楚剧系列文化专题片、古镇名村、手工技艺专题片、湖北地名文化微视频、回望初心——湖北党史故事、凤舞九歌专题片、千年黄州、回味经典——湖北老字号、巧手天琢专题片、南剧多媒体资源库、黄梅天下禅、湖北方志库、湖北家谱库、湖北省内网事典藏、《湖北日报》报纸库专题。

广东省立中山图书馆：鲍少游艺术馆（建设中）、地方文献图片数据库、报图览粤——清末民初画报中的广东、广州大典、中图展览图片库、孙中山多媒体资源库、潮汕文献书目、客家文献目录、广东省红树林湿地专题、客家文化多媒体资源库。

海南省图书馆：地方文献与古籍部定期在网站上发布海南相关民俗文化、自然等主题的书目推荐，以供读者参考和阅读。

四川省图书馆：绵竹年华资源库、藏族唐卡资源库、美味四川资源库、金钱板资源库、四川清音资源库、长征四川记忆资源库。

贵州省图书馆：贵州府县辑图片库、贵州府县志辑数据库、贵州省古籍联合目录。

云南省图书馆：百工造物、2020年微游云南香格里拉。

陕西省图书馆：自建特色地方资源数据库有武复兴口述史专题片、陕西薪火相承互动平台、陕西—I守护多媒体资源库、陕甘宁边区红色记忆多媒体资源库、丝绸之路多媒体资源系列库、马背上的作家——纪念红柯专题、陈忠实纪念专题、话说陕商、陕西佛教文化、西安事变、陕西帝王陵、秦腔秦韵、陕西非物质文化遗产数据库、陕西文史资料、陕西民间美术、陕西景观、省情文献库、听遍陕西特色音频资源库。

甘肃省图书馆：特色资源有西北地方文献图像数据库、中外牦牛数据库、西北民族宗教史料文摘数据库、西北地方文献报刊篇名索引数据库、西北地方文献期刊库、西北地方文献报纸库、丝绸之路文献叙录、甘肃工业发展研究专题数据库、西北地方戏曲剧本全文数据库、西北地方文献古籍善本全文数据库、甘肃省情、甘肃省图书馆自建视频库。

青海省图书馆：建有青海省文蕴平台、政府信息采集保存中心、网事典藏——青海分站。

内蒙古自治区图书馆：建有特色馆藏数据库、内蒙古红色革命纪念场所网上展厅。

广西壮族自治区图书馆：特色资源有广西文坛、广西新农村建设、农民进城务工、广西民国人物、八桂诗词库、广西戏曲、广西民国照片。

西藏自治区图书馆：目前没有官网。

宁夏回族自治区图书馆：找不到相关资源。

新疆图书馆：特色资源有手艺人、人与城、中华优秀传统文化、文化和旅游。

首都图书馆："典藏北京"数据库依托首都图书馆丰富的北京地方文献馆藏资源，以独特的视角展现北京古都风貌，风土人情。以文献资料为基础，结合实景拍摄、专家解说，真实、全面、科学地再现历史，重塑旧京城点滴。"北京记忆"数据库汇总北京地区特色文化信息资源，依托首都图书馆近百年的北京地方文献专藏建成。涵盖与北京历史文化密切相关的古籍、老照片、拓片、舆图等各种载体类型，为读者提供文献浏览、全文检索、资源索引等多种服务形式。

天津图书馆：地方文献专题数据库有"津门群星""天津民俗""天津旅游""环渤海经济圈""津门旧影""天津老字号""名人故居""津门曲艺""天津地方志"等。"津门群星"按行业收录了20余位在天津历史上有影响的各界人物简介资料；"天津旅游"收录天津景区资料及旅游服务资源；"津门旧影"展示了天津1949年以前的历史照片40余幅。

上海图书馆：建有上海市红色资源名录、上海文化总库、中国家谱知识服务平台、盛宣怀档案知识库、华语老电影知识库、革命文献服务平台。

重庆图书馆：特色资源有重庆文史资料、重庆年鉴、重庆地方家谱、民国书刊电子版。

2. 高校图书馆网站

一部分高校图书馆依托馆藏特色，结合本地区研究工作、资源开发、经济建设需要，自建了一批地方文献专题数据库，主要供本馆服务对象在局域网中使用，也有一部分数据库内容对互联网用户开放。高校图书馆网站地方文献资源情况举例如下：

兰州大学图书馆建有"敦煌学数据库"。主要内容为敦煌遗书、题记数据库、敦煌绘画、彩塑数据库；敦煌学研究文献数据库；敦煌学的研究专家和机构数据库等。数据库内容表述形式包括文字、图像、音频、视频等多媒体信息。

四川大学图书馆建有"巴蜀文化研究特色数据库"，该数据库全面覆盖巴蜀（四川和重庆）地方历史、文化等相关文献资源，分为"巴蜀文化文摘型数据库"和"巴蜀文化研究全文数据库"。后者为多媒体数据库。

海南师范学院图书馆自建地方文献数据库有"海南图书书目数据库""海南文献全文数据库""海南历史文献数字资源数据库"等。

3. 档案馆网站

档案信息网主体是档案数据库，也包括一定数量的地方历史、人物等专题资源。如上海档案信息网"申城变迁""上海之最""海上人物""上海掌故"等栏目。各地档案馆网站包括浙江档案网、郑州档案信息网、台州档案网、天津档案网、珠海档案信息网、海南档案网、湖北档案信息网、陕西档案信息网、甘肃档案信息网、河北档案信息网、内蒙古档案信息网等。

4. 地方志网站

国内地方志网站比较著名的包括山东省情网、吉林省情网、内蒙古区情网等。以山东省情网地方文献资源为例，其内容包括山东省情资料库、市县资料库、山东方志目录、山东年鉴、旧志在线等数据库以及省情概说、走遍山东民俗风情、齐鲁名士等专题信息。

5. 综合性地方信息门户

综合性地方信息门户主要提供地方最新动态信息、与生活有关的地方信息以及相关链接。相关网站如深圳热线、天津热线、东方热线、金陵热线、浙江在线、湖南在线、河南信息港、湖南信息港、贵州信息港、连云港信息港、深圳之窗、首都之窗、重庆之窗等。综合性地方信息门户中也包括一些数据库。举例如下：

浙江在线"浙江通志"频道下设"浙江新闻""志鉴动态""编志在线""志鉴论坛""浙江学刊""志鉴机构""志鉴人才""浙江市场""浙江海塘""浙江民企""浙江人物""浙江姓氏""志苑撷英"等栏目。其他频道如"浙江人居""在线服务"等也属于地方文献资源。这些资源均提供给浙江网上电子媒体、浙江报业集团网站开展链接服务。

武夷在线设置了"武夷地方志""武夷风景欣赏""武夷传说""武夷旅游指南""武夷饮食"等类目。

天津北方网建有"天津曲艺""民间艺术""民俗与文化""津门艺术家"等专题文献数据库。

6. 地方性新闻、媒体、资讯网站

这类网站提供的内容以新闻为主，同时还包括其他特色资源。举例如下：

西藏新闻网设有"图说西藏""走进西藏""藏地旅游""西藏医药""西藏科技""西藏宗教""西藏文化""雪域风情"等栏目。

青海新闻网"放眼青海"栏目介绍了青海地貌、农业、畜牧业、科技、教育、经济、交通、卫生等情况；"民族风情"介绍了青海各少数民族特点、生活习俗等；"青海旅游"介绍了当地土特产、工艺美术品等。

7. 地方文化资源门户网站

该类网站主要包括全国文化资源共享工程各地分中心网站。内容以整合当地特色文化资源为主。如广东数字文化网、湛江数字文化网、福建文化信息网等。举例如下：

广东数字文化网设有"特色资源库""岭南风情画""文化名人录"等频道。其中"特色资源库"包括孙中山文献、广州人物库、经济特区文献、潮汕地方文献、亚热带海洋经济、潮汕美食等16个资源库。其链接的"广东文化网"中粤剧、潮剧、雷剧、山歌剧，以及广东音乐、舞台艺术等具有岭南特色的多媒体资源库也正在建设中。

8. 政府网站

政府网站主要提供政府政策、办事指南、网上办公等信息，以及下属各机构网站的链接。好的政府网站能起到对网络中各类地方资源导航的作用。政府网站举例如下：

天津市政府网站建有"天津概况""政策规章""环黄海合作""津城风貌"等专题数据库，其中设有"政府文告""行政审批""政府之窗"

"科技兴市""国际交流"等专栏，并提供天津统计信息网、外商投资网、政府采购网、区县政府网页、政府部门网页的链接。

河南省人民政府网站提供河南概况、政府机构、政府公报、招商引资、企业名录、政务公开等信息内容并链接省内媒体、市级政府网站。

9. 地方信息中心/经济信息网

地方信息中心、地方经济信息网提供有关本地的各类基本信息以及与经济有关的信息。举例如下：

内蒙古经济信息网建有"内蒙古宏观经济数据库""内蒙古论文中心库""内蒙古新产品数据库""内蒙古招商引资项目库""内蒙古专家库"。此外，还有"自然资源""民俗民风""景点采风""社会文化"等栏目。

湖北省信息中心建有"三峡工程数据库""湖北省宏观经济监测数据库""湖北省法规规章数据库""湖北省招商引资项目数据库""湖北省国土资源数据库""湖北省固定资产投资项目数据库"。

10. 科技网站

如浙江省科技网、福建科技网、吉林科技网、广州科技网、广西科技信息网、云南省科技信息网等。举例如下：

内蒙古科技信息网建有"内蒙古科技成果数据库""内蒙古科研计划项目库""内蒙古专家数据库""内蒙古科技政策法规库""内蒙古企业产品库"等。

归属于遵义科技信息网的"生态资源"频道建有"能源资源库""矿产资源库""植物资源库""动物资源库""药材资源库""农业资源库""工业资源库""水资源库"。

11. 统计网站

统计资源网站是国家统计局下属各地区分支机构网站。主要提供本地各行业的统计数据和统计分析。如江苏统计网、徐州统计网、广东统计网、山东统计网、海南统计网、安徽统计网、黑龙江统计网、青海统计网、湖北统计网。

12. 行业性网站

如工业网、农业网、畜牧业网、林业网、园林网、气象网、水文网、文化网、艺术网、旅游网、美食网等。举例如下：

上海工业网频道包括"上海工业""政务公开""新闻动态""企业导航""业务导航""招商导航"。

山东农业信息网频道包括"政策法规""科技成果""专利技术""供求快讯""农企大全"等。

锡林郭勒盟畜牧业网频道包括"政务公开""法律法规""锡盟牛羊""锡盟畜产""供求信息""草原旅游""招商引资"等。

福州艺术网对寿山石雕、福州漆器、纸伞、软木画均有介绍。艺术类网站分工细致，如地方戏曲类，有潮剧大观园、中国秦腔网、河北梆子剧院、山东吕剧等专业网站。

广西旅游在线建有"民族文化库"，下分"民族风情""西部美食""历史沿革""民族节庆""服饰文化""建筑艺术""宗教信仰""民族艺术"等。

四、网络地方文献资源的类型和特点

随着互联网的普及和信息技术的飞速发展，网络地方文献资源逐渐成为学术研究、历史探究和文化传承的重要资料。网络地方文献资源是指通过网络平台传播和展示的地方性文献资料。这些文献资料主要涉及某一地区的历史、文化、地理、政治、经济等方面的信息，具有浓郁的地域特色。

1. 网络地方文献资源的类型

对于网络地方文献资源类型的划分，不同的人依据不同的标准可以有不同的划分方法。

（1）按网络地方文献资源的记录形式划分，可分为文字、图像、音频、视频、多媒体文献资源。其中以文字、图像、音频、视频形式存在的地方文献资源各占一定的比重，这也正是网络这种载体优于传统地方文献载体之处，而且各种记录形式的文献信息资源可以同时集中在同一个网络平台上。

文字形式的地方文献信息是最为常见的，其涵盖了书目数据库、专题数据库、地方政府文献资料，以及地方报刊等。这些文字资料在网络上的存储和检索都十分方便，用户可以通过关键词、主题等方式快速查找所需的信息。例如，书目数据库可以为用户提供某一领域的所有图书信息，用户可以通过查询书目来了解某一主题的相关书籍，进而深入学习和研究。

图像形式的地方文献则主要集中于旅游资源和文化遗产方面，包括风景名胜、地方地图、文物资源、人物图片，以及自然资源等。这些图像资源不仅具有很高的历史和文化价值，还能够直观地展示地方特色和风貌。例如，对于一些历史古迹或者风景名胜，图像资料可以更加真实地还原其历史原貌，让人们更好地了解和欣赏其魅力。

音频形式的地方文献则主要集中于地方音乐和戏曲方面，这些音频资源能够让人们更加深入地了解地方文化的韵味和特色。例如，"山东民乐""山东民歌"等音频资源可以让人们领略到山东地区音乐的独特风格和魅力，"山东曲艺"等戏曲资源则可以让人们了解山东地区的传统戏曲艺术。

视频形式的地方文献则更加生动形象地展示了地方文化和风貌，包括风景名胜、文物资源、戏曲资源及视频新闻等。这些视频资源能够让人们更加直观地了解地方的文化和历史，对于一些旅游景点或者文化遗产，视频资料可以更加真实地还原其历史原貌，让人们更好地了解和欣赏其魅力。例如，秦始皇兵马俑博物馆的"文物精粹"视频资源可以让人们更加深入地了解兵马俑的历史和文化背景；福建文化信息网的"曲苑荟萃"等戏曲资源则可以让人们更好地了解福建地区的传统戏曲艺术。

除了单一记录格式的文献资源外，还有许多数据库采用了多种记录格式并存的多媒体资源形式，例如，"天津旅游"就涵盖了文字、图片和视频信息，为用户提供了更加全面、立体的信息获取体验。这些多媒体资源能够从多个角度展示地方的文化和特色，让用户更加深入地了解和感受地方的魅力。

第一章
地方文献概述

网络地方文献资源的记录形式多种多样，每种形式都有其独特的魅力和价值。在网络平台上，这些资源可以同时集中在同一个网络平台上，为用户提供了更加便捷、全面的信息获取方式。对于研究人员、文化爱好者及旅游者来说，这些网络地方文献资源都是宝贵的财富，能够让他们更加深入地了解和感受地方的文化和历史。

（2）按网络地方文献资源的组织形式分，可分为文本文件、电子图书、电子期刊、电子报纸、数据库、动态信息、资源链接等。其中，文本资源和数据库资源在网络地方文献资源中所占比例最大。

文本资源主要是以 HTML 超文本标记语言格式呈现的单篇文章，如地方新闻频道的文章。这些文章记录了地方的历史、文化、人物和社会动态，是了解一个地方的重要窗口。此外，一些网站还会提供专题文章集合，以供用户更全面地了解某个主题。

数据库资源则是另一种重要的网络地方文献资源。首都图书馆的"《明清北京城垣》资源库""北京市新闻资料专题库"等都是典型的数据库资源。数据库资源按照收录内容可以分为多种类型，如目录数据库、数值数据库、全文数据库、新闻数据库、图片数据库、多媒体数据库，以及资源导航库等。这些数据库资源通过系统性地分类和整理，为用户提供了更为全面和准确的信息检索服务。

除了文本和数据库资源外，电子图书、电子期刊和电子报纸也是网络地方文献资源的重要组成部分。电子图书，如超星电子图书中的地方志资源，可以提供详细的地理、历史和社会背景信息。电子期刊，如湛江图书馆的地方电子期刊数据库，收录了大量的学术论文和研究成果，反映了该地区在各个领域的最新进展。电子报纸，如"上虞日报""天津日报"等，是通过数字技术将传统报纸转化为电子版，方便用户在线阅读和检索。

动态信息也是网络地方文献资源的一种形式。这类信息通常包括供求信息、价格预报、气象预报、交通信息等，为用户提供实时、实用的生活资讯。

此外，资源链接也是网络地方文献资源的一种常见形式。通过超链接方式，用户可以方便地跳转到其他相关网站或资源，从而获取更广泛的信息。这种方式在绝大多数地方文献资源网站中都是常用的方式。

（3）按网络地方文献资源的开发深度分，可分为书目型、文摘型、全文型资源。

书目型主要是地方文献书目数据库，它是地方文献资源开发的基础，主要提供地方文献的书目信息，方便用户检索和利用。这些书目数据库既有综合性的，如"馆藏地方文献书目数据库"；也有专题性的，如"馆藏地方年鉴书目数据库""馆藏地方志书目数据库""家谱书目数据库"等。

文摘型资源主要为专题文摘数据库，它是书目型资源的有益补充，为用户提供更为详细的地方文献信息。例如，四川大学图书馆的"巴蜀文化文摘数据库"，它以巴蜀文化为主题，对相关文献进行摘要和提炼，有助于用户更为深入地了解和掌握相关知识。

全文型资源是网络地方文献资源开发程度最深的类型，其为用户提供完整的地方文献全文信息。例如，国家图书馆的"地方志资源库"、天津图书馆的"地方文献"、中科院新疆分院的"新疆资源生态环境数据库"等。这些数据库涵盖了各类综合性、专题性的地方文献，为用户提供全面、深入的地方文献信息。

网络地方文献资源的开发深度取决于其提供的信息量和完整性。从书目型到文摘型再到全文型资源，其开发程度逐渐深入，为用户提供更为丰富、深入的地方文献信息。同时，各类数据库的建立也为地方文献的保护、传承和利用提供了有力支持。

（4）按文献的著述形式来分，可分为地情资料、地方志、地方史、谱牒、档案、地方年鉴、政府文件、图录、统计资料等。

地情资料是记录某一地区自然、地理、环境、生态等方面的资料，包括地理形势、山川地貌、气候气象、自然资源等方面的信息。这些资料对于了解一个地区的自然环境、生态系统和经济发展状况等方面具有重要意义。

地方志是记录某一地区历史沿革、地理变迁、社会风俗等方面的文献，是地方文献的重要组成部分。地方志的内容十分丰富，包括历史事件、人物事迹、民间传说、文艺作品等方面。通过地方志，人们可以深入了解一个地区的历史文化和社会发展状况。

第一章
地方文献概述

地方史是记录某一地区历史发展进程的文献，包括政治、经济、文化等方面的内容。地方史的著述形式多样，可以是通史、断代史、专门史等。通过地方史的阅读和研究，用户可以更加深入地了解一个地区的历史发展进程和规律。

谱牒是记录某一地区家族世系的文献，包括族谱、家谱等。谱牒的内容包括家族的起源、发展历程、家族成员等方面的信息。通过谱牒的阅读和研究，用户可以更加深入地了解一个地区的家族文化和历史背景。

档案是记录某一地区政治、经济、文化等方面的官方文件和资料，包括政府文件、会议记录、信函等。档案的内容十分丰富，包括政策法规、人事任免、财政收支等方面的信息。通过档案的阅读和研究，用户可以更加深入地了解一个地区的政治和社会发展状况。

地方年鉴是记录某一地区一年内政治、经济、文化等方面情况的综合性文献，具有很高的参考价值。地方年鉴的内容包括政府工作报告、财政收支报告、社会经济发展统计数据等。通过对地方年鉴的阅读和研究，用户可以更加全面地了解一个地区的经济和社会发展状况。

政府文件是某一地区政府发布的官方文件和资料，包括政策法规、通知公告、人事任免等方面的信息。政府文件的内容十分重要，对于用户了解一个地区的政治和社会发展状况具有重要意义。

图录是记录某一地区历史文化遗产和当代社会风貌的图片资料，包括建筑风貌、民俗风情等方面的图片。图录的内容十分丰富，通过图录的阅读和研究，用户可以更加深入地了解一个地区的文化和历史背景。

统计资料是记录某一地区经济和社会发展情况的统计数据和资料，包括人口普查数据、经济普查数据等方面的信息。统计资料的内容十分重要，对于用户了解一个地区的经济和社会发展状况具有重要意义。

在网络时代，地方文献的传播和应用得到了更加广泛地推广和应用。网络上最多的地方文献是各类地情资料，包括旅游资源、民俗风情、文化艺术等方面的信息。此外，专门的家谱网也是网络中比较常见的资源之一，这些网站提供了大量的家谱信息和数据库资源满足用户查询和利用的需求。

（5）按地方文献资源内容主题分，可分为自然资源、社会资源、人文资源文献。其中自然资源有天文、气象、地理、水文、地质、地形、地震、动物、植物、矿产等深具地方特色的网络资源。例如，地方水文网提供了关于当地水文状况的详细信息，地震网则提供了关于地震活动的数据。这些网络资源不仅有助于了解地方的自然环境，而且对于灾害预防和环境保护也具有重要意义。

社会资源文献主要包括地方事物、地方文化、地方人物、组织机构、地方统计资源等方面的内容。例如，地方统计资源提供了关于当地人口、经济、教育等方面的数据，这对于制定社会政策和经济发展计划具有重要的参考价值。此外，地方法律法规也是社会资源的重要组成部分，它们对于维护社会秩序和保障公民权益具有重要的作用。

人文资源文献主要包括文学、艺术、地方风俗（节日、服饰）等方面的内容。这些资源反映了当地的文化传统和人民的生活方式。例如，地方文学作品和艺术作品可以展示当地的文化特色和艺术风格，而地方风俗则可以反映当地人民的生活习惯和文化传承。这些人文资源不仅有助于人们了解当地的文化底蕴，而且也有助于促进文化交流和传承。

（6）按地方文献资源用途分，还可以分为常用信息、欣赏信息、生活信息、经济信息、研究信息等。

常用地方信息资源是指那些日常生活中必不可少的实用性信息，如城市地图、旅游地图、景点介绍、交通时刻表、交通路线等。这些信息在人们的出行、旅游、日常生活中起着至关重要的作用，使人们能够更加便捷地获取所需的信息。

欣赏信息主要指各类音频、视频、多媒体信息，如地方戏曲、音乐、风景视频等。这类信息具有很高的艺术价值和审美价值，可以让人们更好地了解和欣赏地方的文化和艺术，增强文化自信心和归属感。

生活信息涉及人们日常生活的方方面面，如招聘、购物、楼市，以及政府为个人服务方面的信息等。这类信息与人们的日常生活密切相关，为人们提供了各种生活服务和便利，满足人们的基本生活需求。

经济信息则主要指商品名录、企业名录、供求信息等。这类信息对于企业和个人来说非常重要，可以帮助他们了解市场动态、把握商机，促进经济发展。

研究信息则是指那些具有学术研究价值的数据库,如敦煌数据库、巴蜀文化数据库等。这些数据库为学术研究提供了丰富的资料和数据,有助于推动学术研究的深入发展。

(7)按网络地方文献资源的存在状态分,可分为原生态和再生态网络地方文献资源。

原生态网络地方文献资源主要是指网络原生文献,如网络新闻、原创文学作品、各类动态信息等。这些文献资源是在互联网上直接生成的,具有很高的原始性和真实性。例如,一些地方新闻网站发布的新闻报道,直接反映了当地发生的事件,为人们提供了第一手的资料。原创文学作品则是地方文化的珍贵记录,能够展现地方文化的多样性和独特性。各类动态信息如论坛讨论、社交媒体上的分享等,也具有很高的参考价值。

生态网络地方文献资源则指在原生态文献基础上加工而成的信息资源,如数据库资源、印本文献数字化等。这些资源是在原生态资源的基础上进行整理、分类、加工而成的,具有更高的利用价值和更丰富的参考意义。例如,一些地方历史数据库,收录了大量的历史文献和资料,经过专业整理和分类,方便人们进行查询和使用。印本文献数字化则是将传统的纸质文献转化为数字格式,方便存储和传播,同时也能够更好地保护这些珍贵的文献资源。

2. 网络地方文献资源的特点

随着互联网的普及和信息技术的不断发展,地方文献资源已经从传统的纸质媒介扩展到了网络领域。网络地方文献资源具有以下特点:

(1)专题性和汇编性

地方文献资源建设在网络时代呈现出了新的特点,其中最为突出的是专题数据库的建设。这种建设方式是将分散在不同文献信息中的相关信息进行提炼,然后进行专题汇编,形成一个具有地方特色的、稳定的、实用的专题数据库。这种做法不仅提高了信息的使用价值,还有利于信息的保存和传播。

网络中的地方文献专题数据库种类和数量都非常丰富。例如,辽宁省图书馆和首都图书馆等大型图书馆都建立了自己的地方文献专题数据库。

这些数据库涉及各个领域，如历史、文化、地理、经济等，为用户提供了全面、准确、实用的信息。

在进行信息组织时，这些网站通常会按照专题进行分类，将不同的信息组织形式（如动态信息、数据库等）归入同一栏目下。这种做法既体现了专题性，又体现了汇编性，使得信息更加有序、易于查找和使用。

专题数据库的建设对于地方文献资源建设来说具有重要意义。首先，它提高了信息的利用率。通过专题汇编的方式，将相关信息集中在一起，方便用户进行查找和使用，提高了信息的使用价值。其次，它有利于信息的保存和传播。随着时间的推移，许多珍贵的文献资料可能会流失或损坏，而通过专题数据库的建设，可以将这些资料永久保存下来，并让更多人了解和利用这些资料。

为了更好地建设地方文献专题数据库，需要从多个方面入手。首先，要重视资料的收集和整理。只有全面、准确的资料才能够为数据库的建设提供坚实的基础。其次，要进行合理的分类和组织。专题数据库需要有清晰的结构和分类体系，以便用户能够快速找到所需信息。最后，要加强数据库的维护和更新。随着时间的推移，资料会发生变化或更新，数据库也需要及时进行维护和更新，以保证信息的准确性和时效性。

（2）动态性和新颖性

网络时代，地方文献资源的数字化带来了前所未有的便捷性。这种形式不仅使得地方文献的保存更为安全可靠，而且方便了对其内容的及时更新。在网络中，以文件形式存放在网页上的动态性地方信息，如公告、招聘、市场、新闻、实况等，随时都有可能被更新，因而保证了信息的时效性和准确性。

相比之下，传统的纸质文献资料由于其物理特性的限制，更新起来相对困难。而数字化文献资料的出现，彻底改变了这一局面。通过网络，可以轻松地实现对这些动态性地方信息的实时更新，大大提高了信息更新的效率和准确性。

同时，地方文献数据库虽然具有相对的稳定性，但也并非一成不变。事实上，为了保持数据的准确性和完整性，地方文献数据库也会被定期或不定期地更新。例如，地方年鉴数据库一般按年度进行更新，每年都会对数据进行一次全面的更新和维护。这种定期更新的方式，确保了数据库中数据的最新状态，为相关研究提供了更为准确和可靠的数据支持。

此外，数字记录形式的另一个优势在于其可复制性和可分享性。通过网络，可以轻松地将这些地方文献资源分享给更多的人，让更多的人了解和利用这些资源。这种分享不仅限于同一地区或同一国家，还可以跨越国界，让世界各地的人们都能接触到这些珍贵的地方文献资源。

（3）关联性和多媒体性

关联性是地方文献数据库和文本内容中的一个重要特点，它主要体现在内容上的相互链接。除了在网站中提供其他相似或相关网站的链接外，地方文献数据库和文本内容中也包含了大量的超链接。这些超链接可以方便用户快速找到与当前主题相关的其他信息，从而更好地理解该主题。

以天津图书馆的"天津旅游"专题库为例，该库在文本内容中提供了大量的主题链接。这些链接可以帮助用户快速找到与当前主题相关的其他信息，如相关的历史事件、人物介绍、景点介绍等。此外，该库还提供了同一主题不同描述形式信息之间的切换，如文字、图像、声音等。这种做法可以使得同一主题的各种描述形式的信息更加集中，使用户能够更完整和全面地了解该主题的信息。

除了超链接之外，网络地方文献资源的另一个特点是能够将同一主题的不同描述形式的信息集中存放在同一个文件或数据库中。这种做法可以使得同一主题的各种描述形式的信息更加完整和全面，使用户能够更深入地了解该主题的各个方面。例如，对于一个历史人物而言，除了他的生平和主要事迹外，还可以通过图片、音频和视频等多媒体方式展示他的形象和影响力。

（4）组织形式多样性和较好的检索性

网络地方文献资源是一种重要的文化资源，其组织形式也是多种多样的。除了传统的 MARC 机器可读目录格式的地方文献书目外，还有各种数据库管理系统建成的各类数据库，包括格式文本文件、全文本文件、HTML 文件和多媒体文件等。

以数据库文件为例，有 MARC 格式的书目数据库，这种数据库以机读形式存储地方文献信息，方便了信息的管理和检索。此外，还有以全文本文件为主要内容的专题数据库,这些数据库涵盖了各种主题,如历史、文化、地理等,为研究者提供了全面的资料。

另外,还有一些主要以图像形式存放的专题数据库,这些数据库主要是以数字扫描图像存贮印本文献建成的,这种方式能够提供原始文献的完整记录,具有很高的历史价值和文献价值。

网络地方文献资源的检索性也是其一大优势。通过搜索引擎,用户可以轻松检索网站内信息,这是网络时代信息检索的便利所在。同时,数据库内容也是可检索的,这为用户提供了更加精准的检索服务。这种可检索性不仅提高了信息查找的效率,也极大地促进了学术研究的进展。

江苏地方文献与江苏地方文化/**第二章**

江苏位于中国东部沿海地区，自古以来便是文化繁荣、经济发达的地区。在江苏的历史长河中，地方文献作为文化的载体，见证了江苏的变迁与发展。而江苏地方文化作为中华文化的重要组成部分，也在这些文献中得以传承和弘扬。

江苏地方文献是江苏历史与文化的珍贵记录。从古老的经史子集，再到近现代的地方志、年鉴、报刊等，都是对江苏乃至全国的历史、政治、经济、文化的见证和记录。通过这些文献，人们可以了解到江苏各地的历史沿革、风土人情、名人逸事等，从而更好地认识和了解江苏。

江苏地方文化是一种独特的地域文化。其特色鲜明，内涵丰富，包括吴文化、淮扬文化、徐海文化、南京文化和苏中文化等五大文化圈。这些文化圈既有共性，也有个性，共同构成了江苏丰富多彩的文化面貌。在江苏地方文化的熏陶下，江苏人民形成了崇文重教、开放包容、创新进取的人文精神。

在江苏地方文献中，可以看到江苏地方文化的独特魅力。例如，《扬州画舫录》《苏州府志》等文献记录了扬州和苏州的园林文化、茶文化和戏曲文化等；《江南通志》《淮南子》等文献则展现了江苏的历史文化和地理特色。这些文献不仅提供了丰富的历史资料，也为传承和发展江苏地方文化提供了宝贵的资源。

总之，江苏地方文献与江苏地方文化是相互依存、相互促进的关系。在新的历史时期，要更好地发掘、整理和利用这些文献资源，传承和弘扬江苏优秀传统文化，推动江苏的文化繁荣发展。

第一节
江苏文献的概念

江苏文献是指记录江苏地区历史文化、社会变迁、自然环境等方面的文字、图像、音频等资料。这些文献反映了江苏地区在不同历史时期的发展状况、文化特色和人民生活，是研究江苏地区历史和文化的重要资料。

江苏地区在历史上曾是《尚书·禹贡》中记载的徐州、扬州一部分，历经多代的建置变迁。直至清初，江苏仍与安徽同属于江南省。在康熙六年（1667年），江南省被划分为江苏和安徽两省，取江宁、苏州两府的首字命名江苏，从此江苏政区基本稳定，成为文化和经济的重要区域。

江苏省位于黄淮江海交汇之地，大运河纵贯多个城市，地理条件优越，交通四通八达，物产资源丰富。凭借其水产和盐业资源以及发达的水上交通，江苏地区在历史上一直是经济繁荣、地位显赫的地区。同时，江苏的文化也极为繁荣，拥有众多的历史文化名城，深厚的学术文化底蕴，以及众多的文人学者。这里的读书、藏书、著书、刻书风气浓厚，留存了大量的典籍，其中地方文献尤为丰富。

从学术角度来看，江苏地方文献主要包括两个方面：作者是江苏人和内容是写江苏的。江苏历来是著述大省，也是出版重地，历代尤其是清代编撰江苏地方文献及汇集地方文献的丛书颇为丰富。然而，由于古籍保存、流布的特点，明清以前的相关著述因年代久远而毁坏、散佚、消亡者较多，故现存江苏地方文献多为明清及近人著述，版本包括木刻本、活字本、铅印本等。

在各类地方文献中，汇集一地之诗文者最为常见。以明清以前为例，汇集江苏某地之文者如北宋扬州州学教授马希孟所编《扬州诗集》（3卷），该书采诸家之集而次之，又搜访于境内简编碑板亡缺之余，惜早已亡佚。

自明清时期，特别是晚清民国时期，江苏各地纷纷编纂地方诗文总集，形成了蔚为壮观的文化现象。这些典籍数量众多，涵盖了诗文词合集与诗、文、词分集等多种类型。其中，诗文合集相对较少，如《松陵文征》，是明清之际吴江人朱鹤龄所辑，共计28卷。据其凡例所述，该编所收录的内容主要涉及吴江一地的掌故，包括赋、诗、文，收录年代自三国、晋至明。而《海虞文征》则是晚清民国初常熟人邵松年所辑，共计30卷，其中文24卷、诗6卷，收录常熟一地的文献。

相比之下，单纯的文集较为多见。例如，清代长洲人顾沅所辑的《吴郡文编》，共计246卷，分为26类，收录有关苏州的文献4 000余篇。《娄水文征》由清镇洋（今属太仓）王宝仁等辑，共计80卷，收录太仓历代之文，并于道光十二年（1832年）刻印，林则徐为之作序。《扬州足征录》由焦循编纂，共计27卷，收录明末清初以来扬州作者之文及外籍作者写扬州之文。同治间仪征张丙炎将其刻入《榕园丛书》。此外，《广陵思古编》由汪廷儒编纂，共计29卷，收录清代扬州府属作者所撰之文。《海陵文征》共20卷，由清代泰州人夏荃辑，于道光二十三年（1843年）刊刻。《国朝常州骈体文录》由晚清武进屠寄辑，共计31卷，专门收录常州一邑作者43人骈文500余篇。这些文献均为各地文化繁荣的见证，具有极高的历史和文化价值。

在封建时代，诗歌创作是文人士大夫的一种普遍爱好，这导致了诗人和诗作数量的庞大。由于编辑和刊刻较为便利，诗总集的编纂成果尤为丰富。其中，以江苏命名的《江苏诗征》规模最为庞大，影响最为深远。这部总集由丹徒王豫辑纂，共183卷，收录了清代江苏地区5 400余位诗人的作品，是清代地方类诗歌总集中规模最大的一部。在道光元年（1821年），这部总集由焦山海西庵诗征阁刊刻。

在江苏地区，早期的诗总集有康熙中期的《江左十五子诗选》，这是由久任江苏巡抚的宋荦辑刻的，收录了江苏籍的王式丹、顾嗣立、郭元釪等15位诗人的作品，每人一卷。乾隆时期，官至湖广总督的镇洋人毕沅辑刻了《吴会英才集》，共20卷，收录了方正澍、洪亮吉等人的诗集。嘉道年间，寓居宿迁的王相编辑了《友声集》，共40卷附录9卷，收录了清代江苏主要是苏北地区汪全泰等28位诗人的诗集。稍后，上元朱绪曾历时30年辑成《金陵诗征》，收录自晋至清南京1 300余位诗人的作品，直至光绪中期才由陈作霖在瑞华馆募刻成书。

  此外，还有《淮海英灵集》22卷及《续集》12卷，由阮元、阮亨等纂辑，收录了清代扬州、通州所辖12邑1 600余位诗人的作品；《京江耆旧集》，13卷，收录清代镇江府600余位诗人的作品；《山阳诗征》，26卷，由道光七年（1827年）山阳丁晏等辑，后经王锡祺增订、续编；《徐州诗征》，8卷，由曾任徐州知府的临川桂中行辑；以及《曲阿诗综》《毗陵诗录》《梁溪诗钞》《澄江诗选》《江上诗钞》《国朝松陵诗征》《吴江诗录》《昆山诗征》《海虞诗苑》《高邮耆旧诗存》《白田风雅》《海陵诗汇》《崇川诗集》《东皋诗存》《朐海诗存》等地方诗集。这些地方诗集收录了丹阳、常州、无锡、吴江、昆山、常熟、高邮、宝应、泰州、南通、连云港等地诗人的作品。

  值得注意的是，许多诗文总集都有后人另编续集，以传世并保持其影响力。

第二节
江苏地方文献的基本特点

江苏地方文献作为我国历史文化的重要组成部分，具有显著的特点和极高的价值。这些文献不仅记录了江苏地区的历史变迁，也展现了该地区的文化传统和社会发展。它们是我们了解江苏乃至全国历史文化的珍贵资料，具有极高的学术研究价值和文化传承意义。

江苏地方文献的内容广泛，涵盖了政治、经济、文化、教育、科技等多个领域。这些文献包括历史档案、地方志、家族谱牒、碑刻拓片、民间传说等，为我们提供了丰富的历史信息和人文资源。通过对这些文献的深入研究，我们可以更好地了解江苏地区在不同历史时期的发展状况和特点，深入探索该地区文化的内涵和特色。

江苏地方文献的收藏和整理工作非常完备。江苏省内各图书馆、博物馆、档案馆等机构都十分重视地方文献的收藏和整理工作，使得这些文献得到了很好的保护和传承。同时，江苏省内各高校和研究机构也积极开展地方文献的研究工作，涌现出了一大批优秀的研究成果。这些成果不仅丰富了我们的学术视野，也为地方文化的传承和发展提供了重要的支撑。

江苏地方文献还具有很高的文化价值。这些文献不仅记录了江苏地区的历史变迁，也承载了该地区的文化传统和民族精神。通过学习和传承这些文献，我们可以更好地了解江苏文化的内涵和特色，弘扬民族精神、增强文化自信。同时，这些文献也是我们与世界各地进行文化交流的重要载体，有助于提升江苏文化的国际影响力。

一、从分布范围看

江苏地方文献的地域覆盖范围广泛，不仅遍及全省，而且深入各个行政层级,包括府、州、县乃至乡镇。这种分布状况不仅展现了江苏地方文献的丰富多样性,也突显了各地对地方文献的重视和辑集的热情。在江苏省的十三个省辖市中,都有流传久远的地方文献,其中苏南、苏中、苏北三大区域的文献分布呈现出不平衡的特点。这种不平衡恰恰说明了各地对地方文献的重视程度和其在文化传承中的重要地位。更有甚者,许多地方产生了多种文献,如吴江分湖地区就有多部关于该地区的著作,这充分展现了地方文献在展示地方文化和人文特色方面的独特价值。

为了更好地理解江苏地方文献的地域覆盖特点,我们需要对江苏的地理环境进行简要介绍。江苏地处长江下游,地势平坦,水网密布,气候温和,自古以来就是文化繁荣、经济发达的地区。这种地理环境孕育了丰富的文化遗产,也为地方文献的收集和整理提供了广阔的舞台。

在江苏地方文献的收集和整理过程中,各地政府和学术机构发挥了重要作用。他们通过多种途径,如田野调查、民间征集、整理历史文献等,将散落在民间的珍贵文献汇集起来,为后人研究江苏的历史、文化、民俗等提供了宝贵资料。同时,这些机构还积极推动地方文献的研究和出版工作,进一步提升了地方文献的价值和影响力。

通过对江苏地方文献的深入研究,我们可以发现它们在内容上具有鲜明的地域特色。这些文献涉及历史、地理、民俗、艺术等多个领域,反映了江苏各地独特的社会风俗和文化传统。例如,苏南地区的文献多以工商业、文化艺术为主题,体现了该地区经济文化的繁荣;苏北地区的文献则更多地关注农业、水利等方面,凸显了该地区以农业为主的生产生活方式。

在文化传承方面,江苏地方文献发挥了不可替代的作用。它们不仅是历史的见证,也是文化的载体。通过这些文献,我们可以深入了解江苏各地的历史变迁、文化传承和创新发展。这对于弘扬江苏优秀传统文化、推动文化创新具有重要意义。

二、从数量上看

江苏地方文献的存世量极为庞大,这是一个不争的事实。据不完全统计,现存1949年之前成书的江苏地方文献(不包括江苏人所写的内容与江苏地域无关的著作）数量在 6 000 种以上。这一数字足以证明江苏地方文献在数量上的庞大和丰富，是研究江苏历史文化的珍贵资料库。

其中，地方诗文总集是江苏地方文献的重要组成部分。国内现存的江苏地方诗文总集就有 500 余种，这些诗文集收录了大量的诗歌、散文等文学作品，是研究江苏历史文化的重要资料。例如，《江苏诗征》（183 卷），所收诗人达 5 400 余位，这部鸿篇巨制充分展现了江苏人文资源的繁盛局面，也是研究江苏历史文化不可或缺的珍贵资料。

江苏地方文献中还有许多其他类型的资料，如地方志、家族谱牒、名人手稿等。这些资料记录了江苏各地的历史、文化、风俗等方面的信息，对于研究江苏历史文化具有重要的参考价值。

江苏地方文献的收集、整理和保存工作得到了广泛的关注和重视。许多图书馆、博物馆等机构都在积极收藏、整理这些珍贵资料，以期为学者提供更加全面、准确的研究资料。同时，也有越来越多的学者投入江苏地方文献的研究中，通过深入挖掘这些资料，为我们更好地了解江苏历史文化的底蕴和内涵提供了有力支持。

三、从内容上看

江苏地方文献是了解和研究江苏历史、社会、文化、经济等方面的重要资料，其内容涵盖了社会生活的各个方面。这些文献不仅仅是文字记载，更是一份份珍贵的历史遗产，为我们提供了深入了解江苏的窗口。

在政治方面，江苏地方文献详细记载了各个历史时期的政治变迁。例如，《江苏省志》等文献对江苏的政治制度、行政机构、官职设置等方面的变化进行了详细的描述，为我们了解江苏的政治历史提供了宝贵的资料。

在经济方面，江苏地方文献记录了江苏地区经济发展的历程。从手工业到现代工业，从农业到商业，这些文献都为我们呈现了一幅幅生动的历史画面。例如，《江南经济史》等著作对江苏地区的经济变迁进行了深入的研究，为我们理解江苏的经济格局提供了重要的参考。

在文化方面，江苏地方文献更是丰富多彩。从文学、艺术到教育、学术，这些文献都为我们展示了江苏文化的深厚底蕴。例如，《扬州画派书画全集》（见图 2.1）等文献对江苏地区的文化艺术发展进行了详细的梳理，让我们更加深入地了解江苏文化的魅力。

图 2.1 《扬州画派书画全集》南京图书馆检索页面

江苏地方文献还涉及地理、自然等多个领域，为我们提供了丰富的地理信息和自然环境变迁的记录。例如，《江苏省志·地理志》（见图2.2）等著作对江苏的地貌、水文、气象等方面的变化进行了详细的描述，为我们理解江苏的自然环境提供了重要的参考。

江苏地方文献是一份珍贵的历史遗产，其内容涵盖了社会生活的各个方面。无论是政治、经济、文化还是地理、自然等领域，这些文献都为我们提供了深入了解江苏的窗口。通过对这些文献的深入研究和分析，我们可以更好地理解江苏地区的历史、社会、文化和发展状况，从而为江苏未来的发展提供重要的参考和借鉴。

图 2.2 《江苏省志·地理志》
图源：中国国情网

四、从学术价值上看

江苏地方文献是中国历史文化的重要组成部分，具有极高的学术价值。这些文献分布广泛、数量巨大、规模宏大、内容丰富,涵盖了江苏地区的历史、文化、社会、经济等多个方面。通过对这些文献的深入研究,我们可以了解江苏地区的历史文化演变过程,并且探究其背后的社会、政治、经济等因素。这种研究不仅可以加深对江苏历史文化的认识和理解,也可以为当前的社会发展提供借鉴和启示。

例如,《诗钞补》(11卷)、《七十二峰足征集》(88卷)等作品收集的诗歌,展现了江苏地区的自然风光和人文精神。这些诗歌描绘了江苏的山水之美、人文之韵,反映了当时人们对自然和社会的认知和感受。通过这些诗歌,我们可以更好地理解当时社会的文化氛围和人们的精神风貌。

又如,《金陵梵刹志》(53卷)(见图2.3)等作品则反映了当时社会的宗教信仰和文化风貌。这些文献记录了江苏地区的宗教活动和文化传承,为我们了解当时社会的宗教信仰和文化传统提供了宝贵的资料。通过这些资料,我们可以深入探究当时社会的宗教信仰和文化传承,了解其背后的历史背景和社会因素。

图2.3 《金陵梵刹志》南京图书馆检索页面

江苏地方文献作为重要的历史文化遗产,不仅有助于我们深入了解历史时期的社会状况,也有助于认识和理解现代江苏地区的发展轨迹和文化底蕴。通过对这些文献的研究和利用,我们可以更好地传承和弘扬中华优秀传统文化,推动文化繁荣和社会进步。同时,这些文献也是连接过去和未来的桥梁,为我们提供了一个了解和认识江苏地区历史文化的窗口。因此,我们应该重视对这些文献的保护和研究,让它们的历史和文化价值得以更好的传承和发扬。

第三节
江苏地方文献的历史、文化、地域研究

一、江苏的历史

江苏地方文献是江苏历史文化的珍贵载体，为历史叙述提供了重要依据。这些文献详细记录了江苏的历史变迁，包括政治、经济、文化等方面的内容，为后人了解江苏历史提供了宝贵资料。

在江苏历史上，发生过许多重大事件，如明清易代、太平天国战争等。江苏地方文献对这些事件进行了详尽的记载，虽然有些内容存在重复和矛盾，但仍为后人提供了多角度审视历史的视角。

此外，江苏地方文献中还有大量家族文献，这些文献展示了江苏地区家族整体上的文化素养。通过家族文献，我们可以了解到家族经济、文化、管理等各个方面的情况，从而更好地认识江苏地区家族形态的特点。

值得一提的是，江苏地方文献中还有不少从未刊刻出版的稿抄本，这些文献大多保留着原始状态，更真实地反映了当时的社会状况。这些珍贵的文献资料对于了解江苏历史状况具有重要意义。

江苏地方文献丰富多样，涵盖地理、社会等各个领域。这些文献充分展现了江苏大地的美丽富庶，赞美了江苏人民的聪明勤劳。它们描绘了江苏人民的日常生活场景，展示了独特的风土人情，以及人与自然、人与土地之间的和谐关系。这些文献不仅体现了江苏人民对美好生活的追求，也反映了他们对自然和社会的深刻思考。

在众多文献中，以苏南地区的文献最为丰富。苏中沿江一带的文献也有一定数量，而苏北地区的文献则相对较少。然而，仍然发现了一些珍贵的苏北地区文献，如《淮北不缠足章程》。该书对于研究苏北地区的社会文化及妇女运动具有重要意义,提供了宝贵的史料。《淮北不缠足章程》由徐嘉等21人成立的"淮北不缠足会"发起,以劝诫缠足为宗旨。该会明确规定了会员的义务,包括不得娶缠足之女、必须劝其放解等。此外,该会还提出了振兴女学的目标,以提升妇女的知识水平和精神境界为使命。这部章程不仅关注了妇女缠足的问题,还体现了对妇女命运的深切关怀。这部章程的发现,弥补了现有文献中对江苏不缠足运动记录的不足,有助于更加全面地了解这一历史时期的社会风气变化。同时,它也提醒,对于地方文献的整理和研究需要更加深入和全面,以揭示更多隐藏的历史真相。

二、江苏地方文献的文化禀赋

江苏这片富饶的土地,自古以来就是文化繁荣、人才辈出的地方。这里不仅有秀美的自然风光,还有深厚的文化底蕴。江苏地方文献作为江苏文化的重要组成部分,充分展现了江苏的文化禀赋。

江苏地方文献是江苏文化的重要组成部分,它们不仅展示了江苏文化的深厚底蕴和独特魅力,更是江苏人民智慧的结晶。这些文献涵盖了各个领域,如历史、文学、哲学、艺术等,为了解江苏文化提供了宝贵的资料。

在历史领域,江苏地方文献记录了江苏地区的历史变迁和社会发展。从古代的史书、碑刻,到近现代的地方志、家族谱牒,这些文献揭示了江苏地区在不同历史时期的发展轨迹和特点。通过这些文献,可以了解到江苏地区的政治、经济、文化等方面的历史演变,从而更好地认识和把握江苏文化的深厚底蕴。

在文学领域,江苏地方文献展示了江苏文学的繁荣和多样性。从古代的诗词、散文,到近现代的小说、戏剧,这些文献呈现了江苏文学的丰富多彩和卓越成就。通过这些文献,我们可以领略到江苏作家的才华和魅力,从而更好地欣赏和评价江苏文化的独特禀赋。

在哲学领域,江苏地方文献体现了江苏哲学的深邃和独到。从古代的儒家思想、道家思想,到近现代的改良思潮、革命思潮,这些文献揭示了江苏地区在不同历史时期的思想动态和特点。通过这些文献，可以了解到江苏地区的思想家们在思考人类社会和人生问题时的独特见解和智慧，从而更好地领略江苏文化的深刻内涵。

在艺术领域，江苏地方文献展示了江苏艺术的丰富多样和卓越成就。从古代的绘画、书法、雕塑，到近现代的摄影、电影、音乐，这些文献呈现了江苏艺术的丰富多彩和卓越成就。通过这些文献，可以领略到江苏艺术家们的才华和创造力，从而更好地欣赏和评价江苏文化的独特魅力。

江苏作为我国的教育重地，拥有丰富的教育文献资源。这些文献记载了江苏地区从初等教育到高等教育、从师范教育到职业技术教育等多个领域的发展历程。这些文献的存在，充分展示了江苏地方政府和社会各界对教育的关注和投入，也是江苏教育始终保持领先地位的重要支撑。例如，周葆贻所编的《武进兰社男女弟子诗词百人集》（见图 2.4），提供了江南地区私人教学和男女同窗的生动场景。这部诗词集不仅展现了周葆贻及其弟子们的才华，更为了解江苏教育的基础、内容和作用提供了宝贵资料。

标准格式　卡片格式　引文格式　字段名格式

作品语种	chi
题名	武進蘭社男女弟子詩詞百人集 / 二卷 / 一卷
版本说明	鉛印本
出版发行	至二十九年(1940)
载体形态	一册
个人著者	周葆貽
	蔡鉞
馆藏	GJ/804510

图 2.4　《武进兰社男女弟子诗词百人集》南京图书馆馆藏

各地对地方文献资源的整理工作都非常重视，许多地方都将本地文献资源的收集和整理作为打造特色地域文化品牌的基础。江苏地区也不例外，许多热心人士运用网络这一现代化手段，建立了许多有关地方文献的专题网站，并发表了大量珍贵资料。此外，一些市县还着手编纂本地的文献合集，以进一步彰显江苏地方文献的独特价值。

江苏地方文献集中展现了具有江南特色的文化，这些文献记录了江苏地区的历史、地理、人文等方面的信息，是江南文化的重要组成部分。通过阅读这些文献，人们可以更好地了解江苏地区的文化底蕴和历史渊源，对于保护和传承江南文化具有重要意义。

在地域文化研究领域，江苏地区因其深厚的文化底蕴和丰富的文献资源，备受研究者的关注。自元代以来，文人在江苏地区的雅集活动频繁，因而留下了大量珍贵的诗文集。江苏山水清绝，物产富饶，因此地区雅集数量众多，这些雅集作品后来被编集成册，流传至今。元代的玉山雅集、清代的红桥雅集和愚园雅集等均属此列，它们形成了相应的专题文献。以愚园雅集为例，愚园是南京城西南隅的一处金陵名园，园内有清远堂、水石居、渡鹤桥等三十六景。在愚园的鼎盛时期，达官贵人和文人墨客齐聚此地，留下了许多诗词文赋和门额楹联。现存的有关愚园的文献有《白下愚园集》（见图 2.5）和《白下愚园续集》等。

标准格式

作品语种	chi
题名	●白下愚園集 / 八卷
版本说明	刻本
载体形态	六册
个人著者	●胡光國
馆藏	GJ/5495

图 2.5 《白下愚园集》南京图书馆馆藏

此外，江苏地区还出现了专收女子作品的地方总集，如《国朝女史诗合钞四种》（见图 2.6）和《松陵女子诗选》等，这些作品充分展示了江苏女性作家的才华和修养。同时，江苏地区读书风气浓厚，因而好读书成为该地方风尚，爱好图书也成为具有鲜明地域色彩的文化特点。

标准格式

作品语种	chi
题名	●國朝女史詩合鈔 / 四種九卷
版本说明	抄本
出版发行	●秋聲館
载体形态	一册
馆藏	GJ/EB/115939

图 2.6 《国朝女史诗合钞四种》南京图书馆馆藏

如今江苏的公共图书馆继承了重视地方文献收藏的优良传统，许多图书馆还发出了征集地方文献的通知。许多地方都认识到挖掘和利用本地丰厚的历史文化底蕴与文献资源的重要性，关注文献资源工作，满足本地人民群众日益增长的精神文化需求，提升地域核心竞争力。因此，江苏地区珍爱图书的文化行为已成为一个地区的群体性行为。

江苏地方文献的收辑不仅是对文化传统的保护和传承，更是对地方历史和文化的尊重和弘扬。这些文献记录了江苏地区的历史变迁、文化传承和社会发展，是该地区宝贵的文化遗产。通过收集、整理和研究这些文献，我们可以更好地了解江苏地区的历史和文化，深入挖掘其文化内涵和精神价值，为现代社会的发展提供精神动力和文化支持。

民国元年，常熟人俞钟颖在为邵松年辑《虞山画志补编》（见图 2.7）所作序中，深感常熟地方自咸丰同治以来，遭受了战争的严重破坏，尽管湖山依旧，但曾经辉煌的藏书之家已化为灰烬。这导致了一个令人痛心的现象："事势所趋，非特蔑视诗书，殆将不识翰墨为何事。"在俞钟颖看来，图籍的毁灭意味着文化的毁灭，一地的文脉有断裂之虞。

标准格式	
作品语种	chi
题名	虞山畫志補編
版本说明	活字印本
载体形态	一册
个人著者	邵松年
馆藏	GJ/45914

图 2.7　《虞山画志补编》南京图书馆馆藏

邵松年的《虞山画志补编》如同一座文化的桥梁，它承载了常熟的艺术发展。通过阅读这部著作，人们可以一窥常熟的艺术风貌与历史变迁。然而，俞钟颖认为这并非编辑此书的核心意义。他强调，更为重要的目的是激发后人的文化自觉与追求。由作画这种具体的技艺入手，人们可以逐渐领悟艺术的真谛，进而达到"道"的境界。

地方文献的编集往往承载着这样的目的："传承文化、启迪后人。"在战乱或社会巨变时期，这一目的显得尤为迫切。人们更加渴望通过文献的整理与传播，守护和延续文化的根脉。

为了实现这一目标，需要深入挖掘地方的文化底蕴，搜集与整理那些珍贵的文献资料。同时，还应注重培养新一代的文化传承者，激发他们对传统文化的热爱与敬意。只有这样，才能在变革的时代中坚守文化的根脉，让地方文脉得以延续，并绽放新的光彩。

三、江苏地域研究

江苏地方文献中蕴含着丰富的专题文献，这些文献性质相同，为江苏研究提供了许多有价值的选题。以晚清与民国时期的江苏社会救济与慈善文献为例，据初步统计，共有140余种。这些文献中有不少属于民间救济与慈善性质的文献，其中涵盖了乞丐收容、施医施药、义冢安葬、拯救善良、救助寡妇、抚育弃婴、赈灾等多个方面。

这些文献详细记录了江苏民间的社会救济与慈善活动，涉及的民间社会救助机构包括儒釐会、育婴堂、苦儿院、贫儿教养院、地方公所、慈善会、施医局、施诊给药局、普育堂、继抚塾、完节堂、崇善堂、种善堂、平民习艺所、乞丐习艺所等。这些机构的运作机制、组织结构、社会效应、经费来源和使用等情况，在文献中都有所体现。

这些文献不仅对研究近代江苏民间社会救济与慈善活动的运行机制等问题具有重要价值，而且对维护社会稳定、淳化民风、培养社会责任意识等方面也起到了积极作用。同时，这些文献的形成和大量出现，也反映了江苏社会救济与慈善活动的普遍性和规范性。

此外，民国时期的江苏还出现了许多城市发行的导游手册，如《南京游览手册》《镇江指南》《无锡指南》等。这些导游手册内容丰富，包括区域、户口、名胜、古迹、教育、游程、交通纪要、食宿娱乐、机关、社会纪要、物产商品、文艺（游记、诗、楹联）、实业等多个方面。这些手册的目的在于引导人们认识和走进城市，进而认识和认同这个城市。这也体现了当时江苏，尤其是苏南地区城市经济和文化的发达。

这些导游手册为认识当时的江苏社会提供了独特的视角。例如，在二十世纪三四十年代出版的《无锡导游手册》上，有一种封面上印着泳装女郎在湖中游泳、湖边休憩的画面，反映了近代轻工业的飞速发展使得无锡的观念也更为超前。

总的来说，江苏地方文献中的专题文献是研究江苏历史和社会的重要资料，无论是社会救济与慈善活动还是城市导游手册，都为我们提供了深入了解江苏历史文化的窗口。同时，这些文献也是江苏文化和精神的生动体现，对于认识和理解江苏地方文化具有重要意义。

第四节
江苏地方文献的传藏

江苏,这片富饶的土地,自古以来就是文化、经济中心。在历史的长河中,江苏地方文献作为重要的文化遗产,承载着丰富的历史信息和深厚的文化底蕴。它们不仅仅是文字的载体,更是江苏人民智慧的结晶,是研究江苏乃至全国历史、文化、经济等方面不可或缺的重要资料。

一、江苏地方文献的珍贵价值

1. 历史见证

江苏地方文献是江苏历史发展的重要见证。无论是官方的记载还是民间的传说,都提供了研究江苏地区政治、经济、文化等方面发展的重要线索。这些文献不仅揭示了历史事件的真实面貌,同时也展现了古代人们的生产生活方式、思想观念和风俗习惯。

2. 文化传承

地方文献是地域文化传承的重要载体。通过对江苏地方文献的研究,可以深入了解江苏地区独特的地域文化,如吴文化、淮扬文化等。这些文献不仅展现了传统的文化精髓,也提供了宝贵的文化资源,有助于推动当代文化的创新与发展。

3. 学术研究

江苏地方文献为学术研究提供了丰富的素材。从历史学、社会学、民俗学等多个学科的角度,都可以对地方文献进行深入挖掘,开展广泛研究,这不仅有助于提升学术研究的水平,也有助于推动跨学科的合作与交流。

二、江苏地方文献的持续发展

1. 强化征集与保存

为了确保江苏地方文献的持续发展，必须不断强化征集与保存工作。各级图书馆、档案馆等机构应加大对地方文献的收集力度，通过各种途径广泛征集散落在民间的珍贵文献。同时，应加强文献保存的设施建设，完善保存制度，确保文献的长期保存与利用。

2. 深入挖掘与研究

在收集保存的基础上，应对江苏地方文献进行深入挖掘与研究。组织专业团队，对文献进行分类整理、编目索引，挖掘其内在价值。同时，鼓励学者开展专题研究，推动学术交流与合作，提升地方文献的学术影响力。

3. 推广利用与传播

为了充分发挥江苏地方文献的价值，必须加强推广利用与传播工作。通过举办展览、讲座等活动，向公众普及地方文献知识，提高人们对地方文献的认知度与重视度。同时，借助现代信息技术手段，建立地方文献数据库，实现数字化管理与共享，方便学术界与公众查阅利用。

4. 培养专业人才队伍

人才是推动江苏地方文献持续发展的关键因素。各级政府和社会组织应加大对人才培养的投入，通过设立奖学金、培训项目等方式，鼓励学者深入研究地方文献。同时，加强高校与地方的合作，培养一批具备专业素养的文献管理人才，为地方文献事业的发展提供坚实的人才保障。

5. 促进多方合作与交流

推动江苏地方文献的持续发展需要多方合作与交流。各级政府应发挥主导作用，加大对地方文献事业的投入力度；图书馆、档案馆等机构应加强合作，实现资源共享；学术界应积极开展跨学科研究，拓宽研究领域；社会组织和个人也应广泛参与，共同推动地方文献事业的发展。

总之，江苏地方文献作为宝贵的文化遗产和重要的学术资源，具有重要的价值。为了实现其持续发展，必须强化征集与保存工作，深入挖掘与研究，推广利用与传播，培养专业人才队伍并促进多方合作与交流。通过实施这些措施，相信江苏地方文献事业将迎来更加美好的未来。

第五节
《江苏文库》

2016年2月，在江苏省委、省政府领导下的省委宣传部正式发布了《江苏文脉整理与研究工程实施方案》（简称《文脉工程》）。该工程旨在深入挖掘江苏的文献资源，系统地保存和梳理江苏的历史记忆和文化脉络。通过实施《文脉工程》，期望能在当代文化进程中，进一步推进民族的文化认同与自信。作为《文脉工程》的标志性成果，《江苏文库》以纸本和数字化形态同时呈现江苏历史上的"文化高地"，这是一部超大型的地方文献总集。

江苏的文化典籍源远流长，文化底蕴深厚且历久弥新，璀璨的文化巨匠如繁星点点。在中华民族乃至整个人类文明的发展史上，江苏都占据着举足轻重的地位。江苏文脉整理与研究工程，是一项着眼于长远、规模宏大的工程，既突出了江苏文化的脉络与主体，又展现了江苏文化的丰富多彩。该工程具有集成性、经典性、引领性等特点，同时也具有承前启后、继往开来的当代意义。《江苏文库》将是一部集大成之作，是历史上第一部江苏文化百科全书。这部皇皇巨著、蔚为大观的文库，将为后世留下宝贵的文化财富。

"盛世修典，太平纂帙"历来是文化繁荣的显著标识。系统地梳理中华优秀传统文化，离不开对地方文化的深入挖掘。清代学者章学诚曾言："制度由上至下，采撷由下而上。惟采撷备，斯制度愈精。"可见，对地方文化典籍的整理研究，不仅关乎文化传承，更是国家发展的重要基石。

江苏自古便是文化与经济的双料重地。东晋南北朝和明清时期，江苏两度成为文化中心，为中华文化的发展做出了卓越贡献，留下了丰富的文化遗产。在众多文化名人和经典中，江苏文脉的整理与研究显得尤为重要。2016年，经过充分论证和准备，江苏文脉整理与研究工程正式启动。

此工程以《江苏文库》为主体，旨在全面梳理江苏文脉资源，再现江苏历史上的文化高地，同时为现代江苏文化发展提供方向。

从呈现方式来看，《江苏文库》规模宏大、体例多元、编制周全，内容涵盖书目、文献、精华、方志、史料、研究六编（简称"六编"），展现形式丰富。此外，工程汇聚了江苏及国内学术界、文化界的众多知名学者，形成了高水平的学术团队。其中，江苏省文史馆馆长周勋初担任学术指导委员会主任，由南京大学和南京师范大学的学科带头人领衔，全国众多高校专家参与。

编写工作自启动以来，广大专家学者广泛搜集江苏历史文化典籍，对其进行科学、系统、辩证的分类、梳理、校勘，以期完整呈现江苏历史文化面貌。这项工程不仅是对江苏文化的一次系统整理，更是对全民族文化典籍整理研究的有力补充。相信在未来，这份丰厚的文化遗产将成为江苏乃至全国的文化瑰宝，为中华文化的繁荣发展注入新的活力。

1. 以"六编"格局全面梳理江苏浩瀚文脉

江苏地方文献和历史典籍"浩如烟海、灿若星辰"，收入《江苏文库》的书目内容全面，完整勾勒江苏悠久文脉。《江苏文库》创新性的"六编"格局，既是古今有关江苏的各类文献与史料的集成，又是传统的文献整理与现代学术研究的融合；既是面上对江苏文献典籍资源的完整收录，也是点上对代表性文化成果的辑要整理；既有学人著述文本的集中呈现，也有地方史料方志的一般描述。作为工程最终成果的《江苏文库》，构筑起一个生动丰富、包罗万象的苏式文化空间。

《文献编》从历史上江苏籍学人创作的约 10 万种图书中遴选出 5 000 种，采用传统的四部分类法编排，呈现"文化江苏"的整体景观。年代最早的是西汉刘向的《说苑》与《七略》《别录》等著作，这几部著作堪称中国文献学的开山之作。

《方志编》覆盖历代江苏各行政区方志。从江苏现存各级各类旧志中选择价值较高、品相较好的志书 600 种左右影印出版，并撰写提要，总规模约 500 册。其内容从省志到府州县志，完整记录江苏各地不同时期的历史风貌，展示江苏方志强省、文化大省地位。

《史料编》以现有行政区划为主，收录有关江苏地方史料类文献，反映江苏各地历史地理、政治经济、文化教育、宗教艺术、社会生活、风土民情等，共收入文献2 000种左右。成书最早的是东汉赵晔所撰《吴越春秋》，记述春秋战国时期吴、越两国史事，保留先秦时代的"江苏记忆"。

与其他省市所修大典相比，设置《研究编》和《书目编》是《江苏文库》的重要特色，纳入当代学者研究著作，集中再现不同文化形态的发展轨迹、鲜明特色和历史贡献。

《研究编》从江苏文化通史、江苏文化名人传、江苏文化专门史、江苏地方文化史、江苏文化专题研究五个方面对江苏文脉展开深层次研究。以江苏文化名人传为例，传递的是文化名人所负载的文化信息和文化密码。

《书目编》编纂工作旨在厘清江苏籍学人历史上（1912年前）的著述家底。《书目编》尽量收齐江苏地区现存的印刻于1912年前的所有古籍，这是梳理江苏古代文化的"基础设施建设"，为研究者在"书山"上架起一条条通道。2020年，《书目编》已编纂完成书目提要，出版全省的藏书目录，江苏第一次有了官修的全省藏书目录，这是一项前无古人的成果。

《精华编》是《江苏文库》创造性的设置，目的是在江苏传统文化成果中找准主脉、勾勒特色、标定高峰。该编精选历代江苏籍学人具有代表性意义、产生较大文化影响的著作200部左右，以当代学术标准加以整理。所选文献集中代表了江苏历史上取得的文化伟绩，体现了江苏文化地域性、时代性、学术性和文学性兼具，能开风气之先等突出特点。

通过整理与研究的璧合，江苏文脉整理与研究工程试图超越"修典"而推进文化传承创新的学术努力清晰可见。

2. 以标识工程构筑文化高地坚实底座

江苏文脉整理与研究工程，以文献、典籍为载体，深入挖掘其背后的生命及其现实生活意义。历朝历代，中国人都致力于保存、整理古代典籍，以阐释其中的文化内涵。在当今文化复兴的时代，对本土文化资源的深入梳理、发掘、研究，不仅为地域文化创新提供资源，更为社会发展创新提供经验。

第二章
江苏地方文献与江苏地方文化

该工程聚焦江苏,纵跨古今,旨在整理江苏地区的珍贵典籍和文化资料。《江苏文库》汇集了历史长河中的文化经典和珍贵史料,通过整理成为便于阅读、研究的珍本、善本和高水平的校注本,成为传世的文献宝库。这一过程不仅是对历史文化的传承和保护,更具有不可估量的文献价值,为后世学者研究江苏文化提供了丰富的"源头活水"。

除了典籍资料外,该工程还将收录当代学者关于江苏文化的研究著作,向社会大众展示江苏文化的整体风貌,推动江苏文化的普及和认同。同时,选取部分学术成果,打造"江苏文化译林",推动江苏文化的国际影响力。

从思想价值层面看,该工程总结江苏文化发展的历史规律,为当代文化建设提供蓝图。优秀传统文化是民族的"根"和"魂",因此文脉的整理与研究有助于加深人们对家园的文化认同,为通往未来注入自信。

目前,《江苏文库》首批86册已经付印出版,内容涵盖各个领域的学术成就。《文献编》《精华编》《史料编》《方志编》《研究编》等各编均有所涉及,从古至今,形成完整的文化传承体系。从2019年开始,《江苏文库》将保持每年150—200册的出版频率,形成"六编并进"的局面。

习近平总书记指出:"文化自信是一个国家、一个民族发展中更基本、更深沉、更持久的力量。"在这一新形势下,加强优秀传统文化的宣传普及,用好用活江苏文化资源,意义重大。江苏文脉整理与研究工程作为文化建设迈上新台阶的重要标识,将努力成为传承弘扬中华优秀传统文化的典范。

第三章 公共图书馆地方文献的资源建设模式

地方文献是公共图书馆中非常重要的一部分，它承载着一个地区的文化、历史和社会发展历程。然而，随着信息技术的发展和互联网的普及，传统的图书馆管理模式已经无法满足当代用户的需求。因此，公共图书馆需要探索新的地方文献资源建设模式，以更好地服务读者。

1. 数字化建设

数字化是当今社会发展的趋势，也是公共图书馆地方文献资源建设的重要方向。通过数字化技术，图书馆可以将传统的纸质文献转化为数字资源，方便用户在线阅读和下载。同时，数字化建设还可以提高文献的保存质量，减少文献的损坏和丢失。

2. 协作共享

由于地方文献的特殊性，许多图书馆的收藏都不够全面。因此，公共图书馆应该加强与其他图书馆、档案馆、博物馆等机构的合作，从而实现资源共享。通过协作共享，图书馆可以弥补自身馆藏的不足，提高资源的利用率。

3. 用户参与

在新的资源建设模式下，用户不再是单纯的读者，而是图书馆资源建设的参与者。图书馆可以通过用户参与的方式，收集用户的意见和建议、了解用户的需求，提高资源建设的针对性和有效性。

本章旨在探讨公共图书馆地方文献的资源建设模式，以期为相关领域提供参考和借鉴。

第一节
公共图书馆地方文献资源的采集模式

丰富的地方文献资源是提供优质服务的保证。地方文献的采集工作是地方文献服务工作的基础,也是至关重要的第一步。为了确保采集到的地方文献资源具有全面性和准确性,需要根据地方文献来源的复杂性,采取多种方式方法,制定相应的策略原则。

《公共图书馆业务规范》中对地方文献采集的工作内容和质量要求有如下阐述:

1. 工作内容:

(1) 编制专门的地方文献采集计划;

(2) 通过购买、接受交存、受赠、征集、复制、交换等多种途径广泛收集地方文献出版信息;

(3) 对内容涉及反映特定地区及其居民的各类型文献进行采集(其中包括接受交存、受赠、征集、购买、复制、交换)、验收、登记、移交工作;

(4) 对地方文献的采集工作进行统计分析。

2. 质量要求:

(1) 省级公共图书馆履行所在省地方文献中心职责,全面采集所在省的地方文献;

(2) 省级公共图书馆建立地方文献专藏及地方文献专题数据库。

(3) 广泛征集地方文献,必要时可向社会发布公告。

一、地方文献资源采集原则

地方文献是记录某一地区历史、文化、经济等方面的重要资料,其内容广泛、收藏面广。对于公共图书馆来说，收藏地方文献是十分必要的。为了更好地收藏地方文献，公共图书馆应该制定出合理的、符合本地区历史和现实特点的地方文献征集的长期规划、奋斗目标和保证措施。

1. 细致全面原则

地方文献的采集是一项细致入微的工作，在收集地方文献时，所收集的资料越多、越全、越细越好。大量地方文献材料常散见在各种类型的载体中，要想发挥它们的价值，就必须进行大量且细致的发掘工作，尽可能全面、系统地搜集第一手材料，深入挖掘整理，去粗取精才能筛选出自己所需的文献。

因此，在进行地方文献的采集时，需要采取多种方式，包括查阅档案、实地调查、采访当地居民等，以尽可能全面地收集资料。同时，还需要注意采集的细节，如记录时间、地点、人物等信息，以确保资料的准确性和完整性。在整理资料时，需要对资料进行分类、筛选、整理和编辑，去粗取精，提取出有价值的文献。只有这样才能更好地发挥地方文献的价值，为当地的文化、历史和社会发展提供有力的支持。

2. 长期持续性原则

地方文献资源是反映一地之百科，它是该地区历史发展轨迹的客观缩影与文化底蕴的积聚，所以它的采集也不是一时一事的，而是要有持续性采集的行为，要有持续性采集文献的内容，并且这些内容还要有连续性。

因此，地方文献资源的采集工作需要有一个系统性的规划和执行过程。首先，要确定采集的目标和范围，包括各个历史时期、各个领域的文献资料。其次，要制定详细的采集计划，包括采集的方式、时间、人员等方面的安排。最后，还需要定期进行采集工作的评估和调整，以确保采集工作的持续性和有效性。

3. 时效的原则

地方文献大多为非正式出版物，印刷数量少，如不及时收集那些存世不多的材料和需要采访调查的材料，则会日渐流失近期的材料。网络信息更是实时更新、稍纵即逝，如不及时收集也很容易散失，从而再也无从找寻。所以行动如有滞后则可能造成不可弥补的损失。

因此，及时收集和保存地方文献至关重要。这就需要图书馆采取积极的措施，包括对存世不多的材料进行优先收集，对需要采访调查的材料进行及时调查，以及对近期的材料进行持续跟踪。只有这样，才能够确保这些珍贵的文献得到妥善保存，并提供更为全面和准确的历史和文化信息。同时，也应该充分利用现代科技手段，如数字化和数据库建设等，对地方文献进行永久保存和便捷的检索利用。这样不仅可以保护这些珍贵的文献，还可以让更多的人了解和认识地方文化和历史，促进文化传承和发展。

4. 均值的原则

由于各级各类图书馆在地方文献的征集过程中都按照各自对地方文献的理解或诠释开展工作，因此在征集过程中常常会出现主观臆断、随意取舍的情况。因此均值的原则指导工作人员在收集地方文献时对资料的内容、载体、形式不要先入为主，而是要一视同仁，全部征集来后再通过后期的分析整理，由专业人员认真分析、准确判断、精细筛选、区别真伪、为我所用。

在地方文献的征集过程中，图书馆工作人员需要遵循一定的原则，以确保资料的完整性和准确性。不主观臆断，不随意取舍是至关重要的。这意味着在收集资料时，工作人员不应根据自己的主观判断来决定哪些资料有价值，哪些资料没有价值。相反，他们应该一视同仁地收集所有资料，不论其内容、载体和形式。

在后期分析整理过程中，专业人员需要对收集到的资料进行认真分析、准确判断、精细筛选、区别真伪，从而筛选出真正有价值的地方文献。这一过程需要耗费大量时间和精力，但只有这样，才能确保图书馆所收藏的地方文献真正具有代表性和准确性。

遵循这些原则可以避免图书馆在征集地方文献过程中出现遗漏或偏颇的情况，从而确保所收藏的资料能够全面反映一个地区的文化、历史和社会发展状况。这对于图书馆的服务质量和使用价值具有重要意义，也有助于推动地方文化的传承和发展。

二、地方文献资源采集范围

地方文献资源采集范围十分广泛，涵盖了地域内一切有价值的资料，具体来说，它可能包括但不限于以下几类：

1. 地域范围

各地区公共图书馆对地方文献资料的采集应该在本地区的地域范围内进行。但是，一个地区的版图在历史上是有变化的，那么究竟应该采用何时的版图呢？一般认为地方文献资料的地域范围应该是历史上本地区的最大行政管辖区，包括目前这个地区所管辖的各地县市及历史上曾归这个地区所管辖的各个地区。如果不包含历史上曾归这个地区管辖的各个地区，就难以反映本地区的地理位置及建制沿革，当然在时间上也应该加以限制，以确保所采集的资料能够反映本地区的地理位置及建制沿革。

在采集地方文献资料的过程中，公共图书馆应该注重资料的完整性和系统性。这包括收集各种类型的资料，如书籍、报刊、图片、地图、照片等，以及各个时期的资料，如古代、近代、现代等。此外，公共图书馆还应该注重资料的深度和广度，尽可能地收集全面、详细的资料，以反映本地区的文化、历史和社会发展。

在整理和保存地方文献资料的过程中，公共图书馆应该注重资料的保护和传承。这包括采用科学的方法和技术，如数字化、缩微复制等，对资料进行保护和保存，并尽可能地让更多的人了解和利用这些资料。此外，公共图书馆还应该注重与当地的文化机构和学术团体合作，共同推动本地区文化事业的发展。

2. 内容范围

地方文献是公共图书馆中非常重要的一个组成部分，它能够反映一个地区的历史、文化、经济和社会发展状况，是研究地方历史和制定地方政策的重要依据。因此，公共图书馆应该重视地方文献的收集、整理和保存工作。

（1）地方文献应该包括本地区新修的各种史志、通志、市志、县志、行业志、乡土志等，以及为修志所收集、整理、出版的各种资料。这些资料不仅包括在修志过程中收集的各种原始资料，还包括各种年鉴、年度报告、指南、汇编等各个时期、各个行业的资料。这些资料能够全面反映本地区的历史和文化，是研究地方历史和制定地方政策的重要依据。

（2）地方文献应该包括本地区公开出版和内部发行的有地方特征的各种图书、期刊、报纸等文献资料。这些资料能够反映本地区的经济和社会发展状况，包括各行各业的发展情况，以及本地区的政治、经济、文化等方面的变化。这些资料对于了解本地区的发展状况和制订未来的发展计划具有重要的参考价值。

（3）地方文献应该包括国内外出版的反映本地区各行各业情况的出版物及内部资料，尤其是各行各业的统计资料、年度报告等。这些资料能够反映本地区与国内外其他地区的经济和社会发展状况的对比，从而为本地区的发展提供参考和借鉴。

（4）地方文献应该包括籍贯在本地区或居住在本地区，和在本地区有重大影响的人物的作品、传记、年谱、手迹手稿、轶事照片以及对其进行研究的各种资料。这些资料能够反映本地区的文化和社会发展状况，以及本地区人民的生活和思想状态。

（5）地方文献应该包括反映本地区地方信息的信函、札记、票据、照片等非正规信息资源。这些资料虽然不是正式出版物，但是它们能够提供更加具体和详细的信息，帮助人们更好地了解本地区的历史和文化。

除了以上提到的几种类型的地方文献，公共图书馆还应该收集本地区的各种重要会议的文献、论著，地方曲艺，艺术品和反映本地区社会活动的文艺作品等。这些资料能够反映本地区的文化和社会发展状况，对于了解本地区的历史和文化具有重要意义。

三、地方文献资源采集策略

为了更好地收集和保存地方文献，需要建立并维护一个畅通的采集渠道，并保持长期的联系。地方文献的来源非常广泛，涉及的部门也较为复杂，尤其是很大一部分非正式出版物，因此信息的及时性和畅通性对于地方文献的采集工作来说至关重要。

为了解决这一问题,地方文献采集部门需要建立一种有效的渠道,不仅与本地区的出版社等地方文献出版单位保持紧密的联系,还需要与各类相关单位和部门加强合作与沟通。这些部门包括地方志办公室、党史办、地名办、科委、政协文史委、学术团体、研究机构、教育行政部门、大中专院校,以及大中型企业等。通过建立合作网络,可以更好地掌握地方文献的出版动态,并确保各类文献能够及时、完整地被采集和归档。

为了更好地利用社会的力量,需要呼吁地方政府部门参与其中,并争取当地文化部门、宣传部门和新闻出版机构的支持与配合。通过制定地方文献出版物的呈缴制度或相关文件,可以确保所出版的地方文献能够及时地被送至收藏部门,从而形成一个完整的文献采集链条。

此外,对于已经采集到的地方文献,需要做好记录和归档工作,形成一套完整的地方文献来源档案。这样不仅可以方便、持续地采集新的地方文献,还可以为后续的研究和使用提供更为便捷的查询服务。

1. 加强文献征集宣传力度和普及图书馆意识

大多数图书馆在长期的发展中,对于自身职能和作用的宣传并未给予足够的重视。这导致了社会上对图书馆的认识和了解不足,限制了图书馆在地方文献收集工作上的发展。为了改变这一现状,图书馆必须加大向社会宣传的力度,普及图书馆知识,从而加深人们对图书馆的认识和了解。

首先,图书馆应该通过各种渠道宣传自身的职能和作用。例如,可以通过社交媒体、宣传册、讲座等形式,向社会公众介绍图书馆的藏书、服务、活动等内容。同时,图书馆还可以利用自身的资源优势,开展各种形式的读书活动和文化交流活动,以吸引更多的人走进图书馆、了解图书馆。

其次,图书馆应该加强对地方文献的收集和整理工作。地方文献是一个地区历史和文化的重要组成部分,对于研究当地历史和文化具有重要意义。图书馆应该积极地与地方政府、文化机构、民间组织等合作,开展地方文献的收集和整理工作。同时,图书馆还应该加强对地方文献的数字化建设,方便更多的人通过网络平台了解和利用这些文献。

最后，图书馆应该提高自身的服务质量和效率。服务质量是图书馆的核心竞争力，也是吸引社会公众的重要因素之一。图书馆应该注重提高服务人员的专业素质和服务意识，为读者提供更加优质、高效的服务。同时，图书馆还应该加强对读者的反馈和互动，不断改进图书馆的服务质量和效率。

2. 采取多种形式加大地方文献的征集力度

首先，向图书馆捐赠地方文献的部门、集体和个人，图书馆应给予他们充分的尊重和感谢。这些无私的捐赠者，用自己的行动支持着图书馆的工作，为广大读者带来了丰富的知识资源。为了表达感激之情，图书馆应该为他们颁发设计精美的收藏证书，以纪念他们的善举。同时，也可以考虑为他们提供借阅资料的优惠条件，让他们在享受知识的同时，也能感受到图书馆的温暖和关怀。

其次，除了物质上的回馈，图书馆还应该充分利用网站、媒体等渠道，对捐赠地方文献者进行宣传和表彰。当地方文献收藏达到一定的品种和数量后，图书馆可以举办专题书展，邀请当地领导、社会名流及捐赠书目的作者前来参观指导。这样的活动不仅可以扩大图书馆地方文献收藏工作的影响，还能进一步推动收集工作的深入开展。

最后，为了更好地利用这些珍贵的地方文献，图书馆可以编制专题目录，用于馆际交流和赠送给地方文献出版单位。这样不仅可以影响和调动地方文献编写单位向图书馆送交样书的积极性，还能为读者提供利用地方文献的方便条件。通过这种方式，可以实现资源的共享和传播，让更多的人受益于这些宝贵的文化遗产。

3. 设立专职人员征集地方文献

为了有效地开展征集工作，图书馆应选派具备事业心和沟通能力强的专业人员负责此项任务。这些人员不管是专职还是兼职，但必须具备高度的责任心和专业素养。在实践中，图书馆工作人员需要采取多种多样的方法，如电话咨询、信函联系、上门拜访、召开座谈会等，以广泛地寻找线索并积极主动地与相关人员联系。

首先，图书馆工作人员需要克服怕麻烦、"收多少算多少"的思想，并发挥其主观能动性，积极寻找线索。这就需要图书馆工作人员具备创新思维和敏锐的洞察力，善于从各种信息中挖掘潜在的线索。若图书馆工作人员一旦发现线索，应立即跟踪到底，争取在最短的时间内取得进展。

其次，为了保持征集工作的稳定性和持续性，图书馆应保持征集人员的相对稳定性。这有利于提高工作效率和熟悉业务，使工作人员能够更加熟练地开展收集工作。同时，图书馆还可以通过定期培训和交流活动，提高征集人员的工作能力和业务水平。

最后，图书馆在开展征集工作时，还需要注重与相关机构的合作与交流。通过与其他图书馆、档案馆、博物馆等机构的合作，相关机构间可以共享资源、互利共赢。这不仅可以提高征集工作的效率和质量，还可以为图书馆的资源建设和发展做出贡献。

4. 建立地方文献征集的联系网络

地方文献的征集工作是一项需要广泛联系和长期积累的任务。为了更好地完成这项工作，征集人员需要注意建立和维护人际关系网络。这个网络不仅包括与地方文献相关的个人和机构，还包括各类交流圈和行业协会等。通过建立这样的网络，征集人员可以更好地了解地方文献的分布和保存情况，同时也可以及时获取相关线索和信息。

首先，在建立人际关系网络的过程中，征集人员需要注意保持长期联系。这不仅有助于巩固彼此之间的合作关系，还可以及时了解对方的最新动态和需求。在征集人员发生变动时，做好交接工作也是非常重要的。这可以确保工作的连续性和稳定性，避免出现信息断层的情况。

其次，除了建立人际关系网络外，地方文献的征集人员还需要加强自身的修养。这包括了解地方文献的历史、文化背景和特点，以及提高自身的沟通和表达能力。通过不断提高自身的专业素养，征集人员可以更好地进入与地方文献有关的交流圈，拓展自己的人脉资源。

此外，为了更好地完善人际关系网络，征集人员可以采取多种方式。例如，参加相关的学术会议、研讨会和展览会等，与同行交流经验和心得；加入相关的行业协会或组织，了解行业动态和趋势；利用现代社交媒体平台，如微信、微博等，建立线上联系渠道。

5. 规范地方文献的征集办法

要有效地征集地方文献，必须进行规范的管理。这不仅涉及调动相关工作人员的积极性，还需要激发地方文献爱好者的参与热情。一个合理且具有激励性的管理制度，能够促使各方共同为地方文献的征集工作贡献力量。

首先，制定明确的地方文献征集办法是关键。这些规定应该详细列出每一种可能的征集方式，如购买、交换或接受捐赠等，并明确每一种方式的操作流程。这样不仅可以提高工作效率，还能确保所有参与者都清楚自己的责任和权利。

其次，奖惩办法的制定尤为重要。对于那些在地方文献征集工作中表现突出的个人或团体，应当给予适当的奖励，以激励其更多地参与和贡献。同时，对于违反规定的行为，也应当有明确的惩罚措施，以维护征集工作的公正性和秩序。

最后，为了确保地方文献的完整性和准确性，还需要对征集到的文献进行严格的鉴定和筛选。这就需要一支专业的团队，其成员应具备丰富的专业知识和经验，能够对各种文献进行准确的鉴定和评估。

四、地方文献资源采集渠道

地方文献资源采集渠道有很多种，以下是几种常见的采集渠道：

1. 购买

在获取地方文献的过程中，有多种方式可供选择。其中，邮局订购是一种常见的方式。通过这种方式，可以直接从邮局或其他相关单位订购所需的文献。在进行订购时，通常需要参考《社科新书目》或《科技新书目》等新书征订目录，这些目录会提供最新的图书信息和推荐。此外，还可以通过报纸、网络等途径了解到更多关于新书的介绍和推荐，从而做出更明智的选择。

除了邮局订购，现场购买也是另一种常见的方式。采购人员可以直接前往书店、书市、书展或书摊等场所，挑选并购买所需的文献。在现场购买时，可以直接翻阅图书，了解其内容和质量，从而做出更准确的判断。此外，在某些大型书展或书市上，还会出现一些稀有的、珍贵的文献，对于这些文献的收藏和保护也有着重要的意义。

除了以上两种方式，还有其他一些特殊的购买方式。例如，从个人手中购买文献。这种方式可能会涉及一些私人收藏或者二手市场，采购人员需要具备一定的鉴别能力和谨慎的态度。另外，一些机构或团体也可能会通过招标、竞拍等方式获得稀有的、珍贵的文献，这些方式都需要具备一定的专业知识和经验。

2. 交换

为了更好地保护和传承地方文献，图书馆需要与相关的生产、发行和收藏单位，以及个人建立良好的信息、合作关系。通过互通有无、定期交换的方式，图书馆可以实现资源共享，提高文献的利用率和影响力。

首先，与地方文献的生产单位建立合作关系是非常重要的。这些单位通常是地方出版社、报社等媒体机构，他们拥有丰富的文献资源和专业的编辑能力，因而能够提供最新、最全面的地方文献资料。通过与这些单位合作，图书馆可以及时获取最新的地方文献，为研究提供有力的支持。

其次，与发行收藏单位建立良好的信息、合作关系也是必不可少的。这些单位通常是图书馆、博物馆等文化机构，他们拥有丰富的馆藏和专业的收藏管理能力，因而能够提供完整的地方文献资料。通过与这些单位合作，图书馆可以全面了解地方文献的收藏情况，更好地进行研究和利用。

最后，与个人建立合作关系也是非常重要的。这些个人通常是地方文献的爱好者或研究者，他们拥有独特的收藏和研究视角，能够提供珍贵的文献资料和研究成果。通过与这些个人合作，图书馆可以拓宽视野，增加对地方文献的认识和理解。

为了更好地实现合作互通，定期交换是一个非常有效的方式。图书馆可以定期举行文献交流会、研讨会等活动，让各单位和个人有机会互相展示自己的研究成果和收藏品，从而促进资源共享和学术交流。

3. 征集

征集是指从文献拥有者或文献持有机构手中，通过非购买的方式获取文献的行为。这种方式既可以保护和传承珍贵文献，也可以满足研究或教学的需求。征集过程中，可以采用多种方式进行，例如，开展宣传活动、网络征集等，以吸引更多的文献拥有者或持有机构参与。对于一些珍贵的文献，可能只需要收取一点工本费；而对于一些特殊的文献，则可能是赠阅收藏的。为了保证征集工作的顺利进行，还可以派专人负责这项工作，以确保能够及时地获取所需的文献。

在征集过程中，需要考虑许多因素。首先，要确定征集的目标和范围，以便有针对性地开展工作。其次，要考虑到征集的难度和成本，包括人力、物力和财力等方面的投入。最后，还需要考虑到如何处理征集到的文献，如何保存、管理和利用这些文献。

为了更好地进行征集工作，可以采取一些措施。首先，可以通过开展宣传活动来提高公众的认知度和参与度。例如，可以举办展览、讲座等活动，向公众介绍珍贵文献的历史和文化价值，以吸引更多的关注和参与。其次，可以利用网络平台进行征集，例如，通过社交媒体、专业网站等途径发布征集信息，以便更广泛地传播信息并吸引更多的参与者。最后，还可以与相关机构合作，如图书馆、博物馆等，共同开展征集工作并共享资源。

4. 呈缴

各图书馆应根据相关法律法规、规定和文件，或是呈缴制度的要求，负责接收并保存地方文献资源。这些文献资源是地方历史、文化、社会发展的重要载体，对于了解和研究地方发展具有重要意义。为了确保这些珍贵文献得到妥善保存和利用，需要采取一系列措施。首先，需要建立完善的呈缴制度，明确呈缴范围、程序和责任，以便于文献资源的收集和管理。同时，还需要加强与相关部门的合作，共同推进文献资源的保护和利用工作。在收集文献资源的过程中，需要注意文献的完整性、真实性和价值性，确保所收集的文献能够为后续的研究提供有力的支持。此外，还需要加强文献的数字化工作，以便于更好地保存和利用这些珍贵资源。通过这些措施的实施，相信能够更好地保护和利用地方文献资源，为地方文化和社会发展做出更大的贡献。

5. 复制

为了更好地了解地方文献缺藏信息，需要利用各种目录进行调查。这些目录可以包括图书馆的藏书目录、档案馆的档案目录、博物馆的文物目录等。通过仔细查阅这些目录，可以发现哪些文献是缺失的，从而有针对性地进行收集。

在收集地方文献的过程中，必须遵守版权和著作权的相关法律法规。这意味着不能随意复制、缩微、扫描或照相某些受保护的文献，而是需要获得相应的授权或许可。因此，在开始收集之前，需要仔细研究相关法律法规，确保行为合法合规。

除了遵守法律法规外，还需要采取多种手段来收集这些文献。对于一些珍贵的、难以接触到的文献，可以考虑采用复制的方式。而对于一些篇幅较大的文献，可以考虑采用缩微的方式。此外，扫描和照相也是常用的手段，有助于快速地获取文献的内容。

6. 析出

许多地方文献被广泛收录在各类大型丛书、总集、文集，以及报刊等文献中。为确保这些珍贵的文献资料得到有效的保存和利用，可以通过多种方式进行收集，如复印、扫描、摘抄或剪辑等。同时，随着科技的不断发展，现如今可以借助先进的计算机软件，通过合理的设置，实现对网络信息的搜索，从而形成一部分专题网络信息资源。

第二节
公共图书馆地方文献资源的合作模式

随着信息技术的快速发展和知识经济的到来,公共图书馆作为重要的文化机构,承担着传承文化、服务社会的重要使命。而地方文献作为公共图书馆特色的重要组成部分,对于其展示地域文化、推动地方经济和社会发展具有重要意义。为了更好地整合和利用地方文献资源,公共图书馆需要采取有效的合作模式。

地方文献具有鲜明的地域性和独特性,对于当地的文化传承、经济发展和社会进步具有重要的促进作用。然而,由于地方文献资源的分散性和多样性,公共图书馆在收集、整理和利用这些资源方面存在一定的困难。通过合作模式,图书馆可以更好地整合资源、优化配置、提高效率,从而更好地满足用户的需求。

一、公共图书馆地方文献资源的合作模式

地方文献资源的分布范围广泛,因此在采集和数据库建设方面,需要与各地方文献资源收藏单位进行紧密合作。这种合作可以采用多种方式,其中最常用的是纵向合作、横向合作和网络型合作方式。

纵向合作是指跨越地域界限的合作,可以促进不同地区之间的文献资源交流和共享。这种合作方式有助于打破地域限制,提高文献资源的利用效率和覆盖面。例如,在学术研究领域,学者可以通过纵向合作获取不同地区的地方文献资源,以便更好地进行研究工作。

横向合作则是指同一区域内的地方文献资源收藏单位之间的合作。这种合作方式有助于集中各单位的文献资源优势,共同推进某一地区或某一主题的文献资源建设。例如,在某个城市或地区,各图书馆、档案馆和博

物馆可以通过横向合作，共同建立地方文献资源库，提高本地区的文献资源保障能力。

网络型合作则是指在网络世界中的地方文献资源的共建共享。随着现代化技术的发展，地方文献资源的数字化已经成为趋势。数字化技术不仅为地方文献资源的存储和保护提供了便利，而且使得异地存取、咨询和查阅成为可能。通过网络型合作，各地的文献资源机构可以共同建设一个虚拟的地方文献资源共享平台，实现资源共享、信息交流和知识传递。这种合作方式有助于打破实体资源的限制，提高地方文献资源的利用效率和传播范围。

为了更好地推进地方文献的合作与交流，建立一个专门的协调机构是至关重要的。这个机构将负责解决在合作过程中出现的各种问题，并确保各个单位之间的顺畅沟通。

首先，这个机构需要制定或督促实行相关的政策、规章制度，为地方文献的搜集、整理、收藏和开发利用提供指导。这些规章制度将明确工作指导思想、宗旨和原则，同时明确各参与单位的责任、义务和具体工作任务。通过这种方式，可以确保各个单位在工作中遵循统一的标准和规范，提高合作效率。

其次，这个机构需要联络和协调本地区的各类单位和部门，形成一个合作网络。这些单位包括图书馆、博物馆、档案馆、地方史志办、党史办、地名办、政协文史委、学术团体、研究机构、教育行政部门、大中专院校、大中型企业等。通过与这些单位建立合作关系，可以实现资源共享，提高地方文献的利用率。

再次，这个机构还需要制定地方文献的整体建设规划，确定合作或协作项目和计划。对本地区内的地方文献资源进行调研，全面了解各地馆藏地方文献资源的种类、数量和特色，在调研的基础上，制定全市地方文献资源整合的总体目标、步骤及实施细则。这将有助于实现地方文献的优化配置，提高资源的利用效率。

在管理方面，这个机构需要建立文献工作标准化体系，并实行标准化管理。文献工作标准化是文献资源共建、共享的一个基本条件。要实现共建、共享，就要建立一个强制的、全面的文献工作标准化体系，并由专业图书馆统一规范文献分编,实行统一分类和编目,健全专业图书馆的文献检索体系,从而为实现区域性图书馆文献资源共建、共享打下坚实的基础,也为今后全面实现系统、地区、全国乃至全球性的文献资源共建、共享做好准备。

最后,这个机构还需要协调编制地方文献资源与各种书目、索引、文摘等工具书,协调制作地方文献书目数据库、各种专题数据库,整合网络地方文献资源等。这将有助于提高地方文献的检索效率和利用价值,为学术研究和社会发展提供更好的支持。

二、档案馆与公共图书馆的合作模式研究

(一)联合举办展览

根据自身所藏档案资源或其他资源优势,档案馆和图书馆可开展多种模式的档案展览合作。主要有参与型、交流型、宣传支持型等模式。参与型合作模式是档案馆与图书馆为配合本地区各方面重大社会活动或开展社会教育等需求,选择合适的方式,共同策划相关主题,共同承担档案展览相关工作的一种合作模式。交流型合作模式是由档案馆或图书馆一方主办,另一方提供相关资源帮助的合作关系。宣传支持型合作模式特指图书馆可以利用自身的宣传优势,为档案馆提供档案展览信息宣传的帮助。

目前各地档案馆与图书馆已经开始有意识地开展档案展览业务合作,且合作的范围已经拓展到了国外。从合作的程度出发,目前将我国的档案馆与图书馆的档案展览合作分成三个等级。

一级合作是档案馆和图书馆联合主办,双方全程参与档案展览从策划到展出的每个环节,这是一种参与型的合作模式。例如,浙江海盐县档案馆与张元济图书馆联合举办的"海盐记忆"老照片展,工作人员从照片的采集、筛选、注释、考证及展览的版面设计方面通力合作,齐心协力办展览。

二级合作是由档案馆或者图书馆一方主办,另一方以补充提供档案展

览材料的形式开展合作，这是一种交流型的合作模式。例如，在2014年国际档案日期间上海举办的《西德尼·甘博的中国之旅》的照片展览（如图3.1），这场展览是上海档案馆与美国杜克大学图书馆联合举办的，主要展出的内容是美国社会学家西德尼·甘博在1908年到1932年间来中国拍摄的关于上海人日常生活的照片。这些照片后来被美国杜克大学图书馆所藏，为了能让人们更全面地了解甘博镜头下的旧上海，上海档案馆取得美国杜克大学图书馆的支持，将照片的数字资源制作成影像辑（如图3.2）展出，向人们展示了上海记忆的一部分。

图 3.1 《西德尼·甘博的中国之旅》摄影展

图源：复旦大学图书馆官网

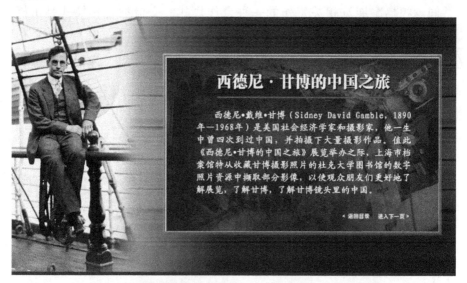

图 3.2 上海档案馆《西德尼·甘博的中国之旅》影像辑

图源：上海档案馆官网

三级合作是由档案馆或者图书馆一方主办,另一方以提供展览场地的形式开展合作,这是一种交流型的合作模式,交流程度要比二级合作浅一些。例如,浙江档案局(馆)在国际档案日之际与浙江图书馆合作,在浙江图书馆举办"档案见证'两美'浙江"主题展览(如图3.3)。档案馆的工作人员通过选择各类能体现浙江生态文明建设的档案,包括图片、影像、实物、文件等,集中展出,生动形象地展示了"两美"浙江创建取得的成就。

图 3.3 "档案见证'两美'浙江"主题展览

图源:浙江在线网站

从以上例子可以看出,虽然档案馆与图书馆已经开展档案展览合作,但合作的发展空间还很大,即使是目前已有的合作方式,但仍有可改进的余地。并且在展览的形式上,档案馆与图书馆都是在实体展览方面开展合作,网上展览的合作几乎没有;在合作对象上,档案馆的合作主体主要是公共图书馆,与高校图书馆的合作甚少;在合作内容上,双方比较局限于档案资料、场地的共享等,在其他重要环节比如档案展览的宣传合作缺乏。因此,档案馆与图书馆双方都要在加强现有合作的基础上,继续拓宽档案展览合作的范围。

1. 加强档案馆与图书馆全面合作的频度。

加强档案馆和图书馆全面合作的频度是实现双方利益最大化的重要途

径。首先，这样的合作有利于促进两馆在工作理念和方式上的相互碰撞与借鉴。虽然档案馆和图书馆都有举办展览的业务，但由于在展览工作方式和理念上存在一定的差异，联合举办展览可以促进双方工作人员对对方的工作模式和理念进行了解，便于充分了解双方馆藏资源，根据展览主题组织材料。同时，合作要求在展览效果上有双重要求，为了使展览的辐射面更广、惠及更多人，双方筹展人员需要不断沟通、协调，为更好地表现展览主题各抒己见、求同存异。要充分利用两馆在展览中的优势，形成互补，追求合作对等性，通过不断的磨合形成一套适应双方的工作机制。在这个过程中，每个团队都有值得对方学习的闪光点，双方可汲取精华、借鉴经验，为各馆今后独立办展提供一些探索的机会，为取得更好的展览效应打下坚实的基础。

其次，加强档案馆与图书馆全面合作有利于在提高服务质量的同时节约经费。联合举办展览可以集两馆之力，投入更多的人力、想法和思路，这要比单馆举办展览效果更好，展览的业务也会以更高的质量完成，提供更优质的服务水平。这并不意味着要投入更多的物力和财力。举办档案展览是一项比较耗费财力的工作，展厅需要经过设计装修，需要购买展览设备，对其进行维护等都需要资金，而这项工作大部分是非营利性且向公众免费开放的，这就需要得到政府财政经费的支持。但无论是档案馆还是图书馆经费都是有限的，因为两馆还有其他业务要开展。联合举办展览往往意味着所有事情两馆共同承担，包括一切物质保障，正所谓"一个和尚挑水喝，两个和尚抬水喝"，抬水的两个和尚肩膀上的重量总会更轻一点。两馆筹展人员都会本着"科学办展、节约办展"的理念精心策划，力求实现"少花钱、多办事、办好事"的展览效果。

最后，加强档案馆与图书馆全面合作有利于树立良好的"品牌效应"，提升形象。一个能产生良好的、广泛的社会反响的档案展览会在人们心目中留下非常好的印象，进而人们会对档案馆和图书馆产生好感和信任。当两馆还有合作项目或者有各自新的服务项目推出的时候，能够吸引更多人的目光，进而参与进来。而且这也能为双方合作的持续发展奠定一个比较坚实的基础。毕竟影响力一旦形成，两馆可以由此借力使力，开展更多的服务工作。档案馆和图书馆通过档案展览达成跨界合作，在无形中将两馆的社会形象捆绑在一起宣传，能够形成一股比较大的向上的动力，对两馆的社会形象地提升有很大益处。

(1) 举办重大纪念日展览

在重要的纪念日，如抗日战争胜利周年纪念日、中国共产党成立周年纪念日等，档案馆和图书馆都会举办展览活动。这已成为双方的常规业务。这些展览的目的是让大家回顾历史并铭记历史，激发人们的爱国情怀，加强思想道德教育。因此，档案馆和图书馆可以就这项常规业务开展全面合作，将两股力量扭在一起，共同出击，必将能取得更好的社会反响。

(2) 展现地方特色的展览

各地区的档案馆和图书馆作为地方的文化中心，承担着挖掘和解读地方文化的重任。档案馆内的档案作为社会活动的原始记录，能够反映地方社会的发展轨迹；而图书馆收藏的地方文献资料也是对地方社会活动的记载。在档案展览中突出地方特色，不仅可以展示档案馆和图书馆的馆藏优势，还能够让工作人员更加了解本馆的特色馆藏，便于展览工作的开展。更重要的是，体现地方特色可以展现地方风俗人情和文化面貌，唤醒和加深当地群众的乡土情怀，起到广泛的社会教育作用，有助于提升机构形象。例如，近年来出现的"胡同展""社区展""老字号展"等一系列深入人心、贴近民意的展览逐渐增多，受到了广大群众的喜爱。因此，档案馆和图书馆应该继续发挥其文化中心的作用，致力于挖掘和解读地方文化，通过举办富有地方特色的展览活动，让大众更加了解和喜爱自己的乡土文化。

(3) 展示重大发展成就的展览

一个城市的变迁发展，蕴含着一段深厚的城市记忆。无论世间如何变幻莫测，档案馆和图书馆始终承载着城市发展的记忆，这些记忆见证了一个城市的辉煌历程。然而，由于记忆的庞大性，档案馆或图书馆无法单独将其完全包容。所幸的是，它们均以传承文明为己任，并拥有丰富的文献资料。这些地方文献资料详实记录了城市发展的各个方面。只有将这些过往的记载汇聚起来，才能呈现出这个城市历史的缩影。档案馆和图书馆的合作能够更充分、更完整、更全面地揭示一个城市的过往，让人们更加清晰地了解该城市的成就。

2. 充分挖掘利用图书馆馆藏档案资源

过去，档案馆和图书馆在档案展览方面的合作主要是由展览需求促成的。换句话说，他们的合作主要是为特定主题的展览服务。在这种合作中，主导的一方根据自己的馆藏实际情况和业务开展的需要，确定一个相关的主题展览，然后寻求拥有相关档案馆藏的另一方合作。然而，这种合作模式中只有一小部分的档案馆藏参与进来。例如，杭州市档案馆在举办"清代杭州地图展"时，向国家图书馆寻求馆藏帮助，国家图书馆为其提供了与此次展览有关的清代杭州舆图复制件《浙江省垣城厢图》参展（如图3.4）。

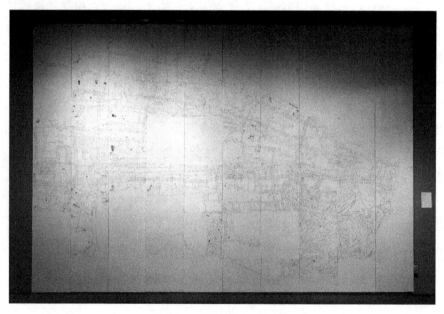

图3.4 《浙江省垣城厢图》

在未来的合作中，档案馆需要转变工作思路，不能再仅从自身的角度出发，而应该更主动地以图书馆中的档案资源为实际考虑对象，积极促使图书馆中的档案资源得到充分利用。通过对图书馆中的档案资源进行调查，档案馆可以对图书馆中的档案类型、数量、珍贵程度有所了解。在此基础上，档案馆应根据自己掌握的情况，主动激发合作需求，积极策划相关主题展览，最大限度地利用图书馆中的档案资源，特别是那些珍贵的档案。同时，要加强同类型档案的开发利用，以实现更广泛的共享和利用。

通过这样的合作模式，可以更好地发挥档案馆和图书馆的各自优势，提高档案资源的利用效率和价值，为社会的发展和进步做出更大的贡献。

3. 扩大场地合作方式

过去，档案馆在举办展览时往往会面临一些不可忽视的局限，如地理位置较为偏僻、人流量有限、场地相对较小，加上社会对档案馆的认知度较低，受众有限等。相比之下，图书馆在场地、观众和地理等方面具有一定的优势，档案馆与图书馆合作开展档案展览可以拓宽其受众面，增加展览的曝光度。

按照时间标准划分，档案展览可分为临时展览和长期陈列展览；按照地点划分，又可以分为固定展览和巡回展览。以前，档案馆大部分都是与单个图书馆合作举办临时展览，虽然取得了一定的效果，但是辐射面还是不够广。因此，双方可以尝试不同类型的档案展览合作，如长期陈列展览和巡回展览等形式。

对于一些内容比较固定、不过时的档案展览，可以作为固定展览在图书馆或档案馆内长期陈列。这种长期陈列展览是长期向公众开放的，其宣传效果具有累积效应，可以吸引更广泛的社会关注，产生更强的社会效应。而对于巡回展览的合作，上级行政区档案馆举办的反映本行政区域中心工作或者反映社会关注的重点、热点问题的相关展览，可以在同级图书馆和下级行政区范围内的图书馆间举办巡回展览，以扩大影响范围。

(二) 联合编研

档案文献编研又称档案编研，以馆藏档案为主要工作对象，以满足社会对档案文献的广泛需求为根本目的。编研人员在深入研究档案文献信息内容的基础上，编制档案参考资料、编纂公布档案文献和参与编史修志，并利用档案文献撰写文章和论著。这里所指的联合编研，是指档案馆和图书馆根据自身的馆藏资源情况，结合实际需求，以其中一个机构为核心，另一个机构为依托，通过合作开展深层次、多角度的档案文献编研工作。当前的档案编研工作存在馆藏单一贫乏、人力不足、信息利用滞后等问题，所产生的编研成果质量也参差不齐。联合编研可以有效改善这种情况,提高编研成果的质量。一个优秀的编研成果,从选题、选材到表现形式的选择,每个环节都需要经过严格把控,编研人员的能力和数量也是至关重要的。联合编研可以使这些影响因素得到优化。

1. 联合编研有利于拓宽编研选题

在编研流程中,选题环节至关重要,它对整个编研工作的成败具有决定性影响。因此,必须严格把控选题的过程。为了避免盲目和无意义的选题,需要事先进行统筹计划和准备,明确编研的主题、内容和形式。这个过程需要进行充分的调查分析和论证。

开展联合编研可以汇聚更多工作人员的精力,并且能够对编研的选题进行谨慎的思考。汇聚多人的想法和经验,可以对选题进行筛选,避免产生服务面狭窄、千篇一律的问题,从而提高编研成果的利用效果。在选题过程中,要发挥群策群力的优势,对编纂人员的数量和专业素质进行合理评估,最大限度地挖掘档案的价值。同时,还要尽量扩大选题领域,保证实用性和针对性,让编研成果更有价值,为更多领域的工作提供服务。

2. 联合编研有利于扩大编研地选材范围

档案编研工作的选材要想更具多样性,其必要条件就是拥有丰富的史料。这就要求编研人员必须努力搜寻大量的档案文献,对于与编纂题目有关的材料,要进行认真阅读和研究。只有尽可能多地掌握具有公布价值的档案文献,才能在实际工作中拥有更大的选择空间。

在档案形成的过程中,与编纂选题有关的人物、事物或事件往往牵涉众多,形成的档案也会分散于各地。这些分散的档案不仅可能保存在档案部门内,还可能存放在博物馆、图书馆、纪念馆等文化机构中。为了使编研成果更加全面,工作人员需要整合不同机构中的相关档案资源。联合编研正是体现这种资源优势的有效方式,它可以使编研的选材范围更加广泛,内容更加充实和全面。

根据对图书馆档案资源馆藏情况的统计,可以发现图书馆中档案资源的数量多、种类丰富、质量优,这对于选材非常有利。编者掌握详尽的档案材料是整个编研工作的物质基础,也是保证编研成果完整、全面和系统的关键因素。

3. 联合编研有利于编研成果表现形式的多样化

在档案编研工作中,除了选题和选材外,成果的表现形式也会对质量产生影响。为了满足不同层次的需求,档案编研成果需要具有丰富多样的表现形式。在过去的工作中,其成果表现形式往往较为单一,主要是以一次性史料出版为主,受众范围较窄,社会影响有限。然而,在新的历史条件下,这种单一的形式已经无法满足大众的需求。因此,需要采取不同的方式和手段对档案文献进行编纂,以促进编研工作的全方位发展。

联合编研具有可以汇聚人才和资源的优势,投入更多的精力和经费进行研究和策划,从而取得不同形式的编研成果。这些成果不仅包括文字叙述式,还有图表式、索引式,以及影集、手册、光盘、照片、声像等制作形式。这种多样化的表现形式可以满足不同人的利用需求,从而进一步提升档案编研成果的质量和社会影响力。

此外,档案馆与图书馆联合编研的内容主要有以下几个方面:

1. 编写参考资料

根据档案文献内容加工编写的参考资料,旨在直接为使用者提供经过加工且包括具体内容的资料。这些资料经过系统的整理,能够满足使用者的需求,使他们无需查阅档案原件。档案馆和图书馆可以联合编写的档案来编写参考资料,其中包括大事记和人物传记等。大事记是以时间为顺序,用简明文字记述一定历史时期发生的重大事件和重要活动的参考资料;而人物传记则是通过对典型人物的生平、生活、精神等领域进行系统描述、介绍的文学作品形式。

图书馆非常注重地方史料、地方志、地方名人资料的收集。档案馆可以与它们合作编写地区性综合大事记;如《××××年×××××(地区)大事记》;或者专题性大事记,如《××××(地区)自然灾害大事记》《××××(地区)生产大事记》等;此外,还可以合作编写地方人物传记,如《××××省/市/县文化名人传记》。这些合作编写的参考资料将有助于更好地利用档案文献,为使用者提供更全面、更系统的信息。

2. 编写档案检索工具

档案检索工具是对档案信息进行系统存储并根据需要进行查找档案资

料的重要工具。它不仅是进行档案科学管理和对档案资源进行开发利用的重要手段，也是提高档案利用效率的有效方式。利用者可以借助检索工具在浩如烟海的档案中较为迅速地获取所需资料；而管理者则可以借助检索工具了解馆藏概况。

　　档案馆和图书馆可以合作编制的检索工具包括联合目录。联合目录是指揭示与报道档案馆与图书馆所藏文献的目录，它能够将两馆中可以相互交流的文献编制成目录，以达到交流的目的。编制联合目录可以将两馆中类似的档案内容构成进行比较，择优选用其中相似的条目。同时，两馆中的馆藏内容都有自己的特点，通过联合目录能够让两个机构形成优势互补，实现信息资源共享。

　　北京图书馆和中国第一历史档案馆联合编纂了《全国满文图书资料联合目录》，收录了十八个省、自治区、市的图书馆、档案馆等机构中的满文图书资料近1 000种、石刻拓片700余种，反映了我国满文藏书的概貌，对于清代史、满族史、满族文学和语言文字的研究具有重要的意义。江苏省无锡市档案馆、图书馆、博物馆根据自己的馆藏档案、图书和资料联合编制了《民国教育档案文献联合目录》，涉及84 000多件馆藏。

　　图书馆与档案馆馆藏类型有相同部分，比如都有地方志、族谱等档案文献，它们可以根据这部分文献编制联合目录。档案馆与图书馆联合编制目录可以采用两种方式：一种是档案馆和图书馆分编，互相校补；另一种是档案馆和图书馆双方由一馆先编，另一馆增补。具体采用哪种方式需从实际情况出发考虑。

　　3. 编纂公布档案文献

　　整理并发布档案文献的工作，包括汇编档案文集和编纂专题史料，其主要职责在于依据特定的作者、专题、时间或文种特点，将档案文献进行整理和公布。这些档案文献可以在刊物上发布，也可以选编成册。其主要目的是在特定范围内使用和公开出版。

　　(1) 档案史料汇编

　　档案馆对馆藏史料进行编纂，形成汇编成果，是档案馆开放公布档案提供利用的手段之一。而图书馆中馆藏档案史料种类丰富，藏有这些档案不是为了束之高阁，它们的作用就是被需求、被利用，因此也需要对这些档案史料进行汇编。长期以来不管是公共图书馆还是高校图书馆，都有开展对馆藏史料进行编纂的工作，并由此积累了一些经验。档案馆和图书馆可以根据共同的需求开展合作，因为两个机构在过去的史料汇编工作中，有很多是以合作的方式进行的，说明它们都有联合编纂档案史料的倾向性，并表现出这种意愿。除了前文介绍的国家图书馆的"民国时期文献保护计划"与档案馆有合作外；福建省档案馆也与中国第一历史档案馆、福建师范大学图书馆、福建师范大学闽台研究中心合作完成了《明清宫藏闽台关系档案汇编》；广东省立中山图书馆、广东省财政科学研究所、广东省档案馆一起合作了《民国时期广东财政史料》的汇编工作；广西桂林市档案馆和桂林市图书馆合作编辑了《桂林游览史料汇编》；包头市档案馆与图书馆合作编辑了《包头历史文献选编》来庆祝中华人民共和国成立六十周年等。从中可以看出有些地方档案馆与图书馆会根据本馆收藏的地方档案史料来开展汇编合作，而从本书第二章对部分公共图书馆和高校图书馆的部分档案资源中可以看出，很多图书馆中拥有大量珍贵历史档案史料，明清档案、民国档案、革命历史档案等，所以各档案馆也可以根据图书馆这部分档案史料开展史料汇编工作。图书馆中明清档案文献资料大概有以下几种：如明清稿本、抄本、清代名人手札、契约、地方志、舆图、字画等，档案馆可以根据图书馆馆藏明清档案资源情况开展相关汇编合作，如《明清稿本汇编》《××札选编》《清代契约文书汇编》《×××清代舆图汇编》《清代××地方志汇编》或者清代相关历史事件史料汇编等。图书馆馆藏民国档案文献资料种类也有契约、名人手札、地方志、名人家谱、地方史料等，档案馆也可与图书馆开展民国档案文献相关汇编。有些图书馆中藏有丰富的革命历史文献，例如，在重庆市图书馆，它的抗战文献、资料数量和质量在全国乃至全世界都位居前列，档案馆可以与之合作进行抗战相关史料或者抗战文献汇编。

（2）现行文件汇编

根据《中华人民共和国政府信息公开条例》的规定，档案馆和图书馆作为政府信息公开的场所，承担着向公众提供政府信息的职责。档案馆的馆藏档案大部分是由政府现行文件归档而成，因此在现行文件资源方面具有显著优势。为了更好地履行政府信息公开的职责，图书馆会采取措施系统地收集政府现行文件。此外，政府部门也会主动向图书馆和档案馆报送反映本单位机构、职能和工作程序的政府信息公开文件，如山西省人民政府就发布了《山西省人民政府办公厅关于向同级档案馆图书馆报送政府信息公开文件的通知》，以确保山西省公共图书馆拥有稳定的政府信息公开文件来源。除了政府的政策支持，图书馆也会主动收集政府信息，例如，河北省图书馆内的地方文献中就有一部分是政府信息专藏，收藏了省内数十个厅局的政府公开信息，以开展政府信息公开和查阅职能。对于那些馆藏有政府现行文件的图书馆，档案馆可以与之合作进行现行文件的汇编，以更好地满足公众对政府信息的需求。

4. 利用馆藏文献参与编史修志

史学研究历来需要详尽的档案文献作为基础，只有资料齐全，才能全面准确地揭示历史的现象与规律。虽然档案馆和图书馆的工作已经各司其职，但是作为档案保管场所，档案馆肩负着为科学研究和提供被各方面工作利用的职责。因此，档案馆应该进行一定的历史研究，利用档案印证一些历史事实。同时，图书馆利用自身馆藏参与编史修志工作也是其实现自身文化职能的工作之一。因此，双方可以根据需要在编纂地方志与谱牒方面与相关单位开展合作。

（1）编纂地方志

地方志是一部以特定体例记载某一地域自然风貌和人文历史的史籍。它详细、全面地反映了某一地区诸多方面的情况，如建制、沿革、疆域、山川、关隘、寺观、物产、田赋、水文、气象、灾异、民情、风俗、职官、人物等，可以说是地方的百科全书。地方志具有地域性、广泛性和连续性的特征，具有很高的编纂价值。

首先，地方志可以为科研工作提供重要的资料。作为地方的"史料大全"，地方志能为各种学科的历史研究提供丰富的史料，有时甚至能起到正史和其他史料起不到的作用。其次，地方志可以为领导机关的科学决策提供参考。领导机关做出一个可行的科学决策取决于对一个地方概况的总体把握，而地方志中记载的内容范围十分广阔，包括自然、社会、物质、精神等方面，对地方情况记载比较系统全面，能够为各级各部门制定相关规划、决策等提供依据，同时也能从当地各方面发展的历史中吸取教训，探索发展的新途径。此外，地方志还能为教化民众提供素材，其教化功能主要体现在为人们的社会主义精神文明建设服务。

编纂地方志的资料来源主要是文献资料，其中包括地方史料、政府档案、各类簿册、各项契约、各种谱牒、近代以来出版的报刊书籍、私人档案如信件、笔记、著作等，以及企事业档案（包括统计资料、工作总结）等，还有各种社会团体的档案如章程、组织条例等。档案馆和图书馆都大量保存这些材料，两馆的合作可以为地方志的编纂提供丰富的材料，反过来地方志的编纂也可以促进档案馆和图书馆工作的开展。现在全国各地有很多地方设有方志馆和地方志编纂委员会，图书馆和档案馆可以扩大合作范围，并与这些单位开展合作，积极开展地方志的编纂工作。

(2) 编纂谱牒

谱牒作为记载宗族人物世系及其事迹的档案，以特殊形式记载着宗族历史，是中华文化圈特有的一个档案种类。谱牒档案历史悠久，伴随着我国文字的出现而出现。它可以凝聚宗族血亲，为人们追根溯源提供依据，也是维系海内外华人关系的重要纽带，有利于中华民族的团结。因此，对谱牒进行编纂研究具有重要的意义。

图书馆会把家谱当作地方文献收藏，且收藏量很大。例如，湖南省图书馆有 3 000 多种家谱（如图 3.5），广东省图书馆有 1 113 种家谱，福建省图书馆有近千种家谱。可以说，档案馆和图书馆是地方家谱文化研究的重要阵地。现如今的家谱、族谱都是各家族自行编纂，档案馆和图书馆可以在续修家谱和开发利用已有家谱方面开展合作。

近年来，民间续修家谱已经成为一股热潮，越来越多的人开始重视家谱。档案馆和图书馆中大量的家谱文献可以为民间续修家谱提供资料。为了更有力地指导和促进地方谱牒文化的发展，顺应当下时代发展趋势，地方档案馆可以与图书馆成立专门的谱牒研究机构——谱牒文化研究会，且可以团结民间家谱续修工作者、谱牒研究工作者，指导家谱续修，开展谱牒学术研究和谱牒社会服务等，促进地方谱牒文化的发展。

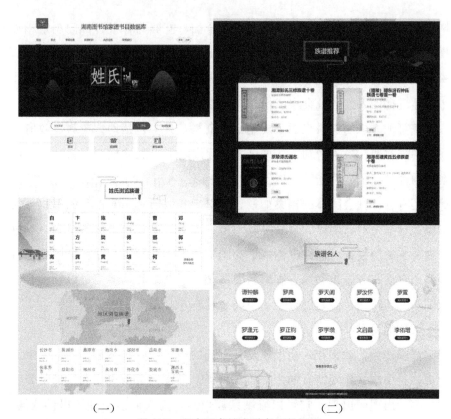

（一）　　　　　　　　　　　　　（二）

图 3.5　湖南图书馆家谱书目数据库

目前，图书馆和档案馆在谱牒编纂方面的合作主要是编制目录。例如，《绍兴市家谱总目提要》是由浙江省绍兴市档案馆与图书馆、家谱协会合编的。《浙江家谱总目提要》（如图 3.6）是由浙江省的图书馆、档案馆、博物馆、方志办等机构合作，近 200 名专业人员共同参与编纂的。

图 3.6　浙江图书馆家谱数据库

第三章
公共图书馆地方文献的资源建设模式

上海图书馆耗时九年编纂了《中国家谱总目》，海内外共计 600 多个中国家谱的收藏单位（包括档案馆）和数以千计私人收藏者都参与编纂，提供了大量家谱条目。因此，编制家谱总目可以更广泛地宣传和更有效地普及家谱文化。

其他地方的图书馆和档案馆也可以开展相关合作，编纂地方家谱总目提要——《××省/市/县家谱总目提要》，如湖南省档案馆和图书馆可合作编纂《湖南省家谱总目提要》、广东省档案馆和图书馆可合作编纂《广东省家谱总目提要》。福建省图书馆中有很多闽台关系族谱，可以与档案馆合作编纂《闽台族谱总目提要》，为台湾同胞寻根访祖提供第一手资料，有利于祖国的统一。

（三）国家图书馆与第一历史档案馆合作的"二十世纪初中国古文献四大发现展"

2023 年 1 月 14 日，"二十世纪初中国古文献四大发现展"（如图 3.7）在国家典籍博物馆第五、第六、第七、第八展厅展出，面向社会公众开放。展览由国家文物局指导，中国第一历史档案馆、敦煌研究院、甘肃简牍博物馆、国家图书馆（国家典籍博物馆）联合主办，共分为"殷墟甲骨""居延汉简""敦煌遗书""明清档案"四个专题。

"殷商甲骨文""居延汉简""敦煌遗书""明清内阁大库档案"是二十世纪初中国学术的"四大发现"。"四大发现"的相关文物，有的收藏于国家图书馆，有的收藏于各地博物馆、研究院，还有的收藏于相关档案保管机构。本次展览首次将分

图 3.7 "二十世纪初中国古文献四大发现展"海报

（图源：国家图书馆官网）

藏于各处的"四大发现"荟萃一堂,展出面积近 3 000 平方米,集中了甲骨、简牍、敦煌遗书、明清档案等多种类型的珍贵文物共 382 件,文献共 249 种,也是目前为止"四大发现"文物最大规模的展览。

"殷墟甲骨"专题(如图 3.8,图 3.9)在国家典籍博物馆第五展厅内展示,精心设计为"重现的文明""神秘的文字""神奇的王国"和"探索的旅程"四个主题单元。此专题通过展示甲骨实物、考古发掘资料图片,以及相关研究成果集锦,深入探寻中华文明的发展脉络,强调甲骨文在中华文明乃至人类文明发展史上的重大影响。该专题旨在揭示甲骨文作为汉字源头的特殊地位和中华优秀传统文化的根源,对增强文化自信和凝聚民族力量具有重要价值。

图 3.8 "二十世纪初中国古文献四大发现展"之殷墟甲骨海报
(图源:国家图书馆官网)

在本次展览中,国家典藏博物馆精心设置了"立体画卷""姓属林"和"模拟占卜场景区"等展区,运用空间立体复原与声光电相结合的先进技术,旨在为观众呈现一场震撼、绚丽的视觉盛宴。此次展览共展出各类展品 50 种,合计 54 件,其中包括国家图书馆珍藏的甲骨 32 种,合计 35 片及其他馆藏珍品 18 种,合计 19 件。

其中，特别值得关注的亮点展品如下：甲骨2174，其上刻有的"兔"字形象生动，完美呈现了兔子的特征；甲骨5405，它是国家图书馆所藏甲骨中尺寸最大、字数最多的珍品；甲骨5509，记录了商代日食；以及甲骨6006，经过著名甲骨文专家董作宾与其他甲骨碎片缀合，确定了商王世系，不仅证实了《史记·殷本纪》中相关记载的准确性，还修正了商王世系的记载。

图3.9　"二十世纪初中国古文献四大发现展"殷墟甲骨展厅实景

"居延汉简"专题（如图3.10）位于国家典籍博物馆第六展厅，共包含五个单元："有册有典""流沙坠简""居延汉塞""大漠孤烟""手不释卷"。这一专题追溯了简牍的发展历史，生动展示了居延地区的历史变迁和戍边吏卒的重要职责，真实还原了汉代边塞屯戍的军队风貌。展厅中的微缩场景还原了居延地貌，展厅中的装饰则融合了汉代画像砖、画像石、壁画与简牍等元素。观众置身其中，仿佛能感受到边塞的壮阔风光。此外，通过多媒体触控大屏，观众可以查询居延地区的考古调查与简牍出土等信息。

此次专题展出各类展品总计81种，共155件展品。其中甘肃简牍博物馆馆藏73种，共147件（包括原件48件、仿制品99件）；国家图书馆馆藏8种，共8件。此外，特别展品包括甘肃简牍博物馆藏《塞上烽火品约》（仿制品）、《论语·知道》（仿制品）等，以及国家图书馆藏《"肩水金关"简》《癸亥诏》等。

图 3.10 "二十世纪初中国古文献四大发现展"居延汉简海报
（图源：国家图书馆官网）

"敦煌遗书"专题（如图 3.11，图 3.12）位于国家典籍博物馆第七展厅，该专题由"世界的敦煌"及"敦煌的世界"两大板块构成。此次展览详细追溯了敦煌遗书的发现与流散历程，全面回顾了其在全球范围内的保护、整理与研究概况，尤其着重展示了遗书在不同历史时期的核心内容。

值得一提的是，本次展览对敦煌遗书的装帧形式进行了系统性的整理。中国纸质古籍的各种装帧形式，均可在敦煌遗书中找到原型或早期形态，由此为观众提供了一场视觉盛宴。展览巧妙

图 3.11 "二十世纪初中国古文献四大发现展"敦煌遗书海报
（图源：国家图书馆官网）

地融入了敦煌石窟的各类纹样、佛像等元素，并大量借鉴经典洞窟壁画的特色，在展厅内营造出一种璀璨而独特的敦煌风格。

在展厅内的陈列设计上，特别采用长通柜来全方位展示长卷类展品，以确保观众能够完整地欣赏到每一件展品的细节。此外，还创新性地设置了投影旋钮书架，以增强观众与展览之间的互动性。

本次专题共展出了各类展品49种，共50件珍贵展品，全部珍藏于国家图书馆。除此之外，敦煌研究院还提供了部分数字壁画资源以丰富展览内容。值得关注的亮点展品包括《四分律初分》《大般若波罗蜜多经卷一百五十七》《逆刺占》《李陵变文》《仁王般若波罗蜜经卷下》《春秋榖梁传桓公二》等。

图 3.12　"二十世纪初中国古文献四大发现展"敦煌遗书展厅实景

在国家典籍博物馆第八展厅"明清档案"专题展览（如图 3.13）。此展览分为"秘档寻踪"与"珍档集萃"两大板块，旨在深度挖掘明清档案的核心组成部分——内阁大库档案的流传与重聚历程及其在历史长河中的重要性。展览运用图表、图片和档案实物等形式，生动且直观地展示了中国第一历史档案馆在不同时期对明清档案的保管和利用方式。

此外，展览从"政令文书""古代舆图""宫廷生活"和"史册典籍"四个主题入手，将明清档案的丰富内容与独特形制一一呈现，让观众领略其博大精深的魅力。

值得一提的是，展览运用大幅墙面投影技术，为观众呈现了巨幅舆图和金榜，为观众带来震撼的视觉享受。

图 3.13　"二十世纪初中国古文献四大发现展"明清档案展厅实景

本次展览共展出 123 件展品，其中中国第一历史档案馆提供了 117 件，国家图书馆提供了 6 件。展览的亮点包括清代金匮、道光帝秘密立储谕旨并匣（仿制品）（如图 3.14）、《赤道南北两总星图》（仿制品）、清乾隆时期的小金榜（仿

图 3.14　道光帝秘密立储谕旨并匣（仿制品）

制品)、清光绪时期的文科大金榜(仿制品),以及国家图书馆藏原内阁大库善本古籍(仿制品)等。

此外,国家图书馆与京港地铁联合推出了"M地铁·图书馆"项目,并在展区中特别设置了"探寻文明的印迹"专题活动。乘客从国家图书馆地铁站E口进入展区,便能欣赏到"殷墟甲骨""居延汉简""敦煌遗书""明清档案"四个主题的文物仿制品11种。这些仿制品与展区中的大幅文物海报相互呼应,为乘客提供了一种便捷而独特的观展体验。

在展览开展之后,为了进一步提升宣传效果,并更好地弘扬中华优秀传统文化,国家图书馆采取了多种互动方式,其中包括直播活动和线上展览等,以增强与观众的交流与互动。同时,为了给观众带来更加沉浸式的观展体验,国家图书馆还联合字节跳动公益共同开发了"线上超现实看展体验项目——古籍寻游记"(如图3.15)。该项目精心选取了近30件重要展品,利用先进的虚拟现实技术(Virtual Reality,简称VR),并结合相关硬件设备,生动地展现了文物背后的故事。通过将文物展示与VR技术深度融合,成功地借助虚拟现实技术让古籍"活起来",为观众带来一次别开生面的文化之旅。

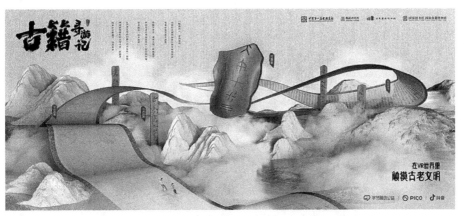

图3.15 线上超现实看展体验项目——古籍寻游记
(图源:国家图书馆官网)

三、公共图书馆地方文献合作模式的实施措施

公共图书馆在实施合作模式时,建立完善的合作机制至关重要。这不

仅有助于保障合作的顺利进行,还能提高合作的效益。为此,我们需要制定合作章程,明确各方的权利和义务,以及确定资源共享的方式和标准等。在合作过程中,要确保各方的利益得到充分保障,同时也要建立起有效的沟通机制,以便及时解决合作中出现的问题。

地方文献资源的建设是合作模式的重要基础。公共图书馆需要加强资源建设,制订合理的收集计划,完善资源的分类和编目,提高资源的数字化水平。这不仅有助于提高图书馆的资源保障能力,还能为读者提供更加便捷的阅读体验。同时,图书馆还需要加强自身特色资源的建设,打造具有自身特色的品牌资源,以吸引更多的读者。

数字化技术是实现地方文献资源共享的重要手段。公共图书馆需要推进数字化进程,将传统的地方文献资源进行数字化处理,建立数字化数据库,实现资源的在线检索和共享。这不仅可以提高资源的利用率,还能为读者提供更加便捷的阅读服务。同时,图书馆还需要加强数字化技术的研发和应用,提高数字化服务的质量和水平。这不仅可以满足读者的阅读需求,还能为图书馆的发展注入新的活力。

第三节
公共图书馆地方文献资源的收藏模式

公共图书馆应当制定永久保存地方文献的相关规定。在收藏模式方面,图书馆需要对各类地方文献进行采集、整理、加工和储存,并编制各类书目、索引和文摘等二次文献,以便充分展示馆内的地方文献资源。在藏书建设方面,应采取典藏方式、分类编目方式等多种模式,确保地方文献资源的有效管理和利用。

一、地方文献的收藏类型

在探讨地方文献的特征和类型时,已然明了其复杂性和多样性。这种特性使得图书馆在收藏地方文献的过程中显得尤为重要,工作人员需要进行细致的鉴别和筛选。为了确保图书馆的收藏能够充分反映地方文化和历史,需要根据地方文献资源的特性,制定符合本馆特色的收藏标准。

在制定收藏标准时,需要充分考虑地方文献的多样性。从内容上看,地方文献涵盖了地理、历史、文化、民俗等多个方面,这些方面的资料都与一个地区的文化传承息息相关。因此,图书馆在收藏地方文献时,需要注重全面性,尽可能多地收集各个方面的资料。

此外,还需要注意地方文献的独特性。由于地方文献通常反映了一个地区的特色和风貌,因此其具有很高的地域性。在收藏过程中,需要特别关注那些具有地方特色的文献,如地方志、家谱、碑文等。这些文献不仅对于研究地方历史和文化具有重要意义,而且还能帮助人们更好地了解当地的风土人情。

为了确保收藏的质量和价值,图书馆还需要制定科学合理的鉴定和筛选机制。这包括对收集到的文献进行质量评估、真伪鉴别、价值判断等方面的工作。通过这样的机制，可以确保收藏的地方文献具有较高的学术价值和历史意义。

总之，地方文献的复杂性和多样性要求图书馆在收藏过程中注重鉴别、筛选和制定收藏标准。只有这样，才能确保图书馆的收藏能够真正反映出一个地区的文化和历史特色，为学术研究和文化传承提供有力的支持。

二、收藏、整理规则的制定

地方文献整理规则是图书馆和档案馆在管理地方文献时必须遵循的规范。为了确保地方文献的完整性和准确性，整理规则需要包含以下内容：

（1）针对不同类型的文献，需要规定不同的加工整理方法。例如，对于印刷型文献，需要进行纸张保护、装订、编目等处理；对于数字型文献，需要进行数据迁移、格式转换和元数据提取等处理。此外，还需要根据文献的特点和价值，制定相应的整理标准和方法，以确保整理的质量和效率。

（2）确定本馆地方文献分类法的适用范围和分类深度。分类法是图书馆管理文献的基础，对于地方文献的整理也不例外。需要根据本馆的特点和需求，选择适合的分类法，并确定分类的深度和方法。同时，还需要根据实际情况，不断调整和完善分类法，适应文献的不断变化。

（3）规定本馆地方书目数据的编制标准和格式。书目数据是图书馆管理文献的重要手段，对于地方文献也不例外。需要制定相应的编制标准和格式，以确保书目数据的准确性和规范性。同时，还需要根据实际情况，不断调整和完善书目数据的编制方法和格式。

（4）记录采用的规范文本、相关条例和规范市、县地方文献识别代码及各行政级别团体责任者的取号方法等。这些规范和标准是保证文献准确性和完整性的重要保障，需要认真执行和遵守。

地方文献的分类是一项复杂而细致的工作，其目的是更好地组织和利用这些具有地域特色的文献资源。迄今为止，我国已有两部专用分类表适用于地方文献的分类，分别是杜定友先生编制的《广东地方文献分类表》

和首都图书馆编制的《北京地方文献分类表》。

杜定友先生在编制《广东地方文献分类表》时，根据广东省地方的特点，对《中小型图书馆图书分类表草案初稿》（1956年版）进行了变通。该分类表注重突出地方性，充分揭示和报道了本馆的地方文献。然而，从应用角度来看，该分类表的普及性较差，并不适用于所有图书馆的地方文献分类。

首都图书馆编制的《北京地方文献分类表》同样注重并突出地方性，但其应用范围相对更窄，主要适用于北京市内的图书馆。与《广东地方文献分类表》一样，该分类表的普及性也有待提高。

就目前来说，《中国图书馆分类法》（以下简称《中图法》）是我国最具权威的图书分类法，已普遍应用于全国各类型图书馆、国内主要大型书目检索、刊物机读数据库，以及中国国家标准书号等领域。对于地方文献的分类，许多图书馆也以《中图法》为依据，同时结合本地区的特色进行适当的调整和补充。

在制定地方文献分类法时，除了要考虑突出地方性外，还需要考虑分类法的科学性、实用性和可操作性。只有这样，才能制定出一部既符合地方文献特点又具有广泛应用价值的地方文献分类法，从而更好地服务于学术界和广大读者。

在整理地方文献资源的过程中，有几个关键的注意事项需要关注。首先，选择一个具有普遍性的分类法至关重要。这是因为分类法能够将地方文献在众多文献中清晰地区分开来，便于管理和利用。同时，为了确保分类的准确性和科学性，需要按照地方文献的学科内容进行分类，并采用著者号作为书次号。这样能够集中同一著者的不同著作，进一步提高文献的检索和利用效率。

其次，为了适应现代技术的发展，地方文献必须按照国家有关标准进行标引著录。采用中国机读目录格式（CNMARC）作为机读目录数据格式，不仅使得数据格式更加规范统一，而且能够为地方文献数据库建设打下坚实的基础。这样，无论是对于图书馆、档案馆还是学术研究机构，都能够提供一个可靠的数据基础，促进地方文献的数字化保存和传播。

最后，在整理地方文献资源时，还需要注重细节的描写。通过添加形容词和成语等语言元素，可以使文章更加生动形象，增强读者的阅读体验。同时，为了使文章更具说服力，还可以引用相关的统计数据、实证研究或背景信息来支持观点。这样不仅能够让读者更加深入地理解地方文献资源整理的重要性，还能够为他们提供更多的参考和启示。

综上所述，整理地方文献资源需要关注多个方面，包括分类法的选择、科学分编、数据格式的规范统一，以及细节的描写等。只有综合考虑这些因素，才能够确保地方文献资源的整理工作既科学又规范，为后续的数字化保存和传播打下坚实的基础。

三、地方文献收藏布局

地方文献资源是反映一个地域历史文化、社会经济发展、自然环境变迁等方面的珍贵资料，具有极高的历史、文化和科学价值。其文献类型结构复杂、时间间隔长、语种丰富等特点，为了更好地突出其地方特性，需要采用集中专藏、分类排架法进行管理。

首先，对于时间结构的布局，可以根据地方文献的出版时间划分为不同的层次结构，反映出本地域科学文化知识的纵向衔接关系。具体而言，可以根据文献的出版时间将其分为古代、近代、现代等不同时期，或根据各馆藏情况将其分为新中国成立前和新中国成立后等不同阶段。这样可以清晰地展现本地域科学文化发展的历程和演变。

其次，对于文种结构的布局，主要关注藏书中各种语言文种出版物的构成状况，反映图书馆对地方文献信息覆盖的程度。由于地方文献涉及多种语言文种，因此图书馆在收藏时应该注重各种语言文种的平衡，满足不同读者群体的需求，从而提高图书馆的收藏水平和利用价值。

最后，对于文献类型结构的布局，主要关注地方文献中各种不同出版形式、不同知识载体的文献的构成状况。由于地方文献的出版形式多种多样，包括甲骨、金石、手抄、刻印、印刷型、缩微、视听及网络型等不同形式，因此图书馆在收藏时应该根据实际情况进行选择和整理。这样可以系统地整理和保存各种形式的地方文献，为读者提供更加全面和深入的研究资料。

四、编制书目、索引

地方文献的书目是揭示特定地域的地方文献的重要工具，其概念范围除了典型的书目形式外，还包括地方文献索引、题录和文摘等形式的二次文献。这些不同的形式都有其独特的作用和价值，为读者和研究者提供了更加全面和细致的地方文献资源揭示方式。

地方文献总书目是全面反映一个地区藏书情况的综合性书目，它涵盖了该地区的各类文献资源，为学者和读者提供了全面的参考和指引。联合目录则是将不同图书馆或机构的藏书进行联合编目，形成一个共同的目录体系，方便读者跨馆查询和利用文献资源。推荐目录则是根据特定主题或学科领域，向读者推荐有关的地方文献资源，有助于引导读者深入学习和研究。专题目录则是针对某一特定专题或领域的地方文献进行编目，为相关领域的学者和研究者提供更加专业的指引。

除了书目形式的揭示方式外，索引也是地方文献资源揭示的重要手段之一。专题文献索引是将某一专题或主题的地方文献进行整理和归类，方便读者快速查找和获取相关文献资源。报刊资料索引则是对报纸和期刊等连续出版物中的地方文献进行索引，它可以帮助读者快速找到最新的地方文献资料，并且通过题录摘要等方式对文献内容进行简要的揭示。

地方文献的索引不仅能够帮助读者快速查找相关资料，还可以通过统计和分析地方文献的分布、主题和趋势等信息，为学术研究和决策提供有力的支持。例如，通过分析某一地区的历史、文化、经济等方面的数据和资料，为当地政府和企业提供参考决策和发展建议。

第四节
参与公共图书馆地方文献建设的社会力量

中共中央办公厅、国务院办公厅印发的《关于加快构建现代公共文化服务体系的意见》（以下简称《意见》）明确提出了公共文化社会化建设的要求。该《意见》强调促进文化消费，引入市场机制，鼓励和引导社会力量、社会资本参与公共文化服务建设，培育文化非营利组织。在这一背景下，越来越多的社会力量开始参与构建公共文化服务体系，使得社会力量参与公共文化服务体系建设的积极性不断高涨。

图书馆界积极响应这一号召，正在探索多种模式的社会力量参与公共图书馆建设。地方文献作为公共图书馆的特色馆藏，是展现区域特色文化、发展历程的重要文献，其建设被视为公共图书馆的核心工作。因此，如何将社会力量引入公共图书馆地方文献建设中，成为当前研究的重点。从政府角度来看，将社会资本引入公共图书馆地方文献建设中，能够有效减轻政府的财政负担；从公共图书馆角度来看，社会资金注入图书馆为其提供了新的活力；从合作角度来看，充分发挥政府和社会组织的职能，包括政府的职责、规划和协调能力，以及社会机构的经费支持、技术手段和管理效率。多方结合使公共图书馆地方文献建设周期缩短，节约成本，为读者提供更好、更高效的服务。

在社会学领域，社会力量这一概念最初由美国古典社会学家沃德提出，它强调激发社会成员采取行动、推动社会变革的内在动力。在国内图书馆界，社会力量被普遍理解为贡献社会进步力量的各类社会单元，包括政府部门、非营利性企事业单位、非营利性社会团体或机构及个人等。知名学者赵蓓认为，社会力量主要来源于政府以外的社会组织、志愿者和各类企事业单位。另一位学者王子舟则认为，参与图书馆构建的社会力量涵盖了自然人、法人、非政府组织等多元主体。陈纪瑜教授强调，具备独立出资能力且产权非国有的社区、农村、非营利企业或组织等构成了社会力量的主体。而黄梅林教授则指出，社会力量具有非政府性质，其资金来源于社会和个人捐赠，主要包括企业、个人及非政府组织。

本书所定义的社会力量，指的是政府职能部门及其下属事业单位范畴之外的组织和个人。针对当前公共图书馆建设的现状，深入分析社会力量参与公共图书馆建设的重要性，通过激发社会力量的参与，共同推动图书馆事业的繁荣与发展。

一、宁波市图书馆

1. 吸引社会力量参与地方文献征集

为保护、传承与利用宁波地方文献，宁波市图书馆于2003年正式设立地方文献中心。该中心不仅配置了专项资金、专业人员和专门场地，还致力于全方位地征集、整理、开发与利用宁波地方文献。该馆经过多年的不懈努力，目前收藏的地方文献已超过20 000册，且文献载体日益丰富，由传统的印刷品扩展至多媒体等多种形式。

为深化合作，推动资源共享，地方文献中心与史志办、方志办、文联、作协等社会机构建立了紧密的合作关系。此外，还与各类机构及个人保持紧密的联系，包括出版社、学术机构、科研院所和作者等，以确保第一时间掌握地方文献的最新出版与发行情况。许多热心市民也主动联系图书馆，捐赠个人收藏的珍贵地方文献。

通过上述措施，宁波市图书馆地方文献中心在保护和传承地方文化方面取得了显著成果，为推动宁波文化的繁荣发展发挥了积极作用。

2. 成立地方文献开发研究专家团队

宁波市图书馆现拥有一支由5名高学历、跨专业、经验丰富的地方文献工作人员组成的团队。为不断充实团队力量，宁波市图书馆于2008年面向社会各界诚邀义务征集员。这支馆外征集员队伍由热衷于宁波地方文化建设、精通宁波历史文化，并具备一定研究能力的专家学者组成。在他们的积极参与下,馆藏地方文献得到了最大范围的征集,为丰富馆藏做出了积极贡献。2017年,宁波市图书馆成立了地方文献研究专家团队,为地方文献的整理与研究注入了新的活力,并进一步拓宽了地方文献征集的思路和方法。

3. 建立名人手稿文献阅览室

为了有效保护和合理利用宁波市的名人手稿和文献资料,宁波市图书馆特别设立了名人手稿及文献阅览室。该阅览室展示俞福海先生的文库,其中包括他的学术著作、文献手稿等重要复印件。此外,宁波市著名骨科医生毛宾尧先生也将其个人收藏的图书、手稿及行医记录等珍贵资料捐赠给了宁波市图书馆。在宁波市图书馆的乔石馆,乔石及其夫人郁文的手稿以及他们收藏的各类文献、书画等资料编目整理加以展示和利用。

4. 参与地方公益展览讲座建设

地方文献工作应积极采用讲座、展览等形式,以扩大其社会影响力,并吸引更多社会力量参与。例如,宁波市图书馆自2006年创建的"天一讲堂",从一开始就明确了其宗旨,即搭建交流平台、激发智慧火花、传播人文精神,以及弘扬宁波文化。该讲堂以传播和传承宁波的经典文化和本地优秀文化为己任,经过多年的努力,已成功举办了六百多场讲座,成为宁波公共文化服务中的一大特色品牌。

此外,宁波市图书馆于2008年推出了另一项公益性文化项目——天一展览。该项目每月结合社会形势和热点,定期推出不同主题的展览活动,主要面向基层群众,充分挖掘本地资源,凸显地方特色。近年来,诸如"书香致远"宁波名人读书故事图片展、"翰墨抒怀"甬城书法名家精品展,以及"甬城记忆"宁波老照片展等展览,成功展示了宁波的地方风俗和精神风貌,吸引了大量观众。

为确保这些活动的顺利进行,图书馆负责策划和组织工作,而社会专业组织则负责这些活动的具体实施。这种分工使得图书馆可以更专注于扩大宣传和提升品牌影响力。

5. 建立地方文献参考咨询服务

在地方文献工作中，参考咨询服务是不可或缺的一环，它不仅为读者提供二次、三次文献的开发与利用，还承担着查询检索地方性课题的重要任务。自2012年起，宁波市图书馆开始发行信息文摘类刊物《天一文荟》，其中"看宁波"栏目更是汇聚了宁波的各类信息，充分反映了这座城市的思考方向和人文精神。这份刊物以传播信息、弘扬文化、分享智慧为宗旨，为宁波市的决策者和研究者提供了有力的信息参考。

至今，《天一文荟》已经成功出版了150多期。经过五年多的努力，《天一文荟》不断进行改进和完善，逐渐扩大了影响力，提高了刊物质量，赢得了宁波市委、市政府、市人大、市政协领导的一致好评。此外，在2017年上半年，宁波市图书馆还积极参与《宁波市乡镇（街道）图书馆建设与服务规范》的制定工作，与华东师范大学合作，共同完成了标准文本及其附件资料的初稿，为该规范的顺利出台提供了有力的支持。

6. 实现公共馆与高校馆的对接

宁波地方文献涵盖了宁波地区的事物记录、本地人物及其著述，以及地方出版物，其中也包含宁波客家文献。这些专著文献主要来源于高校和科研院所。目前，宁波有十余所高校收录了大量教师的科研成果和博士论文。为进一步充实宁波地方文献馆藏，宁波市图书馆已与各大高校建立合作机制，定期将这些潜在的地方文献资料收入馆内。

二、国内其他公共图书馆案例

1. 上海委用知名专业人士参与

文献资源建设是图书馆工作的重要组成部分，它不仅有助于提高图书馆的馆藏质量，还有助于传承和弘扬地方文化。在文献资源建设中，除了机构和个人捐赠书籍的形式外，还有一种直接参与地方文献日常资源建设的形式。以上海市杨浦区图书馆为例，该图书馆得到了国内知名专业人士的支持，包括专家学者、社会名人等。他们将自己的编著或收藏的文献赠予上海市杨浦区图书馆，进一步丰富了地方文献馆藏资源。例如，杨浦区史志办作为捐赠机构,定期将其出版文献赠予图书馆。又如著名出版家张元济的后代,以个人捐赠形式将张元济文集等著作捐献给图书馆。还可以通过征集和整理地方文献、加强地方文献资源共享等多种方式参与地方文献日常资源建设。同时,应加强对地方文献的宣传和推广,提高公众对地方文献的认识和重视程度。

2. 北京市朝阳区采用共建的形式

为提升公共文化服务水平,北京市朝阳区采取共建模式,联合北京市朝阳区图书馆、街道办事处及悠贝亲子图书馆共同打造朝外街道图书馆。在资金方面,北京市朝阳区图书馆和街道办事处承担了图书馆的运营费用,街道办事处还专项拨款用于购书和设备购置。至于图书馆的日常运营和管理,则由悠贝亲子图书馆负责。北京市朝阳区图书馆则负责业务指导、监管和测评工作。经过一段时间的运营,根据测评数据显示,朝外街道图书馆的流通量、持证读者数量及活动场次均实现了显著增长,达到了原先的三倍,并获得了读者的广泛好评。

3. 重庆市沙坪坝区吸引社会团体参与

重庆市沙坪坝区图书馆为扩大公益服务的覆盖面,遵循优势互补、合作共赢的原则,与社会力量携手合作,特此成立览虫书吧分馆。该举措旨在让读者就近享受到更多优质的文化资源。览虫书吧分馆作为集书籍、饮品、沙龙为一体的文化休闲场所,拥有深厚的文化氛围、广泛的各类群体资源,以及丰富的沙龙活动经验。该分馆致力于打造在喧闹市区中的一处静谧阅读基地和文学交流平台。

为体现分馆特色,重庆市沙坪坝区图书馆为其精心挑选了近 1 000 册涵盖文学、艺术、哲学、美学等类别的优质书籍。同时,该分馆与重庆图书馆总馆实现图书"一卡通"通借通还功能,全面提供借书证办理、图书阅览和借还等便民服务。这一创新举措不仅提高了图书馆的服务水平,还进一步丰富了市民的文化生活。

4. 深圳市福田区采用理事会模式

2014 年,深圳市福田区公共图书馆正式成立理事会,该理事会由街道代表、社会知名人士及热心读者等多方代表组成。该理事会的职责在于对区、街道、社区三级图书馆进行决策、监管与评估，确保图书馆的运营符合各方利益。在深圳市福田区总分馆运营事项上，理事会采取集体决策的方式，确保决策的科学性和公正性。

与传统的政府主导图书馆模式不同，该"理事会＋总分馆"模式引入了社会力量参与图书馆建设。区图书馆提供文献资源，产业园区提供场地支持，企业家则提供管理指导。这种三方合作模式实现了互利共赢，进一步推动了图书馆事业的发展。

通过开放式办馆和社会化服务，深圳市福田区公共图书馆不仅提高了市民的归属感和责任感，还成功地调动了社会各方力量参与图书馆建设。这种创新模式为我国公共图书馆事业的发展提供了有益的借鉴和参考。

5. 无锡市新区依靠政府服务外包

2010年，无锡市新区图书馆正式成立，通过新区政府购买公共服务的方式，将图书馆的建设和运营服务外包给了艾迪讯电子科技有限公司。新区政府承担图书馆的运营经费和设备购置经费，并任命了一位馆长。中标公司则负责图书馆的建设、日常运营、管理和服务等方面的工作，并指派了12名企业员工参与图书馆的工作。考虑到图书馆长期以来所面临的机构设置困难、编制紧张、人才匮乏等问题，服务外包的管理模式为图书馆提供了一个有效的解决方案。这种模式不仅减轻了政府在全额拨款和管理方面的压力，还提高了政府公共服务的能力和效率。

三、国外公共图书馆案例

1. 美国引入市场机制方式

美国公共图书馆建设获得了社会各界的大力支持，包括各类社会团体、经济组织和个人。政府在其中的角色主要是通过引入市场机制进行规划和促进，而非直接参与。在公共文化服务体系的管理上，美国各级政府更多地承担了规划、研究和推进的职责。在美国，绝大多数公益性文化机构是由社会团体、经济组织和个人来承办，仅有约十分之一的公共图书馆可以得到联邦、州及地方政府的补贴。此外，美国公益事业的税收及法律体系激励社会各界包括个人积极参与。同时，发达的公益组织作为政府和企业之外的"第三部门"，为美国的公共文化服务体系提供了有力的补充。正因如此，美国仅用少量的资金就成功构建了公共文化服务体系。

2. 英国采用艺术理事会模式

英国艺术理事会作为独立于政府体系之外的重要机构，采用分权模式对公共图书馆进行高效管理。这些图书馆已经演变成为英国民众接触和交流文化艺术的重要平台。在图书馆内，读者不仅能够沉浸于丰富的图书资源，还可以定期与知名艺术家进行面对面的交流，共同探讨艺术心得。此外，图书馆还积极提供各种艺术创作空间，鼓励读者亲身体验艺术创作的乐趣。不仅如此，图书馆还定期组织各类艺术活动，包括电影放映、音乐演出和舞蹈表演等，让读者在阅读之外，还能欣赏到高水平的艺术表演。图书馆与多家文化组织的紧密合作也是其成功的关键因素之一。这种合作不仅吸引了更多的社会力量参与图书馆的建设，还为读者带来了更多元化的文化艺术体验。因此，英国公共图书馆不仅是知识的海洋，更是文化艺术的殿堂，为读者提供了无限的艺术享受与文化熏陶。

3. 法国采用多元化复合模式

法国的多元化复合模式是一种独特的管理形式，旨在为民众提供多元化的服务。这种模式的特点在于其集权、分散和放权等管理形式的结合，使得在不同的文化产业中能够采取灵活的管理体制。

法国的多元化复合模式强调集权管理。在法国，政府在文化产业中发挥着重要的作用。通过制定相关的政策和法规，政府可以确保文化产业的发展符合国家的利益和价值观。例如，法国政府设立了专门的文化部，负责制定和实施文化政策，并监督和管理文化产业的发展。这种集权管理形式使得法国政府能够在全国范围内统一规划和管理文化产业，促进其整体发展。

法国的多元化复合模式注重分散管理。在法国，地方政府在文化产业的管理中扮演着重要的角色。每个地区都有自己的文化机构和组织，负责管理和促进本地区的文化产业。这些机构和组织可以根据本地区的特色和需求，制定适合当地文化产业发展的政策和计划。这种分散管理形式有助于发挥地方政府的积极性和创造性，并且能够促进文化产业的多样化和差异化发展。

法国的多元化复合模式还强调放权管理。在法国，非政府组织和私营企业等在文化产业中发挥着越来越重要的作用。这些组织和企业在政府的支持和引导下，开展各种文化活动和项目，推动文化产业的发展。例如，法国有许多艺术基金会、博物馆和剧院等文化机构，它们通过自主经营和筹款等方式获得资金，开展各种艺术活动和文化项目。这种放权管理形式有助于激发社会各界的活力和创造力，同样可以促进文化产业的创新和发展。

4. 德国鼓励赞助和捐赠的方式

德国政府在推动社会力量参与公益文化事业方面做出了积极的努力。他们鼓励企业和个人进行赞助和捐赠，尤其是公共图书馆等重要的公益文化机构。德国公共文化的多元发展离不开社会力量的支持，这些支持形式多样，包括资金、设备物资和智力支持等。通过这种方式，德国的公共文化事业得到了广泛的社会关注和资金支持，为图书馆等机构的可持续发展提供了保障。

为了鼓励更多的社会力量参与公共文化事业，德国政府还制定了一系列税收优惠政策。根据所得税法的规定，对于那些捐赠公共事业发展的企业和个人，政府会给予一定比例的税收减免。这一政策不仅减轻了企业和个人的负担，还进一步激发了社会各界对公益事业的热情和参与度。

德国公共文化的繁荣离不开政府和社会各界的共同努力。通过鼓励社会力量参与赞助和捐赠，以及制定税收优惠政策等措施，德国政府为公共文化事业的发展提供了有力保障。这种成功的经验不仅值得其他国家学习和借鉴，也为全球公共文化事业的繁荣和发展提供了有益参考。

四、社会力量参与公共图书馆地方文献建设的对策建议

针对当前公共图书馆地方文献建设的实际情况，为了更有效地利用

社会资源，公共图书馆需要采取一系列措施。首先，应建立健全的制度，明确社会力量参与图书馆建设的规范和流程；其次，应建立保障机制，确保社会力量在参与图书馆建设过程中得到充分的支持和保障；最后，公共图书馆应规范自身行为，提高自身素质，为社会力量提供更好的服务。只有这样，才能使社会力量成为图书馆的有力支撑，推动公共图书馆的快速发展。

（一）加强对公共图书馆地方文献建设的法律制度保障

1. 积极推进公共图书馆立法

在国外，图书馆立法对于社会力量兴办图书馆已有明确规定。而我国在 2017 年 11 月 4 日通过的《中华人民共和国公共图书馆法》是我国图书馆领域的第一部专门法。该法积极推动社会力量参与公共图书馆的建设，并鼓励公民、法人和其他组织自筹资金设立公共图书馆。同时，该法还支持各类文化企业参与公共文化服务的提供，政府购买公共文化服务，以及向公共文化事业提供捐赠的税收优惠政策。此外，在已出台的相关地方性法规中，《北京市图书馆条例实施办法》对社会力量兴办图书馆的准入门槛、业务标准及人员培训等方面进行了详细规定，而其他大多数地方性图书馆法规也都明确鼓励社会力量兴办图书馆。

2. 加强公共图书馆体制创新

为推动图书馆事业的可持续发展，必须对现有的管理体制进行创新，并积极吸引社会力量参与其中。首先，需要树立开放合作的观念，深入了解社会需求，识别影响图书馆发展的关键因素。在此基础上，可以借鉴现代管理理论，如全面质量管理、参与式管理和项目管理等，来解决图书馆发展过程中所面临的挑战。

其次，可以借鉴国外图书馆的成功经验，设立专门的对外合作机构，如图书馆捐赠办公室和项目合作办公室等。这些机构将负责与社会各界进行沟通与合作，并安排专人负责捐赠物资的登记与公布工作。通过这种方式，可以更好地整合社会资源，推动图书馆事业的发展。

其次，建立捐赠阅览室是一种有效的措施，可以为社会各界捐赠的图书设立专门的书架,并向读者提供借阅服务。例如,浙江省慈溪市图书馆内的"裘沛然赠书室",收录了国医大师裘沛然先生捐献的 6 000 余册书籍,内容丰富多样,广受学校师生的欢迎。这种模式不仅丰富了图书馆的馆藏资源,而且满足了读者的个性化阅读需求。

最后,可以与相关机构开展合作,共同开发线上借阅平台。例如,上海图书馆与盛大文学合作开发了"云中上图"线上借阅平台。该平台将最新网络作品收录其中,为读者提供了更加便捷、个性化的阅读体验。这种合作模式不仅可以丰富图书馆的馆藏资源,还可以推动相关产业的发展,实现互利共赢的目标。

(二)培育社会力量参与公共图书馆地方文献建设的激励机制

1. 制定有效税收政策

要实现图书馆事业的长足发展,政策是强有力的保障。因此,首先需要完善的政策是鼓励社会力量参与支持图书馆事业。具体来说,需要制定出完善的财政、金融、土地和人事等方面的扶持政策,以激发社会力量扶持图书馆事业的发展。首先,在财政方面,需要加快税收优惠政策的完善,如酌情提高企业、个人对图书馆捐赠的税前扣除比例,可对图书馆的直接捐赠予以税前扣除、减免征收经营性图书馆的营业税、所得收入减征所得税,对企业、个人举办的公益性图书馆加以财政补贴等。其次,在金融方面,政府应对经营性图书馆信贷实行财政补助或利率优惠。此外在土地方面,应该对公益性图书馆提供无偿用地,并与经营性图书馆达成用地优惠协议。最后,在人事方面,应该对民办图书馆的在职员工、志愿者们组织专业培训和技术支持等。通过这些政策的制定和实施,能够更好地推动图书馆事业的发展,为社会做出更大的贡献。

2. 建立表彰和奖励机制

社会各界参与图书馆建设,实质上是一种个体行为。为确保这一行为的持续发展,应采取精神激励和物质奖励相结合的方式激发社会力量的参与热情。对于那些独立创建公益性图书馆的个人,政府应授予其荣誉称号,使其获得社会认同感,从而进一步弘扬社会公益精神和崇高情操。同时,也应尊重基金创办者的社会声望,允许他们以个人名义命名图书馆,并允许他们进行企业公益广告宣传。此外,对于热心的志愿者,政府应提供适当的劳务补贴,为其提供学习、锻炼和培训的机会,使其在服务过程中不断成长。对于表现优异的志愿者,应予以表彰,并将其表现作为升学、就业的重要参考因素之一。

3. 给予持续的政策扶持

社会团体在中国的非营利组织体系中扮演着重要的角色。这些团体是由公民自愿组成的,旨在实现共同的意愿和目标。社团章程是社会团体的行动指南,它规定了团体的宗旨、组织结构、成员权利与义务等内容,对于维护团体内部的秩序和稳定起到了至关重要的作用。

降低社会团体准入门槛是为了让更多有志于参与公益事业的人能够方便地成立自己的团体,这不仅可以激发社会活力,还能促进民间组织的蓬勃发展。为了更好地支持社会团体的发展,政府和社会应该加大对它们的培训和政策倾斜。通过提供专业培训和政策支持,可以帮助社会团体提升自身的组织能力和服务水平,从而更好地发挥它们在社会公益事业中的作用。

我国的《基金会管理条例》对社会团体参与公益事业给予了明确的制度与政策扶持。这一条例的实施,为社会力量参与公益事业提供了制度保障和政策依据,进一步推动了社会团体在公益领域的发展。

为了更好地发挥社会团体的作用,还需要在多个方面进行努力。首先,政府应该加强对社会团体的监管,确保它们在法律规定的范围内开展活动。其次,社会团体自身也应该不断完善内部管理机制,提高团体内部的透明度和公信力。最后,社会各界也应该加强对社会团体的支持与合作,共同推动中国公益事业的发展。

总之,社会团体作为中国非营利组织体系的重要组成部分,在推动公益事业发展中发挥着不可替代的作用。为了更好地发挥它们的作用,需要共同努力,加强监管、完善机制、提高透明度和公信力,同时加强合作与支持。只有这样,才能让社会团体在中国公益事业中发挥更大的作用,为社会和谐与发展做出更大的贡献。

（三）建立完善的社会力量参与公共图书馆地方文献建设的监督评估机制

建立完善的社会力量参与公共图书馆地方文献建设的监督评估机制，对于促进公共图书馆地方文献建设的发展具有重要意义。为此，需要从以下几个方面入手：

1. 建立审批准入退出机制

为确保市场的规范运作，必须建立完善的审批与退出机制。在审核社会力量的准入条件时，应秉持公平竞争的原则，鼓励各类社会力量积极参与。通过合理配置文化资源，引导政府与社会力量共同建设公共图书馆，促进社会力量参与公共图书馆建设的规范化和一体化，确保其健康有序地发展。

2. 成立公共事业监管基金会

为确保公益性基金会的社会公信力，政府决定成立事业监管基金会，并建立一套全面的监督机制。在基金会内部，将强化对资金募集、管理和使用的监督工作，确保每一分捐赠都能得到妥善的安排和使用。同时，将设立专门的部门，其主要职责是负责向捐赠人解释捐赠的去向和监督情况，并积极配合审计部门进行审计工作。

此外，为了进一步增强监督效果，还将建立一套社会监督机制。具体来说，将组建义务监督员队伍，成员将来自捐赠者、新闻媒体、社会名人、专家等各个方面。通过这样的方式，可以确保基金会的运作是公开透明的，同时也能够有效地防止捐赠资金的滥用。

总的来说，通过这套全面的监督机制，希望能够增强公益性基金会的社会信任度，以确保每一份捐赠都能得到合理、合规的使用，为社会的公益事业做出更大的贡献。

3. 建立绩效评估考核机制

为了确保政府购买图书馆公共服务这一模式的顺利实施，必须建立健全的监督评估机制，对政府和服务承接方进行有效的监管。这一机制应严格监督政府行为，规范合作环节，并客观评估服务承接者的表现。在合作过程中,政府与服务承接者应保持平等的地位,依法享有相应的权利并履行相应的义务。政府应接受公众监督,不得利用自身地位规避法律义务与责任。完善的监督与评估机制是确保双方顺利开展工作的必要条件,并保障政府购买图书馆公共服务的高效运行。

4. 重视并规范公共图书馆地方文献建设,吸引社会力量参与

(1) 提升公共图书馆服务水平

为吸引社会力量捐助,图书馆需提升自身服务手段、技术、质量及效率,从而建立起广泛的社会影响力及公信力。除传统的借阅服务,图书馆亦应成为各类文化活动的举办地,为社会公众提供多元民生资讯。图书馆在提供信息服务的同时,还应营造公共的交流空间。为更好地实现图书馆的公益性和广泛性文化服务理念,应尽量减少对读者的限制。为吸引社会捐助,图书馆必须重视自身实力的提升及服务水平的提高,以赢得公众的信赖和支持,进而引起社会力量的关注和捐助意愿。图书馆应进一步发扬服务读者的文化理念,吸引社会大众,为图书馆谋求持续的社会力量支持与捐助奠定坚实基础。

(2) 加强地方文献的宣传推广力度

为进一步推广图书馆业务,提升公共图书馆服务质量,图书馆可成立业务推广联络部门。该部门将招募专业人员,积极与社会组织建立联系,加强沟通与合作,以吸引更多社会力量参与公共图书馆的建设。

为增进社会公众对图书馆的了解和认知,可定期开展社会调查,收集公众对公共图书馆的意见和建议。图书馆将根据反馈信息,将对图书馆服务进行改进和完善,满足公众需求。

此外,将通过报纸、网站、微博、微信等各类媒体发布"征集地方文献启事",广泛征集地方文献。在开展每年的图书馆服务宣传周、世界读书日、全民读书周等重要活动期间,向市民发放相关宣传资料,并积极开展上门征集文献工作。在征集过程中,工作人员将进行口头宣传和资料发放工作,以提高市民的参与度。

对于捐赠的文献,图书馆可设立专柜进行展示和表扬。同时,为感谢捐赠者的支持与贡献,将向其颁发收藏证书,并在图书馆网站上公布捐赠

者名单。

希望通过以上措施,进一步推动公共图书馆事业的发展,提升服务水平,满足社会公众的文化需求。

(3) 建立公共图书馆理事会

公共图书馆成立图书馆基金会,对于推动公共图书馆事业的全面发展具有积极意义。基金会通过募集、管理和使用基金,能够助力图书馆提升服务水平、扩大影响力。同时,基金会还承担着宣传图书馆事业、传播服务宗旨的使命,凝聚和整合社会资源,为公共图书馆事业注入新的活力。

以2003年浙江省杭州市图书馆成立的国内首家图书馆基金会为例,该基金会作为地方性公募基金会,通过多种渠道募集资金,为图书馆事业提供了有力支持。理事会在基金会中扮演着治理主体的角色,对基金会的运作和管理负有重要责任。

当前,我国公共图书馆法人治理结构的建立仍处于起步阶段,各地图书馆纷纷成立理事会,标志着图书馆界正式开启了法人治理的新纪元。在这过程中,公共图书馆需要全面而周密的制度设计,并得到政府配套制度的支持。同时,这一进程也将受到政府与事业单位改革,特别是政府职能转变的影响。

在法人治理结构建立的初期阶段,理事会的角色更多的是作为咨询者,为图书馆的长期发展战略和规划提供建议和意见。在这一阶段,理事们通过发挥自身优势,为图书馆事业的发展贡献智慧和力量。此外,搭建起法人治理结构是筹建图书馆理事会的首要任务。

鉴于目前理事会仍处于试点和探索阶段,各方认识尚未充分到位,配套制度也未完全衔接,因此将咨询型理事会作为过渡形态是符合实际情况的务实之举。随着条件的成熟,理事会可逐步向决策型或决策监督型转变,这将有助于推动公共图书馆事业的持续发展。

第四章 公共图书馆地方文献资源的服务模式

随着信息技术的不断发展,公共图书馆地方文献资源的服务模式也在不断变化。本章将介绍公共图书馆地方文献资源的服务模式,包括传统的服务模式和现代的服务模式。

传统的服务模式主要是以图书馆为中心,以纸质文献为主要载体,通过图书馆的借阅、复印、咨询等方式来提供服务。这种服务模式的特点是服务方式比较单一,主要是面对面的服务,服务范围也比较有限,主要服务于到馆的读者。

信息技术飞速发展,公共图书馆地方文献资源的现代服务模式也随之出现。这种服务模式以读者为中心,以数字化为主要载体,通过互联网、移动终端等方式提供服务。现代的服务模式具有以下特点:

1. 服务方式多样化。除了传统的借阅、复印、咨询等服务方式外,还出现了数字化服务、在线服务、移动服务等多种服务方式。这些服务方式可以满足不同读者的需求,提高服务的效率和质量。

2. 服务范围扩大化。现代的服务模式可以使公共图书馆地方文献资源的服务范围扩大到更多的读者,不再仅仅局限于到馆的读者。通过互联网和移动终端等方式,读者可以在任何时间、任何地点获取图书馆的资源和服务。

3. 资源共享化。通过数字化技术,公共图书馆地方文献资源可以实现跨地域、跨行业的资源共享。这种共享模式可以提高资源的利用率,避免资源的重复建设,以实现资源的最大化利用。

未来公共图书馆地方文献资源的服务模式将更加注重个性化和智能化。个性化和智能化服务可以提高读者的满意度和忠诚度,由此可以增加图书馆的读者数量和阅读量。例如,通过大数据分析技术,可以分析读者的阅读习惯和兴趣爱好,为读者提供更加个性化的推荐和服务。同时,借助人工智能技术,可以实现服务的自动化和智能化,提高服务的效率和质量。

总之,公共图书馆地方文献资源的服务模式在未来将更加注重个性化和智能化,便于更好地满足读者的需求和提高服务的效率和质量。

第四章
公共图书馆地方文献资源的服务模式

第一节
公共图书馆地方文献资源的用户对象与信息需求

为了有效开展地方文献资源利用工作，必须深入了解其用户对象及其信息需求，这是确保有针对性地开展地方文献资源整体建设和深层次加工服务的关键。因此，对用户的研究是至关重要的，它涉及对用户所从事的行业、所学专业、研究内容等方面的了解；更重要的是，需要深入研究用户的需求，包括他们的信息需要、信息要求和信息利用情况等。

通过深入研究用户的信息兴趣、寻找信息的目的和需求，可以有计划、有目的、系统性地提供各种检索服务。地方文献资源用户与其信息需求是相辅相成的，明晰地方文献资源各种用户对象，地方文献资源的各种需求也就基本上明了。为了更好地满足用户需求，需要对用户进行细分，了解他们的具体需求和偏好。

此外，还可以通过调查问卷、访谈等方式获取用户反馈，了解他们对地方文献资源利用工作的期望和建议。这将有助于公共图书馆不断改进服务质量，提高用户满意度。同时，也需要不断加强与用户的沟通和合作，建立良好的合作关系，以促进地方文献资源利用工作的持续发展。

在开展地方文献资源利用工作的过程中，还需要注意以下几点：首先，要确保资源的多样性和全面性，满足不同用户的需求；其次，要加强资源的整合和优化，提高检索效率和准确性；最后，要不断提升服务水平，提高用户满意度。

一、地方文献资源的用户类型

文献资源的用户类型是一个多元化、广泛的概念，涵盖了各类人群，而他们对信息的需求各不相同。地方文献资源作为其中的一部分，同样有着众多的用户群体。这些用户可以大致分为实体地方文献资源用户和网络地方文献资源用户两类。

实体地方文献资源用户主要是指那些通过实体图书馆、档案馆等途径获取地方文献信息的用户。这类用户通常有较为明确的目的，他们希望通过查阅地方文献，了解某一地区的自然环境、历史、地理、经济、政治、社会、民俗民族、宗教、文化、教育、卫生、体育、艺术、生活等方面的信息。由于这类用户的需要比较明确，因而可以称其为显性用户。

网络地方文献资源用户则主要是指通过网络途径获取地方文献信息的用户。这类用户通常没有明确的目的，而是在浏览信息的过程中无意间接收到地方信息。这类用户可能在一开始并没有意识到自己的需求，但在接收到某些地方信息后，可能会产生进一步了解或查阅的意愿。因此，这类用户可以称其为隐性用户。

在实际应用中，这两种类型的用户群体会互相转化。例如，一个隐性用户可能在浏览网页时无意间发现了一些地方信息，从而产生了兴趣，进而转化为显性用户。同样，一个显性用户可能在使用地方文献的过程中对某一方面信息产生了新的疑问或兴趣，从而在未来的使用中会更加注重这方面的信息，进而转化为隐性用户。

此外，不同类型的用户在获取地方文献资源时，其动机和方式也不同。显性用户通常是有备而来、目标明确；而隐性用户则更加随意和自由。因此，对于图书馆、档案馆等地方文献资源的管理和服务人员来说，需要充分了解和掌握不同类型用户的需求和特点，以便更好地为他们提供服务。

本书研究是以用户为主要研究对象，而且是用户群中的第一部分人群，也就是显性用户。这部分用户又可分成以下几类：

1. 科研人员

该部分用户主要来自科学研究机构，从事某一方面地方资料研究的人员，如从事课题研究、政策研究、建筑设计、旅游资源开发、经济建设、风俗研究等。这部分人员通常具有较高的文化素质，有些还是某一学科领域的专家。他们经过多年的研究积累了不少相关资料，因而对于资料的要求非常专业和深入。他们对资料的要求非常注重细节，关注与研究课题有关的每一个细节，从各种文献中搜集资料，并进行比较分析，确保所获得的资料是准确可靠的。

此外，他们对资料的要求还具有连续性。随着时间的推移，相关领域的研究不断深入，新的观点和问题也不断涌现。因此，他们需要随时掌握本学科的发展动态，不断更新自己的资料库，以确保所获得的资料始终是最新的、最全面的。

为了满足这些要求，他们通常需要借助各种工具和技术来获取、整理、分析和呈现资料。例如，他们可能会使用文献管理软件来管理大量的文献资料，使用数据分析工具来处理和分析数据，使用可视化工具来呈现复杂的数据和概念。

2. 史志工作者

史志工作者是负责编修地方志和专业志的专业人员，他们致力于收集、整理和传承地方文献信息，以记录和保存一个地区的历史、文化和风土人情。作为史志工作者，他们对地方文献信息的内容有着非常明确的要求。

首先，史志工作者要求地方文献信息内容必须反映地域特色。这是因为地方文献信息是特定地区的产物，具有浓郁的地域色彩。史志工作者需要确保所搜集、整理的文献信息能够真实、准确地反映该地区的历史、文化和社会发展状况，这样才能更好地满足当地人民了解和传承家乡历史文化的需求。

其次，史志工作者要求地方文献信息内容必须体现专业性。由于地方文献信息涉及的领域非常广泛，包括政治、经济、文化、教育等方面，史志工作者需要针对不同的领域和专业进行深入的研究和分析，以确保所搜集的文献信息具有较高的专业性和学术价值，这样可以为相关领域的学者和研究人员提供更加全面、准确和深入的资料支持。

再次，史志工作者要求地方文献信息内容必须注重时间性。地方文献信息是随着时间的推移而不断积累和演变的，因此史志工作者需要关注不同时期的历史事件和社会变迁，搜集各个时期的文献信息，以反映该地区的历史发展脉络，这样可以为读者提供更加清晰、完整的历史画卷，帮助他们更好地了解和认识一个地区的历史演变过程。

最后，史志工作者要求地方文献信息内容必须涵盖广泛的领域。由于地方文献信息涉及的领域众多，史志工作者需要尽可能地搜集各个领域的文献信息，以反映该地区的全貌，这样可以为读者提供更加全面、客观的资料支持，帮助他们更好地了解和认识一个地区的各个方面。

3. 高校教师

在学术研究领域，地方史教学工作的人员是一个不可或缺的角色。他们致力于将地方历史知识传递给学生，并推动相关学科的发展。这些教学人员通常会查阅大量的地方文献，以充实教学内容，为学生提供更深入地理解。

地方史教学人员的工作并不仅仅是教学，他们还承担着科学研究的任务。在查阅地方文献的过程中，他们不仅要寻找与教学相关的资料，还要为自身的科研项目寻找灵感和依据。这些科研项目往往涉及对地方历史的深入研究，以及对地方文化、社会和经济发展的探讨。

由于教师们的科研要求，他们所需求的文献主题内容相对稳定，且更加注重学科的基本文献和经典文献。这些文献通常是经过时间考验的，具有较高的学术价值和影响力。教师们对于这些文献的查阅，有助于他们更好地理解学科的基础知识，掌握学科的发展动态。

在获取文献方面，期刊（连续出版物）和图书是地方史教学人员的主要查阅目标。期刊作为一种连续出版的媒介，能够及时传递最新的学术研究成果和动态，为教师们提供最新的学术信息。而图书则是一种系统化的知识载体，可以为教师们提供更深入、全面的学术资料。

地方文献资源的主要用户群体在资料查找过程中，会与工作人员进行多次沟通，以确保工作人员充分理解其需求。他们期望能够深入挖掘出最具价值的资料，因此对工作人员的专业能力和服务水平要求较高。这类用户在查阅资料时，通常需要较长的时间，要求相关信息具有知识性、专业性、全面性、系统性、连续性、针对性、权威性、准确性和新颖性的特点。

4. 政府机关用户

政府机关用户所需要的信息内容新颖、广泛，而且以宏观信息为主。这些信息内容包括地方社会的历史、现状及发展动态、科学技术、经济管理、能源材料、市场、生态环境等众多领域。他们对信息的阶段性、时效性和准确性要求极高，由此表明他们的需求具有很高的专业性和严谨性。

具体来说，他们需要的是关于地方社会发展的全面信息，包括历史背景、现状分析和未来趋势等。他们需要了解科学技术的前沿动态，便于进行创新和研发。同时，他们也需要关于市场和生态环境的信息，便于做出明智的决策和规划。

此外，他们对信息的综合性要求也很高。他们不仅需要具体的数据和信息，还需要对数据进行深入分析和解读，从而得出有价值的结论和启示。这种需求特点表明他们更倾向于寻求整体性、政策性、智囊性的综合信息，以便于更好地理解和应对复杂的社会问题。

5. 媒体用户

新闻媒体单位是传递信息、引导舆论的重要力量。这些单位包括的类型有电视、广播、报纸等。它们的服务对象较为广泛，其中一部分用户就对地方历史文化、历史事件、历史人物等史料性资料有着浓厚的兴趣。

这些用户的需求源于对地方历史的热爱和尊重，他们希望通过新闻媒体了解和宣传地方的历史文化，让更多的人了解和认识自己的家乡。对于这些用户而言，新闻媒体单位不仅仅是传递信息的工具，更是连接过去与未来的桥梁，是传承历史文化的重要载体。

为了满足这些用户的需求，新闻媒体单位需要积极搜集、整理和呈现地方历史文化、历史事件、历史人物等方面的信息。这不仅需要大量的史料支持，更需要专业的研究和深入地分析。只有全面、准确、生动地呈现历史，才能更好地满足用户的需求，同时也能够提高新闻媒体的影响力和公信力。

在实践中，新闻媒体单位可以通过多种方式来满足这些用户的需求。例如，开设专题栏目，定期推出有关地方历史的文章或节目；邀请历史专家进行访谈或开设讲座,深入剖析历史事件和人物;还可以通过数字媒体和社交平台等新兴渠道,以更加生动、直观的方式呈现历史。

6. 企业公司用户

该部分用户包括地方市场价格、行情、市场预测,以及地方产品的来源、推销渠道等。其信息具有准确性、实用性、时效性和预见性的特点。地方文献不仅能够帮助企业了解当地文化、历史和社会背景,还能为企业提供有价值的商业信息和资源。

地方文献可以帮助企业更好地融入当地市场。通过了解当地的历史、文化和社会习俗,企业可以更好地适应市场需求,制定出更符合当地情况的营销策略。此外,地方文献还包含了大量的商业信息和资源,如地方政府政策、行业法规、市场动态等,这些信息对于企业的发展和决策具有重要的参考价值。

地方文献有助于提升企业形象和品牌价值。企业可以通过对当地文化的传承和创新,打造具有地方特色的品牌形象,提高品牌知名度和美誉度。同时,对地方文献的关注和研究也可以增强企业的社会责任感和树立公众形象,从而提高企业的社会影响力。

地方文献还可以为企业提供创新灵感和创意来源。通过对当地文化和传统的深入研究,企业可以发掘出新的商业机会和市场空间,开发出更具创意和市场潜力的产品和服务。这种创新和创意不仅可以提高企业的竞争力,还可以为当地经济发展做出贡献。

7. 学生用户

该部分用户主要包括高校的研究生、本科生和部分中学生。大学生查阅地方文献资料基本上是为了学习基础知识和专业知识,撰写专业论文的需要,他们对资料的需求特点是知识性强、专注性强。部分中学生是从了解地方历史文化、充实知识的出发点来查阅资料。

二、地方文献资源用户的信息需求特点

(一) 地方文献资源用户的信息需求内容的特性

地方文献资源用户的信息需求内容的特性是与地方文献资源的特性分不开的,都具有明确的地域性特征,具体需求特点分析如下:

1. 用户对地方文献资源需求内容的一致性

无论身处何方,对于地方文献资源的需求,人们的关注点其实是大同小异的。只不过由于地域的差异,具体的关注点会有所不同。这些文献资源的内容主要包括以下几个方面:

(1) 关于本地自然资源和人口的资料。这些资料涵盖了该地区的地理环境、自然资源、人口数量及分布等信息,为了解和探究该地区提供了基础资料。

(2) 经济信息。各地的政府机关和企事业单位都会对管辖的区域和行业信息进行统计、编辑和概括,形成各种形式的资料,如图书、报纸、期刊、年鉴和资料汇编等。这些资料以印刷型、音像型、电子数字型等载体形式存在,它们是各阶层读者频繁查阅利用的权威的经济信息。

(3) 事实查证。无论是为了取证还是监督,人们都需要获取证据或者了解某特定事件的具体情况。这些信息可能来自广告、公示公告、新闻、地名、人物等各个方面。

(4) 地方政策法规。政策法规是投资、经营者经济行为合法性的法律保障,也是各阶层读者法律保障的依据。这些政策法规可能涉及社会生活的方方面面,如教育、医疗、环保等。

(5) 政治、经济、文化等社会发展动态。这些信息主要来源于报纸、期刊和本地政府机关、企事业单位的内部出版物。

(6) 地方历史资料。这些资料作为重要的文化遗产,记录了一个地方的历史变迁和社会发展,是了解和研究地方历史的重要依据。

2. 用户对地方文献资源需求内容与地域密切相关。

对于用户对地方文献资源的需求,其内容与地域之间的关联性是一个

重要的特征。不同的地区有着独特的文化、历史和社会背景,这些因素共同决定了用户对地方文献资源的需求。

在农村地区,用户可能更倾向于获取关于农业技术、农村经济发展和乡土文化等方面的文献资源。而在城市地区,用户则可能更关注城市规划、公共事务和商业信息等方面的文献资源。此外,对于一些具有特定地域特色的地方文献资源,如少数民族地区的民族文化、古迹和历史文献等,用户的需求也表现出明显的地域性差异。

因此,为了更好地满足用户对地方文献资源的需求,图书馆等机构需要深入了解不同地区的文化、历史和社会背景,掌握用户的需求特点,并在此基础上进行有针对性的文献资源建设和推广服务。这不仅可以提高文献资源的利用率,还可以促进地方文化的传承和发展。

当需要查阅关于某个主题的资料时,图书馆成为不可或缺的资源。不同的图书馆因为其独特的馆藏和地理位置,往往会专注于收藏与特定地区或主题相关的资料。

例如,对于那些希望深入了解孙中山的人来说,广东省立中山图书馆无疑是一处宝库。孙中山这位伟大的民族英雄,生长于广东省,他的革命活动也与广东省紧密相连。广东省立中山图书馆地方文献部被称为孙中山文献馆,专门收藏了大量与孙中山有关的资料,如他的著作、传记、评论研究、手迹、图片、唱片,以及有关辛亥革命的资料等,总数超过 4 000 余册。这些珍贵的资料不仅展示了孙中山的生平与思想,也提供了研究辛亥革命和近代中国历史的宝贵素材。

广西,这个与太平天国革命紧密相连的地区,拥有丰富的历史文化遗产。广西壮族自治区图书馆藏有大量与太平天国革命相关的珍贵史料,如《太平天国印书》《钦定剿平粤匪方略》等太平天国诏书,以及清代官方笔记、诏令等。此外,这里还收藏了大量研究太平天国革命的专著、图集、论文等。这些资料为深入了解太平天国历史提供了有力的支撑,也让广西壮族自治区图书馆成为研究太平天国革命的重要场所。

3. 用户对地方文献资源需求内容与馆藏紧密相连。

用户对地方文献资源的需求内容与馆藏紧密相连,这不仅是因为地方

第四章
公共图书馆地方文献资源的服务模式

文献的独特性和地域性,更是因为地方文献是记录和反映一个地区历史、文化、经济和社会发展的重要载体。因此,图书馆、档案馆等地方文献收藏机构应该积极开发利用这些资源,满足用户的多元化需求。

馆藏是满足用户对地方文献资源需求的基础。图书馆、档案馆等机构应该根据用户的需求和当地的特色,有针对性地收集、整理和保存地方文献。同时,这些机构也应该积极推广地方文献,通过展览、讲座等方式让更多的人了解和利用这些资源。此外,为了更好地满足用户的需求,这些机构还应该加强数字化建设,将这些纸质文献资源转化为数字化资源,方便用户检索和利用。

4. 用户对地方文献资源需求内容需和地方学术风向相随。

用户对地方文献资源的需求不仅仅是为了满足学术研究的需求,更是为了满足地方文化传承和发展的需要。因此,地方文献资源的建设和利用,不仅需要注重学术性,还需要注重文化性和实用性。

为了更好地满足用户对地方文献资源的需求,地方图书馆需要积极开展地方文献资源建设,加强与地方学术界的合作与交流,了解地方学术风向的变化,及时更新和优化地方文献资源。同时,还需要注重地方文献资源的数字化建设,提高地方文献资源的可获取性和共享性,为用户提供更加便捷、高效的服务。

(二)地方文献资源用户的信息需求方式的新变化

1. 载体形态的变化

随着科技的不断发展,地方文献资源用户的信息获取方式也在不断变化。在过去,主要通过查阅报纸、图书等纸质地方文献资源来获取信息。然而,随着电子信息技术的发展,人们逐渐开始接受并依赖电子信息资源。

电子信息资源以其方便、快捷、全面的特点,逐渐成为所获取信息的主要形式。用户可以随时随地通过网络、数据库等途径获取各种信息,而且这些信息量巨大,涵盖了各个领域。例如,可以通过学术数据库获取最新的学术研究成果,通过政府网站获取各种政策法规,通过新闻网站获取最新的新闻动态。

与传统的纸质地方文献资源相比，电子信息资源具有许多优势。首先，电子信息资源更新速度快，且能够及时反映最新的研究成果和动态。其次，电子信息资源检索方便，可以通过关键词、主题等方式快速找到所需信息。最后，电子信息资源还具有存储方便、易于复制和传播等优点。

当然，电子信息资源也存在一些问题。例如，信息质量参差不齐，需要进行筛选和鉴别。此外，电子信息资源的使用也需要一定的技能和知识，对于一些不熟悉电子信息技术的人来说可能会存在困难。

因此，需要正确对待电子信息资源的使用。一方面，要充分利用电子信息资源带来的便利和优势，不断扩大自己的知识面和视野；另一方面，也要保持对信息质量的警惕性，避免受到不良信息的干扰和误导。同时，对于那些不熟悉电子信息资源使用的人来说，也需要加强相关技能和知识的培训和学习。

2. 采集地方文献信息的手段发生变化

除了对所需要的地方文献资源进行复印、摘抄还可通过对部分资料进行拍照、扫描、摄录等现代化技术手段来获取。即在获取地方文献资源的过程中，除了传统的复印、摘抄方式外，还可以利用现代化的技术手段来获取部分资料。例如，对于一些难以接触到的珍贵资料，可以通过专业的摄影师进行拍照或扫描，将它们转化为数字格式，以便于保存和传播。此外，对于一些视频资料，可以通过专业的摄录设备进行录制，将它们转化为数字化视频格式，以便于保存和编辑。这些现代化的技术手段不仅可以提高获取资料的效率和精度，还可以为后续的文献整理和研究工作提供更加全面和准确的数据支持。

3. 地方文献咨询方式的变化

随着科技的发展，图书馆的服务方式也在不断变化。过去，人们需要亲自到图书馆来查阅资料，而现在，这种方式已经逐渐被网上咨询、电子邮件等方式所取代。

这种变化的原因有很多。首先，互联网的普及使得人们可以随时随地

第四章
公共图书馆地方文献资源的服务模式

获取信息，不再需要亲自到图书馆查找所需信息。其次，随着生活节奏的加快，人们的时间越来越宝贵，网上咨询和电子邮件等方式更加便捷，同时也节省了时间。最后，图书馆也希望通过这种方式扩大服务范围，满足更多用户的需求。

然而，这种变化也带来了一些问题。一方面，网上咨询和电子邮件等方式可能会导致信息传递得不准确和不完整，用户可能无法获得全面、准确的信息；另一方面，这种方式可能会出现服务的延迟，用户可能无法得到及时地回复。

因此，图书馆需要在这种变化中寻找平衡点。工作人员需要提供便捷的网上咨询和电子邮件等服务，以满足用户的需求，同时也要保证信息的质量和服务的质量。只有这样，图书馆才能在不断变化的环境中保持其价值和地位。

第二节
地方文献资源的服务政策

为了更高效地提供地方文献服务，建立健全的服务政策至关重要。根据1995年联合国教育、科学及文化组织（简称联合国教科文组织）举办的"发展中国家图书馆第一届研讨班"的总结报告，公共图书馆的职能需要通过立法来明确，并需要创造有利条件来实现这些职能，确保其持续发展。

健全的服务政策不仅有助于提高图书馆的运营效率，还能更好地满足读者的需求。政策可以规定图书馆的开放时间、借阅规则、文献保护措施等，确保图书馆的正常运行。同时，政策还可以鼓励图书馆开展各种活动，如讲座、展览、读书会等，以丰富读者的文化生活。

立法是确保图书馆持续发展的关键。通过立法，可以明确图书馆的职责和权利，为其提供稳定的经费来源和人员配备。此外，立法还可以规定图书馆与其他机构的合作方式，促进资源共享和信息交流。

2017年11月4日第十二届全国人民代表大会常务委员会第三十次会议通过《中华人民共和国公共图书馆法》，自2018年1月1日起正式施行。其中关于公共图书馆地方文献的规定如下："第二十四条　公共图书馆应当根据办馆宗旨和服务对象的需求，广泛收集文献信息；政府设立的公共图书馆还应当系统收集地方文献信息，保存和传承地方文化。"

在我国的图书馆事业中，地方文献服务占据着重要的地位。随着各地对文化传承和历史研究工作的重视，部分省市已经制定了关于地方文献方面的工作条例和规章制度。这些法规不仅为图书馆的地方文献工作提供了指导和依据，还为地方文献的征集、保存和利用提供了法律保障。

第四章
公共图书馆地方文献资源的服务模式

一、国家领导人和各级政府对地方文献工作的重视

随着国家领导人和各级政府对地方文献工作的重视，许多地区开始加大力度收集、整理、保护和利用地方文献。地方文献的丰富与保护工作已经引起了越来越多的关注和投入。通过系统地规划和执行，各地逐步形成了科学的地方文献管理机制，进一步促进了地区文化、历史和经济的发展。

1956年，周恩来总理在视察云南省图书馆时强调，图书馆应全面收集本地区地方志，并高度重视其他地区历史、地理文献的收藏。他指出，要积极利用地方文献遗产为社会主义建设服务，以发挥其在经济社会发展中的重要作用。

1958年8月，周总理在北戴河接见北京大学图书馆学系邓衍林先生时指出，我国作为文化历史悠久的国家，各县编撰的县志中保存了大量有关各地经济建设的资料。然而，查找这些资料存在困难，因此除编印全国所藏方志目录外，还应系统整理县志及其他书籍中的科学技术资料，使之古为今用。

1957年，文化部社会文化事业管理局等单位在南京市图书馆联合举办省市公共图书馆工作人员进修班，邀请杜定有先生讲述地方文献工作，并编撰成《地方文献的搜集整理与使用》讲稿。这份讲稿是我国第一份关于地方文献工作的系统理论总结，涵盖了地方文献的范围、收集、分类、编目和使用五个部分。该讲稿为地方文献的科学研究和服务奠定了坚实基础。

中国图书馆学会《省图书馆评估标准细则》中，有224项建有地方文献专藏体系，其具体要求如下：

（1）设有地方文献阅览室或在开架阅览室设置地方文献专区，或设有地方文献目录；

（2）系统收藏本省非正式出版的地方文献，如本省年报等的情况。

此外，还建有2 523项地方文献数据库，其具体要求如下：

（1）有文摘可供检索，有文摘不可检索；

(2) 有全文库和检索链接功能；有全文库但不提供链接检索功能。

二、涉及地方文献规定的综合性法规、文件

关于地方文献的规定，我国已经出台了一系列的综合性法规和文件。这些法规和文件旨在加强对地方文献的收集、整理、保护和利用，促进地方文化的传承和发展。

其中，《中华人民共和国公共图书馆法》是关于图书馆事业的重要法律，它对地方文献的收集、整理、保存和利用做出了明确规定。该法要求公共图书馆应当将地方文献作为重点收集和整理的对象，积极开展地方文献的数字化、网络化、社会化服务，推动地方文化的传承和发展。

此外，各省市也相继出台了关于地方文献的地方性法规和规范性文件。这些法规和文件不仅规范了地方文献的管理和利用，也为地方文化的传承和发展提供了有力保障。未来还需要进一步完善地方文献的法规和制度，加强地方文献的保护和利用，让更多的人了解和认识地方文化，促进地方文化的繁荣和发展。

在1978年11月13日，国家文物事业管理局正式颁发了《省（自治区、市）级图书馆工作条例》，该条例明确要求省馆在补充书刊方面，需全面搜集中央一级出版社以及本省、市、自治区出版社的出版物，并注重收集相关地区的地方文献资料，以确保地方文化的完整传承与深入研究。

进入1982年，文化部对图书馆工作条例进行了修订和完善，并重新颁布了《省（自治区、市）级图书馆工作条例》。在这一条例中，明确了省图书馆的核心任务之一是系统地搜集、整理与保存文化典籍和地方文献。此外，该条例还规定省馆需通过多种途径收集适合当地读者的藏书，并确保本省、自治区、市的正式出版物和相关地方文献资料得到全面收集。

1985年，文化部再次发布《图书、期刊版权保护试行条例实施细则》，其中第十八条明确规定，图书、期刊出版后，出版单位需在规定时间内向文化部出版局、中国版本图书馆、中国国家图书馆缴纳样本，同时地方出

版单位也要向本省、自治区、直辖市出版管理机构和省、自治区、直辖市图书馆缴纳样本，以确保图书馆能够及时获取最新的出版物，从而丰富馆藏，更好地服务于广大读者。

这些条例的制定和实施，标志着我国图书馆事业开始步入规范化发展阶段。这些规定不仅为图书馆的工作提供了明确指导，同时也确保了地方文化的有效传承与发展。随着时代的发展，相信我国图书馆事业将继续取得更大的进步。

第三节
公共图书馆地方文献服务模式影响因素分析

公共图书馆地方文献服务模式的影响因素主要包括资源因素、技术因素、用户需求因素、政策和资金因素等。为了提高服务的水平和质量，公共图书馆需要综合考虑这些因素的影响，并不断改进和优化服务模式。

一、地方政府支持

地方文献资源建设是促进地方文化传承和发展的重要基础，而政策支持和资金支持则是这一建设过程中的两大支柱。政府的政策支持在地方文献资源的采集、整理和保存等方面起着至关重要的作用。地方文献资源作为全体社会的共同财富，需要确保每个历史时期的主要地方文献资料都能够得到全面、系统、妥善的保存，这也是各级政府的重要职责之一。

各级地方政府应该高度重视地方文献的征集工作，通过制定和发布行政命令，并保证各种制度规范得到贯彻执行，以确保本地区的地方文献资源收集齐全。政策支持不仅包括制定相关法规和政策，还应当包括对地方文献资源建设的宣传推广和教育培训等方面的工作。政府应该通过多种渠道向社会宣传地方文献资源的重要性和价值，提高社会对地方文献资源建设的认识和参与度。此外，政府还应该加强对地方文献资源建设的资金投入，建立健全的经费保障机制，确保地方文献资源建设的持续发展。

除了政策支持外，资金支持也是地方文献资源建设中不可或缺的一环。现代化文献信息提供需要技术支撑，而技术的研发和购买则需要资金的支持。大量的地方文献资源需要得到保护和利用，而这些资源的数字化、网络化也需要依靠现代化的技术手段来实现。这包括购买设备、软件及整合、重组网络地方文献资源等，都需要大量的资金投入。各级政府应该加大对地方文献资源建设的资金投入，建立健全的经费保障机制，同时还可以通过吸引社会资本参与、开展合作共建等方式来解决资金问题。

政策支持和资金支持是地方文献资源建设的两大支柱，缺一不可。只有政府和社会各界共同努力，才能够推动地方文献资源建设的持续发展，为地方文化的传承和发展做出更大的贡献。

二、学术研究的方向

学术研究的方向与地方文献资源服务模式的实行是相互影响、相辅相成的。在二十世纪八十年代，随着兴修志书谱牒的热潮涌现，大量的方志、行业志、家族谱等地方文献纷纷问世。这一时期的地方文献资源不仅在数量上有了显著的增长，而且在质量上也得到了极大的提升。这些丰富的文献资源不仅为学术研究提供了宝贵的资料，也促进了地方文献资源服务的进一步发展。

地方文献资源的丰富与完善为学术研究提供了更为全面、准确的信息源。这些文献不仅包含了大量的历史、文化、地理、经济等方面的信息，还反映了当地社会、政治、文化等方面的变迁。因此，学者们在进行相关研究时，可以充分利用这些文献资源，深入挖掘其背后的历史、文化和社会背景等，从而获得更为准确的研究结论。

地方文献资源的开发利用也对地方经济、文化和社会发展产生了积极的影响。通过对地方文献的整理和研究，可以深入了解当地的历史文化底蕴，发掘当地的特色资源和优势，为当地的经济社会发展提供有力的支持。同时，地方文献资源的开发利用还可以促进当地的文化传承与创新，增强当地的文化软实力和竞争力。

随着地方自然科学和社会科学研究的日益活跃，对地方文献信息资源服务的需求也不断增加。这不仅推动了地方文献信息资源服务的专业化和规范化发展，还促进了地方文献资源服务的创新与升级。例如，数字化、网络化技术的应用使得地方文献资源的获取更加便捷、高效，同时也扩大和提高了地方文献资源服务的覆盖面和服务质量。

三、现代化技术水平

随着现代化技术水平的不断提高，地方文献资源服务模式也在不断演变。传统的地方文献资源服务模式主要依赖于实体图书馆和档案馆的藏书和资料，而现代技术则为地方文献资源服务提供了更多的可能性。

现代技术使得地方文献资源的获取更加便捷。通过数字化技术，大量的地方文献资源被转化为数字格式，用户可以通过互联网轻松地获取这些资源。此外，现代搜索引擎和信息检索技术的进步也为用户提供了更快速、更准确的地方文献资源检索服务。

现代化技术提高了地方文献资源服务的个性化程度。通过对用户行为数据的分析，现代技术可以为用户提供更加个性化的服务。例如，根据用户的兴趣和需求，系统可以智能推荐相关的地方文献资源，从而提高用户的满意度。

现代化技术还促进了地方文献资源服务的互动性。通过社交媒体、论坛等平台，用户可以与其他用户、专家进行交流和互动，分享自己的见解和经验。这种互动性不仅有助于提高用户的参与度，还能为地方文献资源服务提供更多的反馈和建议，从而促进服务的持续改进。

四、地方文献服务人员结构与工作水准

人是发挥服务模式优势的灵魂，对于地方文献服务而言，工作者的服务水准至关重要。他们的专业素养和知识结构直接影响整个服务模式的正常运行和预期效果的实现。地方文献服务工作者的知识结构包括整体人员知识结构和个体人员的知识结构两个方面。

从整体角度来看，人员配备和知识背景的组合对于服务的开展至关重要。合理的知识结构组合能够充分发挥团队的协同作用，提高服务质量和效率。例如，在地方文献资源建设方面，需要具备图书馆学、文献学、历史学等相关学科背景的人员共同参与，以便更好地整理、分类、编目和利用文献资源。

第四章 公共图书馆地方文献资源的服务模式

从个体角度来看，人员的知识结构对于地方文献服务工作者的个人素质要求也很高。一个完善的知识结构不仅包括对地方历史文化的了解，还需要掌握图书情报专业知识，熟练使用现代化的工具，如计算机、扫描仪等硬件和数据库和加工工具等软件。此外，具备高度的责任感和敬业精神也是地方文献服务工作者必不可少的品质。

为了更好地发挥地方文献服务的优势，需要具备以下几类人员：文献采集人员、文献服务人员、文献深层次整理开发人员，以及地方文献资源数据库加工人员等。这些人员各司其职、相互协作，共同推动地方文献服务工作的顺利开展。

地方文献服务工作者不仅需要具备丰富的专业知识，还需要具备良好的沟通能力和服务意识。他们需要与各种类型的用户进行有效的沟通，了解他们的需求和期望，并提供满意的服务。同时，他们还需要不断学习和更新知识，以适应不断变化的服务需求和市场环境。

此外，地方文献服务工作者还需要具备一定的创新意识和创新能力。他们需要不断探索新的服务模式和服务手段，以满足用户不断变化的需求。例如，他们可以利用现代信息技术开发数字化服务平台，为用户提供更加便捷和高效的服务。

第四节
公共图书馆地方文献资源的服务模式

模式是某种事物的标准样式，或者说是使人可以照着做的标准样式。它实际上是一种解决某一类问题的方法论，通过把解决某类问题的方法总结归纳到理论高度，便得到了模式。每一种模式都详细描述了一个在环境中反复出现的问题，并提供了该问题的核心解决方案。通过这种方式，可以无数次地使用那些已经经过实践检验的解决方案，而无需再重复同样的工作。模式经过长期的实践形成，是一种相对合理的方式，这种方式会为未来的事物树立一种可以效仿的样式。

地方文献信息资源的服务模式，应当是围绕如何更好地为用户提供优质的地方文献资源服务而展开的所有活动的样式。这种服务模式涵盖了地方文献资源从采集、收藏、加工整理、深层开发、数据库建设、实践和研究，再到人员配备的所有构成要素。它不仅仅是一种服务方式，更是一种对地方文献信息资源的深度挖掘和有效利用。

地方文献信息资源的服务模式对于一个地区的文化传承、历史研究和社会发展都具有重要意义。通过这种服务模式，可以系统地整理和保存地方文献资源，使其得以永久保存并流传后世。同时，通过深层次开发地方文献资源，可以为学术研究和社会发展提供丰富的素材和参考资料，从而促进地方文化的传承和发展。

在实践中，地方文献信息资源的服务模式需要根据不同地区的实际情况进行定制和调整。因为各地的文献资源状况、社会文化背景和发展需求都存在差异，只有深入了解当地的情况，才能制定出真正符合当地实际情况的服务模式。此外，地方文献信息资源的服务模式还需要不断更新和完善，以适应时代的发展和社会的变迁。

为了更好地实施地方文献信息资源的服务模式，需要加强人员配备和技术支持。专业的服务团队和技术人员是实现优质服务的关键因素。他们需要具备相关专业知识和技能,且能够有效地进行文献资源的采集、整理、开发和利用等工作。同时,还需要加强技术设备的建设和更新,以提供更高效和准确的服务。

《公共图书馆业务规范》中对地方文献服务的工作内容和质量要求做如下阐述:

1. 工作内容:

(1) 设置地方文献服务空间并配备相应设施、设备;

(2) 向读者提供地方文献的阅览和查询服务,并开展促进地方文献利用的有关活动;

(3) 加大地方文献宣传力度,增强地方文献征集与保护的社会意识。

2. 质量要求:

(1) 设置专门服务空间并配备专职人员;

(2) 为所在省其他图书馆开展地方文献服务提供支持;

(3) 积极与其他机构、部门建立地方文献服务合作机制;

(4) 积极开发地方文献,并通过多种途径展示文献开发成果。

在公共图书馆业务规范中,对于地方文献服务的工作内容和质量要求有着明确的规定。这些规定不仅为图书馆提供了指导,也奠定了为读者提供更好的服务的基础。

一、公共图书馆地方文献资源的阵地服务模式

地方文献阵地服务,作为图书馆信息服务的重要组成部分,旨在以地方文献阅览室和网络为平台,为用户提供全面、准确、及时的地方文献信息服务。这种服务不仅有助于满足用户对地方文献信息的需求,还能促进地方文化的传承和发展。

地方文献阅览室是地方文献阵地服务的主要场所。这个场所集中了大量的地方文献资源,其中包括各种类型的文献资料(如地方志、族谱、历史档案、古籍等)。这些文献资源对于研究地方历史、文化、经济等方面

具有极高的价值。利用阅览室，用户可以方便地获取这些资源，从而更好地了解和认识一个地方的发展历程和特色。

随着信息技术的发展，网络已经成为地方文献阵地服务的另一个重要平台。通过网络，用户可以更加便捷地获取地方文献信息。网络平台不仅提供了丰富的数字化文献资源，还提供了各种检索工具和服务，使用户能够快速、准确地找到所需的信息。此外，网络平台还具有交互性，用户可以与其他研究人员或读者进行交流，分享研究成果和心得体会。

为了提供更好的地方文献信息服务，图书馆需要不断加强地方文献资源的建设和开发。首先，图书馆需要加大地方文献的收集力度，尽可能地丰富馆藏资源；其次，图书馆需要对地方文献进行深度整理和编目，确保用户能够方便地找到所需资料；最后，图书馆还需要加强数字化建设，将传统的纸质地方文献资源转化为数字化格式，以便更好地保存和传播。

除了资源建设和开发，图书馆还需要注重服务质量。首先，图书馆需要提供个性化的服务，根据用户的需求和兴趣，为其推荐相关的地方文献资料；其次，图书馆需要提高服务效率，确保用户能够快速地获取所需信息；最后，图书馆还需要加强与用户的沟通与互动，做到及时反馈用户意见和建议，不断改进服务质量。

在我国，多个省级图书馆如湖南图书馆、湖北图书馆、广东中山图书馆、广西图书馆、四川图书馆、成都图书馆、甘肃图书馆、浙江图书馆及河南图书馆均设有地方文献部。首都图书馆还特地设立了北京地方文献部。除此之外，大部分省、市图书馆及部分区县图书馆都设有地方文献阅览室。这些地方文献部或阅览室都配备了专门的藏书库。

为了更好地推动和促进全省公共图书馆地方文献工作的开展，部分省、市图书馆还组建了地区性的地方文献工作协调网络。借助阅览室，工作人员为用户提供地方报刊及图书的阅览服务，并解答用户咨询。此外，这些阅览室也是获取地方文献信息的重要渠道，有助于修正服务中的失误与不足。

地方文献阅览室最好设在地方文献部内，因为部门的服务不仅限于阅览室，还会围绕这一核心功能开展其他工作，以充实地方文献资源和服务内容。从地方文献的收集、加工整理、典藏保管、开发利用到提供借阅、咨询、专题服务，部门提供一系列完整的业务程序，实现"一条龙"管理。例如，湖南图书馆不仅设置了地方文献阅览组，还设置了地方文献征集组和地方文献整理组，分别负责地方文献的征集补缺工作和资料整理工作，为地方文献的开发与利用提供保障和科学的检索体系。

除了传统的阵地服务方式，现代化的通信技术也被广泛应用于提供地方文献服务。网络服务以其省时、省力、便利和快捷的特点，受到用户的青睐。首都图书馆推出的"北京记忆"历史文化网站就是一个很好的例子，它以数字文献的形式提供了丰富的北京地方文献资源。用户可以直接浏览网站获取相关资源，如北京的历史文化发展轨迹、经典文献全文资源、历史照片资源等。此外，还有互动式的读者论坛和电子刊物等在线工具。

另外，电话咨询也是目前最经常性、习惯性的服务方式之一。用户可以通过电话快速获取有关事实、数据和导引性的信息，既快捷又省时。

总的来说，无论是传统的阵地服务还是现代化的通信技术，都在为满足用户对地方文献的需求而努力。图书馆和相关机构应继续加强和完善这些服务，为用户提供更加全面和高效的地方文献服务。

所以，图书馆以阵地为依托，为用户提供借阅地方文献活动和开展的参考咨询服务。提供借阅地方文献行为以阅览室、在线咨询、电话、电子邮件等形式为依托，按照用户的要求，为用户查找或指引所需的地方文献资料。开展的参考咨询服务应采用充分发挥地方文献资源作用的服务方式，具体方法如下：

1. *一般咨询服务*

地方文献的一般咨询服务是指图书馆或档案馆等机构提供的关于某一特定地区的历史、文化、地理等方面的信息查询服务。这种服务通常包括对于地方文献的收集、整理、保存和利用等方面的工作，旨在为当地居民和研究者提供全面、准确、可靠的地方信息资料。

在地方文献的一般咨询服务中，图书馆或档案馆的工作人员会根据用户的需求，帮助他们找到相关的文献资料，并为其提供深入的解读和咨询。这种服务对于了解某一地区的文化、历史和社会发展等方面具有重要意义，可以帮助人们更好地认识和了解自己的家乡或特定地区。为了提供更好的地方文献咨询服务，图书馆或档案馆需要做好以下几个方面的工作：建立完善的地方文献收藏体系，确保所收藏的文献资料全面、准确、可靠；提高工作人员的专业素质和服务意识，确保他们能够为读者提供高质量的咨询服务；加强与当地居民和研究者的沟通与合作，了解他们的需求和意见，以不断改进服务质量和效果；利用现代信息技术手段，如数字化、网络化等，提高地方文献的利用效率和传播范围。

2. 资料型服务

提供资料型服务成为地方文献工作的重要任务之一。资料型服务主要是为了满足用户对地方文献信息的需求，提供全面、准确、及时的信息资料。这种服务方式的特点是注重信息的系统性和完整性，尽可能地满足用户对信息的需求。在提供资料型服务的过程中，需要注重以下几个方面：

要注重信息的准确性和可靠性。地方文献的信息来源比较复杂，有官方发布的资料，也有民间流传的资料。因此，在提供服务时，需要严格筛选和鉴定信息来源，确保所提供的信息是真实可靠的。

要注重信息的完整性和系统性。地方文献的资料类型多样，包括图书、报纸、杂志、图片、音频、视频等多种形式。因此，在提供服务时，需要全面收集各种类型的资料，并且对资料进行分类整理和归纳，形成完整的资料体系。

要注重服务的及时性和有效性。随着信息化的发展，用户对信息的需求越来越迫切。因此，在提供服务时，需要及时更新资料，并且采用多种方式向用户提供服务，如线上查询、邮寄、电子邮件等，确保用户能够及时获得所需的信息。

要注重服务的互动性和开放性。地方文献的服务不仅仅是单向提供，还需要与用户进行互动和交流。因此，在提供服务时，需要积极与用户进行沟通交流，了解用户的需求和反馈意见，不断改进和优化服务方式和服务内容。同时，也需要与其他机构和组织进行合作和交流，共享资源和服务，共同推动地方文献事业的发展。

资料型服务包括定题服务和定向服务两种类型。定题服务是为了满足特定研究课题的用户需求而提供的，属于被动型服务。例如，当某个学者需要进行一项特定主题的研究时，他可以向资料型服务机构提出需求，服务机构会根据该主题为其提供相关的文献资料。而定向服务则是针对具有共性需求的用户群体提供的，属于主动型服务。在进行这种服务之前，需要对用户群体进行调查，了解他们的需求，然后有针对性地提供一批文献。这种服务方式能够帮助用户快速地找到自己所需的资料，提高工作效率。

除了上述两种基本的服务方式，资料型服务还可以通过多种方式进行优化和提升。例如，可以通过引入先进的检索技术，提高文献检索的准确性和效率。同时，服务机构可以加强与用户的沟通，了解他们的具体需求，为其提供更加贴心的服务。此外，服务机构还可以通过与其他机构合作，共享资源，提高服务质量。

资料型服务的核心价值在于为用户提供高质量的文献资料，帮助他们更好地进行学术研究和工作。因此，服务机构应该始终坚持用户至上的原则，不断提升服务质量，满足用户的需求。同时，随着科技的不断发展，资料型服务也将不断创新和进步，为用户提供更加便捷、高效的服务。

3. 研究型咨询

研究型咨询是集课题分析、研究、检索、编辑、加工等于一体的地方文献信息服务，包括科研咨询和决策咨询，两者都是深化地方文献信息咨询服务的重要方式。地方文献的科研咨询包括有关地方的科研进展咨询、科研项目调查、科技动态跟踪及学科资源导航等服务。工作人员要针对用户需求进行相关领域的文献信息查找，并对收集的信息进行比较研究和综合分析，为用户提供具有指导意义的可行性分析报告、科技立项和成果鉴定查询报告等决策咨询，这是充分利用丰富的地方文献资源为本地区各级决策机构提供科学、高效和优质的信息服务。决策咨询可以面向科研决策管理部门和地方政府的战略情报研究工作，重点围绕某一领域深入开展系列专题研究，并定期提供综述性调研报告和参考资料，为领导科学决策提供依据起到很好的参谋作用。经过深入加工与再创作，地方文献工作者最后完成的是一件符合用户需求的情报产品，而不是一篇文献的简单堆积。在这整个工作过程中用户并没有参加课题的搜集、整理、编辑、加工等工作，而获得的却是一套满意的咨询目标产品。

因此，图书馆发挥主阵地作用，为用户提供地方文献的借阅服务和参考咨询。借阅地方文献服务主要依托阅览室、在线咨询、电话、电子邮件等途径，按照用户的具体需求，为其查找或指引所需的地方文献资料。参考咨询服务通过利用地方文献资源，采用多种服务方式以满足用户的需求。其中，咨询服务主要指由地方文献工作者通过个别解答的方式，帮助读者更好地利用地方文献，包括导引型咨询和数据型咨询。资料型服务包括定题服务和定向服务两种类型，是情报信息服务在地方文献工作中的具体应用。研究型咨询是集课题分析、研究、检索、编辑、加工等于一体的综合性地方文献信息服务，包括科研咨询和决策咨询两种方式，这两种服务方式对于深化地方文献信息咨询服务具有重要意义。在研究型咨询中，地方文献工作者需要针对用户需求进行相关领域的文献信息查找，并对收集的信息进行比较研究和综合分析，为用户提供具有指导意义的可行性分析报告、科技立项和成果鉴定查新报告等。决策咨询则重点围绕某一领域深入开展系列专题研究，定期提供综述性调研报告和参考资料，为领导科学决策提供依据并起到很好的参谋作用。经过深入加工与再创作，地方文献工作者最终完成的是一件符合用户需求的情报产品，而不是一篇文献的简单堆积。在整个工作过程中，用户并不参与课题的搜集、整理、编辑、加工等工作，但他们能够获得一套满意的咨询目标产品。

二、公共图书馆地方文献资源的数字化服务模式

地方文献数字化服务模式是以图书馆和互联网上的各类地方文献数字资源或非数字资源为中心，以给读者提供方便、快捷的知识服务机制为目的，围绕数字资源的加工建设、存储和管理、访问和服务提供的一整套先进、实用、高效的服务方式。数字化服务还涉及数据库的平台和网络地方文献资源等，也就是说将所有的数字资源，包括馆藏各种类型整合在一个统一的平台之上，用户可以通过平台查阅、获取、咨询有关地方文献方面

的信息，这是最理想的模式。

(一) 公共图书馆地方文献数据库建设

公共图书馆地方文献数据库建设是一项重要的文化工程，旨在全面收集、整理、保存和利用地方文献资源，为地方经济和社会发展提供信息支持。地方文献是图书馆特色馆藏的重要组成部分，它记录了一个地区的历史、文化、政治、经济等方面的信息，是研究地方发展和历史文化的重要资料。建设公共图书馆地方文献数据库，一方面可以更好地保存和传承地方文化；另一方面可以为政府决策、学术研究、文化教育等领域提供有力的信息支持，促进地方经济和社会发展。

1. 建设原则

地方文献数字化服务平台的建立，需要具有很高的水平，不是所有图书馆都有能力做到的，所以大多数图书馆地方文献资源数字化服务模式，仍是以建立各自地方文献数据库为主，然后将数据库发布在图书馆的网站上供用户使用。这些数据库的类型有地方文献书目数据库、地方文献专题数据库、地方文献全文数据、地方文献图片数据库、地方文献多媒体数据库等。当然，制作地方文献数据库是一项庞大、复杂的工程，耗时、耗力、耗财，所以在制作数据库时需把握以下几点原则：

(1) 计划性原则

地方文献资源数量庞大、种类繁多、形式多样，制作数据库不是一蹴而就之事，需要分清轻重缓急，有计划、有步骤地进行。先将有较高学术价值、研究价值的、珍贵的孤本等地方文献进行数字化，分出主次，避免不必要的重复建设和资源浪费。

(2) 深层次开发原则

地方文献资源数据库建设在把纸质文献转为数字信息的同时，更要考虑通过数据库软件提供的技术优势，对文献资源内容进行分析，提升数据库的品质。就如同手工编制地方文献目录、索引、文摘，通过计算机、数据库软件，对资源进行二次、三次文献编辑，把各种地方文献资源理顺，并按一定的知识体系或专题重新组织起来。

(3) 标准化、规范化原则

地方文献数据库建设要遵循一定的标准，且具有规范性。只有制定了一整套标准、规范性的原则，并按着标准实施，才能保障数据库的高质量和活力，它不仅保证了地方文献资源的可靠性、系统性、完整性和兼容性，而且有利于真正意义上的网络资源共享，也是联网协作的前提，是实现地方文献数据库与各种网上信息资源检索的接轨的保证。

(4) 可扩展性原则

建设数据库是一项耗时、耗力、耗财的工作，因此对选题、编排方式、数据库软件的选择等等，都要有长远考虑。建设地方文献数据库应具有良好的可扩充性、可缩放性和可升级能力，能兼容不同的设备和不同的网络平台，使数据库能随着技术的发展、信息膨胀、业务扩展和联网扩大，顺利实现升级和过渡。

(5) 安全性原则

一是网络安全。网络维护人员要保证网络的安全，也要保证数据库的安全，因为用户提供数据库服务已逐渐成为地方文献资源服务的日常工作，保证数据库的安全就是保证了用户利用资源的安全

二是数据的安全。数据的加工耗费了大量的人力、物力、财力、时间，数据加工完了之后，一定用心保存原始数据，以免丢失或被删除。一旦网络遭遇破坏，用原始数据来恢复数据库，可保证用户的使用。

2. 建设步骤

(1) 需求分析：通过调查和研究，明确数据库建设的目标、功能和用户需求。

(2) 数据采集：通过各种渠道采集各种类型的地方文献，包括采购、捐赠、交换等。

(3) 数据整理：对采集的数据进行分类、编目、数字化等处理，建立完善的数据管理体系。

(4) 数据库设计：根据用户需求分析结果，设计数据库的结构和功能，选择合适的技术和工具。

(5) 数据录入与校对：将采集的数据录入数据库中，并进行校对和审

核，确保数据的准确性和完整性。

（6）数据维护与更新：定期对数据进行维护和更新，保障数据的时效性和准确性。

（7）数据库推广与利用：通过各种途径推广数据库，提高其知名度和影响力，同时为政府决策、学术研究、文化教育等领域提供信息服务。

3. 建设保障

（1）组织保障

建立完善的组织架构和管理制度对于数据库建设至关重要。一个健全的组织架构能够确保各个部门明确自身的职责，从而避免出现权责不明的情况。同时，合理的工作流程能够提高工作效率，确保项目按时完成。

在组织架构方面，应该根据数据库建设的需要设立不同的部门，如技术部、数据部、运维部等。每个部门应该有明确的职责分工，以便更好地协同工作。例如，技术部负责数据库的设计、开发和优化；数据部负责数据的采集、清洗和整合；运维部则负责数据库的日常维护和安全保障。

在管理制度方面，应该制定详细的规章制度和操作流程，以确保各项工作有章可循。例如，应该建立数据管理制度，规定数据的采集、存储、使用和保密等要求；建立项目管理流程，确保项目从立项到实施再到验收都有明确的责任人和时间节点。

此外，为了确保数据库建设的顺利进行，还需要注意以下几点：

①充分了解业务需求和市场状况，以便可以更好地设计数据库结构和功能；

②加强团队建设和培训，提高团队成员的专业技能和协作能力；

③注重数据库的安全性和稳定性，采取有效的安全措施和技术手段保障数据安全；

④定期对数据库进行备份和维护，确保数据的可靠性和完整性；

⑤不断优化数据库的性能和功能，以满足业务发展的需求。

（2）技术保障

在当今这个信息化的时代，数据库作为企业、组织和个人信息存储和处理的核心，其安全、稳定和高效运行至关重要。因此，选择先进的技术和工具，建立稳定可靠的技术支持体系，成为我们面临的重要任务。

首先，我们必须选择最先进的技术和工具来保障数据库的安全。随着网络攻击和数据泄露事件的频繁发生，数据库安全已经成为一个全球性的问题。因此，我们需要采用最新的加密技术、防火墙技术和入侵检测技术等，来确保数据库的安全。同时，我们还需要定期进行安全审计和漏洞扫描，以及及时更新和升级数据库系统和相关软件，以确保其安全性。

其次，我们需要建立稳定可靠的技术支持体系来保障数据库的稳定运行。数据库的稳定运行是保证企业、组织和个人正常工作和生活的重要前提。因此，我们需要采用高可用性和容错技术，如双机热备和数据备份等，来确保数据库的稳定运行。同时，我们还需要建立完善的技术支持体系，这包括 24 小时的技术支持热线、远程故障排除及现场维护等，以确保数据库在出现故障时能够及时处理和恢复。

最后，我们还需要采用高效的技术和工具来提高数据库的运行效率。数据库运行效率的高低直接影响到企业、组织和个人使用体验的好与坏。因此，我们需要采用优化的数据库设计和查询技术，以及高效的存储和备份技术等，来提高数据库的运行效率。同时，我们还需要不断优化数据库的管理和维护流程，以及提高技术支持人员的专业水平和服务质量等。

（3）人才保障

加强人才队伍建设，培养一批高素质的专业人才，为数据库的建设和管理提供人才支持。

随着信息技术的迅猛发展，数据库作为信息存储、管理和应用的核心，其建设和管理的重要性日益凸显。而在这个过程中，人才队伍的建设是至关重要的。本节将深入探讨加强人才队伍建设的重要性，并提出相应的措施，以培养一批高素质的专业人才，为数据库的建设和管理提供有力的人才支持。

人才是数据库建设和管理的核心力量。数据库的建立、维护和管理需要专业的知识和技能，而这些知识和技能的掌握需要依赖于高素质的人才。只有具备了足够的人才储备，才能推动数据库的建设和管理水平的不断提升。

高素质人才是数据库技术创新的关键。随着技术的不断进步，数据库技术也在不断创新和升级。在这个过程中，具备高素质的专业人才是实现技术创新的关键因素。因为他们具备敏锐的洞察力、丰富的想象力和扎实的技术基础，能够为数据库技术的发展提供源源不断的创新动力。

政府和企业应加大对人才培养的投入，建立完善的人才培养体系。通过开展专业培训、学术交流、技能竞赛等活动，提高人才的技能水平和综合素质，以满足数据库建设和管理的需要。

高校是人才培养的重要基地。在数据库相关专业的教学过程中，应注重理论与实践的结合，提高学生的实际操作能力。同时，高校与企业应加强合作，为学生提供更多的实践机会，使他们更好地适应企业的需求。

除了加强内部人才培养，还应积极引进外部高素质人才。政府和企业应制定优惠政策，吸引更多的优秀人才加入数据库建设和管理的队伍。同时，应建立科学的人才评价机制，客观地评价人才的业绩和能力水平，激发他们的工作热情和创新精神。

一个良好的企业文化能够激发员工的归属感和使命感，提高他们的工作积极性和创造力。企业应注重培养员工的团队精神、创新意识和服务意识，营造一个积极向上、充满活力的氛围，为人才的发展提供良好的环境。

（4）经费保障

合理安排经费预算和使用计划是确保数据库建设和运行的经费保障。在当今数字化的时代，数据库已经成为企业和组织运营的核心组成部分。然而，数据库的建设和维护需要大量的经费投入。为了确保数据库的正常运行和持续发展，合理安排经费预算和使用计划显得尤为重要。

首先，明确数据库建设和运行所需的经费是第一步。这包括硬件设备的采购、软件许可的购买、数据存储和备份的开销，以及专业人员的工资等。在此基础上，制订一个详细的预算，确保各项费用都能得到充分的保障。

其次，制订合理且切实可行的经费使用计划至关重要。这需要考虑项目实施的阶段性和周期性，以及可能出现的变化和调整。在制订使用计划时，要充分考虑不同阶段的需求和优先级，并合理分配经费。此外，还需为不可预见的费用预留一定的缓冲空间。

在经费使用过程中，要保持高度的透明度和规范性。建立健全的财务管理制度，确保每一笔经费都能得到合理的使用和有效的监管。同时，定期对经费使用情况进行审计和评估，从而能够及时发现问题并进行调整。

最后，要注重与业务需求相匹配的经费投入。过度的投入可能会导致经费的浪费；而投入不足则可能影响数据库的质量和稳定性。因此，在经费预算和使用计划的过程中，需要充分考虑业务发展的实际情况，以实现经费的合理配置和高效利用。

（5）合作与交流

地方文献数据库的建设和发展是一个复杂而重要的任务，需要多方合作与交流。与相关机构和部门建立紧密的合作关系，不仅可以共享资源和经验，还可以共同应对挑战，推动项目的顺利进行。

第一，与图书馆、档案馆等文化机构合作，可以共同推进地方文献的收集、整理和数字化工作。通过合作，可以整合资源，提高效率，减少重复劳动，并确保数据的准确性和完整性。此外，合作还可以促进学术交流和知识传播，推动相关领域的研究和发展。

第二，与政府部门合作也至关重要。政府是地方文献数据库建设的重要推动者和支持者，通过与政府部门的合作，可以获得政策支持和资金保障，为项目的可持续发展提供有力保障。此外，政府部门还可以提供相关数据和信息，帮助完善数据库的内容和功能。

第三，除了文化机构和政府部门外，与高校、研究机构等学术界的合作也不可忽视。学术界拥有丰富的研究资源和人才优势，可以为数据库的建设提供理论指导和专业支持。通过合作，可以促进学术研究成果的转化和应用，提升数据库的专业性和学术价值。

第四，加强与相关企业的合作也是必要的。企业拥有先进的技术和创新能力，可以为数据库的建设提供技术支持和创新思路。通过合作，可以实现技术突破和创新发展，提高数据库的技术水平和用户体验。

此外，在合作与交流过程中，需要注意以下几个方面：

①建立有效的沟通机制：建立定期的会议、交流平台等沟通机制，确保各方之间的信息畅通，及时解决问题和协调资源分配。

②明确合作目标和分工：各方应明确合作的目标、任务和分工，确保

第四章
公共图书馆地方文献资源的服务模式

合作项目的顺利进行。同时，应注重分工的合理性和效率，避免重复劳动和资源浪费。

③保障数据安全和隐私：在推进地方文献数据库建设的过程中，应重视数据安全和隐私保护。各方应共同制定安全措施和技术标准，确保数据的保密性和完整性。

④促进成果共享和利益共赢：合作各方应注重成果共享和利益共赢，避免出现利益冲突和矛盾。在项目完成后，应共同评估成果和效益，制定合理的利益分配方案。

通过加强与相关机构和部门的合作与交流，共同推进地方文献数据库的建设和发展，不仅可以提高数据库的质量和水平，还可以促进文化、学术和经济的共同发展。同时，这种合作模式也有利于形成良好的社会互动和知识传播机制，从而推动社会的进步和发展。

图书馆已经不再是传统的藏书楼，而是一个集信息储存、传播、交流于一身的综合性平台。在这个平台上，各个图书馆都在努力打造自己的特色品牌，以吸引更多的读者。其中，一些图书馆在地方文献的整理和传播方面做得尤为出色。

湖南省在地方文献工作方面具有诸多创新，部分实践甚至引领了全国的先河，因此其地方文献工作的经验具有很高的借鉴价值。首先，该省在开展地方文献工作之初就设定了高起点，由湖南省委常委、常务副省长兼任地方志编纂委员会的领导，显著提升了地方文献工作的整体规格。同时，湖南省注重在省一级层面上制定相关政策，如1983年和1995年分别发布了《关于征集地方书刊资料的通知》和《关于做好征集地方文献工作的通知》。此外，湖南省图书馆还特别设立了地方文献库这一部门，充分展示了该省对地方文献工作的重视。

在推动地方文献工作方面，湖南省注重创新与实践相结合。例如，湖南省图书馆在互联网环境下积极开展地方文献的开发工作，设立了"地方文献长廊"，这一举措开创了公共图书馆地方文献研究的先河，满足了新环境下地方文献发展的需求。近年来，该省还利用网络便利，采取有偿购买的方式向社会公众征集地方文献，这不仅扩大了地方文献的征集范围，还激发了社会公众的参与热情。

浙江图书馆事业发展历史悠久，早在1903年就建立了浙江藏书楼。浙江图书馆在地方文献建设方面一直走在前列，其经验具有很高的总结和推广价值。

首先，浙江省政府出台了一系列促进地方文献研究及数据库构建的政策文件，如《关于加强地方文献工作和征集地方文献的通知》（1998 第 53 号）、《关于加强公共图书馆地方文献工作的意见》《浙江省公共图书馆地方文献资源建设实施意见》《浙江省公共图书馆地方文献资源建设考核细则》以及《浙江省公共图书馆地方文献资源建设规范（试行）》（浙文社〔2010〕78），这些文件都强调了地方文献工作的规范化、制度化要求。

其次，浙江省注重不同层级图书馆之间的合作，通过强化对县、市一级公共图书馆的考核，形成强有效的推动力，促进地方文献工作的开展。

再次，浙江省积极推动地方文献数字化工作。例如，该省在2011年通过竞争性谈判的方式对外招标"浙江省地方文献数字化"项目，2012年又采购了"浙江图书馆地方文献及家谱文献数字化加工项目"，这些举措有力地推动了地方文献数字化的发展。

总结起来，浙江图书馆在地方文献建设方面所取得的成功经验包括政府出台相关政策、各级图书馆间的合作及推动地方文献数字化等方面，这些经验为其他地区提供了借鉴。

除此之外，浙江图书馆还注重发挥领导者的带头作用。《浙江公立图书馆章程》明确规定图书馆馆长必须是"硕学通儒"人士，这些人才不仅重视地方文献工作，而且还亲自参与，充分发挥了领导示范带动作用；此外，浙江省图书馆还有重视文献收集的优良传统，《浙江公立图书馆章程》明确提出要重视地方文献的征集、珍贵古籍的收藏。

江苏省在地方文献研究及其数据库建设方面取得了显著成绩，产生了广泛影响。例如，《江苏地方文献书目》和"江苏地方文献资源库"的成功构建等。总结该省的经验，主要有以下三个方面：

A. 根据当地特色推动地方文献研究至关重要。

为了推动地方文献研究，我们必须根据当地特色进行深入研究。这些特色可以包括当地的历史、文化、地理、人口、经济等多个方面。通过对这些特色的深入研究，我们可以更好地了解当地的发展历程和现状，为当

第四章
公共图书馆地方文献资源的服务模式

地的发展提供有力的支持。在研究地方文献时，我们需要注重文献的收集、整理和保存。这些文献可以包括当地的报纸、杂志、书籍、照片和地图等，甚至包括当地的口头传统和民间故事。通过对这些文献的整理和研究，我们可以更好地了解当地的历史和文化，为当地的发展提供文化支持。例如，南京市梅园新村纪念馆为纪念周恩来总理100周年诞辰建立了周恩来图书馆，而苏州市则针对其两院院士众多的特点，在苏州市图书馆设立了院士风采陈列室。

B. 整合资源和力量是形成地方文献品牌并提升影响力的关键

在这个过程中，地方图书馆、博物馆、档案馆等机构应该紧密合作，共同开发和利用地方文献资源。通过整合这些资源，可以形成更具影响力和吸引力的地方文献品牌，提高当地文化软实力和知名度。

图书馆作为地方文献的主要收藏机构，应该积极与其他机构合作，共同推进地方文献的收集、整理和数字化工作。这需要图书馆积极发挥自身优势，提供专业的技术支持和指导，确保地方文献得到充分的保护和利用。

博物馆和档案馆等机构也应该积极参与地方文献的整合工作。这些机构拥有丰富的实物和档案资料，可以为地方文献提供更加生动和直观的展示方式。通过与图书馆的合作，可以实现资源共享和优势互补，让地方文献更加生动、形象地呈现在公众面前。

政府和社会各界也应该为地方文献的整合提供支持和帮助。政府可以出台相关政策和措施，鼓励和支持地方文献的收集、整理和保护工作，为其提供资金和政策支持。同时，社会各界也可以积极参与其中，通过捐献、志愿服务等方式为地方文献的整合贡献自己的力量。例如，《江苏地方文献书目》的编纂汇聚了全省各地图书馆和社会力量中的130多名专家，而"江苏地方文献资源库"则涵盖了多个戏曲和话剧频道，增强了资源库的可操作性。

C. 注重地方文献的应用和价值挖掘同样重要。

江苏省不仅注重文化与经济的结合，还发挥地方文献的教育功能。例如，盐城市借助胡乔木家属捐赠的20 000余册个人藏书建立了"胡乔木藏书陈列室"，并将其作为爱国主义教育基地。

以首都图书馆打造的北京记忆为例,这是一个全球最大的老北京史地、民俗资料库。目前入库文章超过 4 500 万字,图片数万幅,内容涵盖老北京的人文、地理、历史、园林、老字号、文玩、旅游等多个方面。这个资料库不仅为研究者提供了丰富的资料,也为普通市民提供了一个了解北京文化的窗口。通过中文频道、图片频道、下载频道等多个栏目,人们可以深入了解北京的历史和文化,感受这座古都的魅力。

而在广东省立中山图书馆,则整合了印刷文献资源、电子文献资源、地方文献征集、多媒体资源库等多项服务。特别是电子文献资源中,包括粤版新书速递、粤版期刊一览、粤版报纸荟萃、广东新方志、多媒体资料等多个子栏目,为读者提供了全方位的信息服务。这种多元化的服务方式,使得图书馆不再仅仅是一个静态的藏书场所,而是一个动态的信息交流平台。

这些图书馆之所以能够在地方文献整理方面独具特色,一方面是因为它们拥有丰富的馆藏资源;另一方面则是因为其工作人员注重数字化建设和服务创新。通过数字化技术,图书馆可以将传统的纸质文献转化为数字资源,方便读者在线查阅。同时,通过服务创新,图书馆可以将传统的借阅服务拓展为多元化的信息服务,以满足读者多样化的需求。

在当今这个信息爆炸的时代,图书馆在地方文献整理方面的努力显得尤为重要。因为正是这些地方文献,承载着一座城市、一个地区的历史和文化记忆,是连接过去和未来的桥梁。而图书馆作为文化传承的重要载体,有责任将这些珍贵的历史资料保护和传承下去,让更多的人了解和珍惜自己的文化根源。

(二) 网络环境下地方文献资源的服务方式

在当今网络环境下,地方文献资源的服务方式正在经历一场深度的变革。随着技术的不断发展,地方文献资源的服务方式变得更加多元化、便捷化,能够更好地满足用户的需求。

数字化服务是当今地方文献资源服务的主要方式之一。通过先进的扫描、拍照等技术,图书馆或文献机构将纸质地方文献资源转化为数字格式,储存在数据库中,用户可以方便地通过网络检索、下载这些资源。这

第四章 公共图书馆地方文献资源的服务模式

种服务方式不仅方便快捷，还可以实现地方文献资源的共享和保护，对于珍贵的地方文献也是一种有效的保护手段。

除了数字化服务，在线咨询服务也已经成为地方文献资源服务的重要组成部分。图书馆或文献机构通过在线咨询平台，提供有关地方文献资源的信息和解答相关问题。用户可以通过网络随时随地咨询问题，获得及时的帮助和解答。这种服务方式能够满足用户的即时需求，提高用户的使用体验。

随着移动设备的普及，移动服务也成为地方文献资源服务的新趋势。利用移动终端设备，如手机、平板电脑等，用户可以随时随地查询和借阅地方文献资源。这种服务方式打破了时间和空间的限制，使用户可以更加灵活地获取所需的文献资源。

云服务是另一种新兴的地方文献资源服务方式。通过云计算技术，图书馆或文献机构可以将地方文献资源集中存储和管理，向用户提供网络检索和下载等服务。这种服务方式可以实现大规模的地方文献资源共享，提高资源利用率，为用户提供更加丰富和全面的文献资源。

社交媒体服务也是当前地方文献资源服务的一种重要方式。利用社交媒体平台，如微博、微信等，图书馆或文献机构可以发布有关地方文献资源的信息和活动，与用户进行互动交流。这种服务方式可以提高用户的参与度和黏性，增强用户对地方文献资源的认知和了解。

总之，网络环境下地方文献资源的服务方式正在朝着多元化、便捷化的方向发展。图书馆和文献机构需要紧跟时代步伐，不断探索和创新服务方式，提高服务质量，为地方文化的发展和传承做出更大的贡献。同时，也需要加强对用户需求的研究和分析，不断完善和优化服务模式，以更好地满足用户的期望和需求。

整合网络地方文献资源是一项至关重要的任务，它对于保护和传承地方文化、历史和知识具有重要意义。为了有效地实现这一目标，可以采取多种技术手段。

首先，MARC 格式的利用是一种有效的方法。MARC 格式是用于描述图书馆馆藏的一种标准格式，它可以全面地描述书籍、期刊、报纸等各种文献资源的信息。通过将地方文献资源转化为 MARC 格式，可以将这些资源整合到图书馆的馆藏中，实现统一的管理和检索。这样不仅方便了图书馆工作人员的工作，也提高了用户检索和利用这些资源的效率。

其次，元数据技术的利用也是非常重要的。元数据是用于描述数据的数据，它可以对网络上的各种资源进行描述和组织。通过利用元数据技术，可以对网络上的地方文献资源进行分类、标引和描述，使其更加易于被发现和利用。此外，元数据技术还可以帮助实现资源的共享和交换，促进不同机构之间的合作与交流。

再次，学科导航库技术的利用也是非常有效的。学科导航库是一种对学科领域内的知识进行组织和管理的方法，它可以提供学科领域内的知识导航和检索服务。通过利用学科导航库技术，可以将地方文献资源按照学科领域进行分类和组织，方便用户按照自己的需求进行检索和利用。这样不仅可以提高资源的利用率，还可以促进学科领域的发展和进步。

最后，跨库检索技术的利用也是必不可少的。跨库检索是一种将多个数据库中的资源进行整合和检索的技术。通过利用跨库检索技术，可以将不同数据库中的地方文献资源进行整合和检索，实现一站式服务。这样不仅可以方便用户的使用，还可以促进不同数据库之间的交流和合作。

综上所述，以上四种技术手段可以帮助图书馆等机构更好地整合和管理网络上的地方文献资源。通过这些技术的应用，可以提高资源的利用率和共享率，因而可以更好地保护和传承地方文化、历史和相关资源。

（三）地方文献资源数字化的意义

1. 数字化为地方文献的保存提供了更为稳固的保障。

随着数字化技术的不断发展，地方文献的保存方式也发生了深刻的变化。传统的纸质文献逐渐被电子化和数字化所取代，这为地方文献的保存提供了更为稳固的保障。

数字化技术大大延长了地方文献的保存寿命。纸质文献容易受到环境因素的影响，如湿度、温度、虫蛀等，而数字化文献则不存在这些问题。数字化地方文献可以永久保存，避免了传统文献因老化而损坏的情况发生。

数字化技术使得地方文献的传播更加便捷。通过互联网和移动设备，人们可以随时随地访问数字化的地方文献，打破了传统文献在时间和空间上的限制。这不仅有利于学术研究的开展，也有利于地方文化的传播和推广。

数字化技术为地方文献的保护提供了更多的可能性。传统的纸质文献一旦损坏或遗失，就很难恢复；而数字化的地方文献可以通过备份和复制等技术手段进行保护。同时，数字化技术也可以实现快速检索和整理，便于对地方文献的管理和利用。

2. 数字化极大地提高了地方文献的利用效率。

数字化极大地提高了地方文献的利用效率，使得这些宝贵的资源更加易于获取和利用。通过数字化技术，地方文献得以永久保存，并且可以随时随地被查阅和研究。这不仅方便了学术界，也使得普通公众能够更加深入地了解当地的历史和文化。

数字化地方文献的出现，打破了传统图书馆和档案馆的限制，使得这些资源可以在全球范围内共享。通过互联网，人们可以在任何时间、任何地点访问这些文献，从而极大地扩展了其利用范围。此外，数字化技术也使得地方文献的整理和编辑变得更加容易，促进了相关研究的进展。

然而，数字化地方文献也面临着一些挑战。例如，数字化过程中的版权问题、数据安全问题及技术更新问题等，都需要得到妥善解决。此外，如何确保数字化文献的真实性和完整性也是一项重要的任务。因此，在推进地方文献数字化的过程中，需要综合考虑各种因素，制定科学合理的方案，以确保这一工作的顺利进行。

3. 数字化对于地方文化的传承和推广具有不可忽视的价值。

数字化技术可以帮助地方文化实现更广泛的传播。在传统的方式下，地方文化的传播往往受到地域和传播方式的限制，很难实现大规模的推广和传播。而数字化技术可以将地方文化转化为数字形式，并通过互联网、社交媒体等渠道实现快速和广泛的传播，让更多的人了解和认识地方文化。

数字化技术可以促进地方文化的保护和传承。许多地方文化面临着消失的危险，主要原因是传承人的流失和传统方式的难以维系。数字化技术可以将这些文化现象进行数字化采集和保存，建立数字博物馆、数字图书馆等，让这些文化现象得以永久保存，也为后续的研究和传承提供了重要的资料和数据。

数字化技术还可以促进地方文化的创新和发展。通过数字化技术对地方文化进行深入挖掘和分析，可以发现其中蕴含的独特价值和创意灵感，为文化创意产业的发展提供支持。同时，数字化技术也可以为地方文化注入新的元素和活力，推动文化的创新和发展。

4. 数字化为学术研究提供了更加便利的条件。

数字化时代的到来，为学术研究带来了前所未有的便利条件。在这个信息爆炸的时代，学者和研究者们可以更加便捷地获取各种学术资源，从而更加高效地进行研究工作。其中，地方文献作为重要的学术研究资料来源，其数字化进程对于学术研究的推动作用尤为显著。

首先，数字化技术使得地方文献的获取变得轻而易举。在传统的研究过程中，学者们往往需要亲自前往图书馆、档案馆等地方进行实地调查，费时费力。而现在，通过数字化的地方文献资源，学者们可以随时随地通过网络进行查阅，大大提高了他们的研究效率。

其次，数字化技术还为地方文献的保护和传承提供了有力支持。许多珍贵的地方文献因为年代久远或者保存条件有限，已经出现了损坏或遗失的情况。通过数字化技术，这些珍贵的文献可以得到永久性的保存，让后人也有机会深入研究和了解这些宝贵的文化遗产。

最后，数字化的地方文献也为学术交流和发展提供了更加广阔的平台。学者们可以通过网络进行跨地域、跨学科的交流与合作，共同探讨学术问题。这种开放、互动的学术环境，不仅有助于推动学术研究的进步，也有助于培养新一代的学术人才。

第五章 公共图书馆地方文献资源的开发利用

地方文献资源的利用和文献资源的利用类似，是图书馆功能的体现，也是图书馆收集、整理、存储地方文献的最终目的。由于地方文献资源具有极强的地域性和史料性，其利用往往与地方文献资源本身的特点紧密相连。这些特点主要表现在地方文献资源的服务政策、用户对象与信息需求，以及服务方式上。

地方文献资源的服务政策，是确保其得以充分利用的关键。图书馆应制定合理的地方文献资源服务政策，确保各类用户能够方便、快捷地获取所需文献。例如，可以设立专门的地方文献借阅区，提供24小时免费借阅服务，并定期举办专题展览、讲座等活动，以增加用户对地方文献的兴趣和了解。

地方文献资源用户对象与信息需求也是影响其利用的重要因素。不同用户对地方文献的需求各异，如学者、学生、政府机构、文化爱好者等。因此，图书馆应对用户需求进行深入调查，以便更有针对性地提供服务。例如，针对学者的研究需求，图书馆可以提供专题资料汇编、古籍善本复制等服务；针对学生的教育需求，可以开展地方文献导读活动，提高他们对地方文化的认识。

地方文献资源的服务方式同样重要。随着信息技术的发展，图书馆应创新服务方式，为用户提供更加便捷、高效的服务。例如，可以利用数字化技术将地方文献资源进行数字化处理，建立数据库和在线检索系统，使用户能够通过网络随时随地获取文献信息。此外，图书馆还可以与博物馆、档案馆等机构合作，共同开展地方文献的整理、研究与展示工作，提高地方文献的利用率和影响力。

接下来的章节将通过几个具体的实例，对公共图书馆在地方文献的开发与利用方面进行深入的探讨。这些实例将全面涵盖地方文献的采集、整理、保存及利用等方面。通过对这些实例的深入剖析，提炼出公共图书馆在地方文献开发利用中的重要价值，并对当前的相关策略提出有效的优化建议。

第一节
文旅融合背景下公共图书馆对地方资源的开发利用——研学旅行

在文旅融合的大背景下，公共图书馆正在积极创新其参与方式，旨在为读者提供各类兼具新颖形式和丰富内涵的"文化＋旅游"服务。为了充分挖掘和利用自身的文化底蕴和旅游属性，公共图书馆已将研学旅行服务作为其工作重点之一，并在多个地区付诸实践。

一、公共图书馆的研学旅行服务

首先，公共图书馆的研学旅行服务虽然目前尚未有明确的定义，但其教育性、实践性、安全性和公益性的特点却十分鲜明。作为服务提供方，公共图书馆凭借其场馆、文献和活动等知识科普型资源，为中小学校、主办方和旅行社等提供了丰富的产品。与此同时，国外"图书馆旅行（Bibliotourism）"概念的提出，进一步强化了图书馆与旅行的紧密结合。作为文化旅行的分支，图书馆旅行满足了游客对当地文化历史的学习和体验需求，进而提升了游客在其他景点的沉浸感。

其次，公共图书馆在开展研学旅行服务过程中，可以借鉴教育学等相关领域理论作为指导。一些学者已经从图书馆旅行中提炼出与教育学相关的属性，如体验性、互动性和阐释性等，这些属性均基于以下教育学经典理论：

（1）杜威的经验主义

杜威的经验主义是一种强调经验和观察的哲学观点，它认为知识和经验是相互关联的，经验是我们理解世界的基础。在杜威的经验主义中，经验不仅指个人的感受和经历，还包括对事物的观察、思考和行动。他认为,通过经验,我们可以认识世界并获得知识。

杜威的经验主义强调了经验和知识的连续性。他认为,经验是一个不断发展的过程,而不是一个孤立的事件。在这个过程中,我们不断地观察、思考和行动,不断地获得新的经验,并不断地更新我们的知识和理解。

杜威的经验主义也强调了实践的重要性。他认为,实践是获得真正知识和理解的关键。只有通过实践,我们才能真正地理解和掌握事物的本质和规律。

(2) 戴尔的视听教学法

戴尔的视听教学法是一种以视觉和听觉为基础的教学方法。它强调通过观察、模仿和练习来学习语言,并注重口语和听力技能的培养。

在戴尔的视听教学法中,教师通常会使用真实的语言材料,如电影、电视节目和演讲等,来帮助学生理解语言的结构和用法。学生通过观察和听录音中的语言样本,可以学习到不同的语言特征,如语音、语调、词汇和语法等。

此外,戴尔的视听教学法还注重口语和听力技能的训练。学生通过模仿和练习,可以逐渐提高自己的口语和听力水平。教师也会提供各种口语练习的机会,如角色扮演、小组讨论和辩论等,以帮助学生更好地运用所学的语言知识。

(3) 布鲁纳的结构主义教育理论

布鲁纳的结构主义教育理论认为,教育应该注重学科的基本结构,即学科的基本概念、原理和法则等。他认为,只有掌握了学科的基本结构,才能更好地理解和应用该学科的知识,并且能够更好地将该学科的知识应用到实际生活中。

此外,布鲁纳还强调了发现学习的重要性。他认为,通过让学生自己去发现知识,可以更好地培养学生的探究精神和创新能力。因此,他主张在教学中采用发现法,即教师提供一些问题或情境,让学生通过自己的探究和思考,发现其中的规律和原理。

另外,布鲁纳也强调了反馈的重要性。他认为,只有及时给学生提供反馈,才能让学生知道自己的学习状况,从而让学生及时纠正错误,提高学习效率。因此,他主张在教学中采用反馈法,即教师及时地给学生提供反馈,让学生了解自己的学习状况,并及时进行调整和改进。

综上所述,对以上这些相关学科理论的借鉴和学习,有助于图书馆工作人员更高效地开展研学旅行服务。

然而,尽管公共图书馆已经通过多种方式参与研学旅行服务,但仍面临一些发展问题。例如,由于定位模糊导致服务质量不佳、研学旅行课程内容单一,以及管理制度不规范等问题。为了更深入地挖掘图书馆在研学旅行服务方面的潜力,需要提前构思解决对策,并关注这些发展问题。宏观的理论探讨对于指导图书馆开展研学旅行服务具有顶层设计的指向性作用。

在满足游客和读者需求的基础上,地方特色文化遗产与当地艺术中心联合开发旅游资源,旨在将自身打造成独具一格的旅游胜地。公共图书馆研学旅行的开展形式可以大致分为以下几种类型:

(1) 资源辅助型:图书馆主要提供与研学主题相关的书籍资料、学习实践工具。

在资源辅助型研学模式中,图书馆扮演着重要的角色。它不仅是一个提供书籍资料和学习实践工具的地方,更是一个培养学生自主学习和探究能力的场所。在图书馆中,学生可以根据研学主题,找到相关的书籍资料,了解学科前沿和最新研究成果。同时,图书馆还提供了一系列的学习实践工具,如实验器材、软件等,帮助学生更好地理解和掌握知识。除了提供资源外,图书馆还注重培养学生的自主学习和探究的能力。它通过组织各种学习活动、讲座和竞赛等形式,激发学生的兴趣和热情,引导学生主动探究问题、解决问题。

(2) 参观游览型:将图书馆场所作为参观旅游目的地,图书馆提供导览、讲解等服务。

在图书馆这个知识的海洋中,游客们可以感受到浓厚的历史底蕴和文化积淀。图书馆导览员不仅为游客们提供了详细的场所介绍,还针对不同年龄段的游客提供了个性化的讲解服务。对于孩子们,导览员会用生动有趣的语言,讲述图书馆的历史、发展历程以及丰富的馆藏资源。孩子们在听讲的过程中,不仅可以了解到图书馆的重要性和意义,还能激发他们对知识的渴望和好奇心。对于成年人，导览员则会深入浅出地介绍图书馆的运营模式、服务体系和在信息时代的重要地位。同时，还会分享一些有关图书馆的趣闻轶事，让成年人感受到图书馆的独特魅力和文化价值。

此外，图书馆还会定期举办各种主题展览、文化讲座等活动，吸引更多的游客前来参观游览。在这些活动中，游客们可以更加深入地了解图书馆的各个方面，同时也能感受到图书馆在推动文化交流和传承方面所发挥的重要作用。

（3）讲座授课型：图书馆提供研究室等空间，设立研学调查课程主题，通过讲座等方式科普知识，教授学习方法。

图书馆作为知识的殿堂，除了提供借阅服务外，还可以举办各种形式的讲座和课程，进一步丰富大家的知识储备。

讲座授课型课程是一种非常受欢迎的课程类型，它以图书馆提供的研究室等空间为依托，设立研学调查课程主题，通过讲座等方式科普知识，教授学习方法。这种课程形式不仅能让大家更深入地了解某个领域的知识，还能培养大家的自主学习和独立思考的能力。

在讲座授课型课程中，图书馆会邀请各个领域的专家学者前来授课，这些专家学者不仅有深厚的学术背景，还有丰富的教学经验。他们通过深入浅出的讲解，让大家对课程内容有更深入的理解。同时，他们还会分享自己的学术经验和心得体会，激发大家对学术研究的兴趣和热情。

除了专家学者的授课，讲座授课型课程还会安排各种实践活动和研究项目，让大家在实践中学习和成长。这些实践活动和研究项目可以是调查问卷、实地考察、实验操作等，旨在培养大家的实践能力和创新思维。

（4）职业体验型：带领学生进行图书馆员、记者等职业的深度体验，培养其对职业形象的感知。

带领学生深入体验各种职业，让他们了解不同职业的特点和要求，从而培养其对职业形象的感知。在职业体验型的研学活动中，我们安排了图书馆员和记者的职业体验。学生们通过亲身参与图书馆员的工作，了解图书馆的运营和管理模式，学习图书分类、借阅、整理等知识。同时，学生们还可以通过采访、撰写新闻稿等实际操作，体验记者的职业要求和工作流程。

通过这些职业体验型的研学活动,学生们不仅学习了各种实际操作技能,还加深了对不同职业的认识和理解。这有助于激发他们的学习兴趣和热情,提高他们的职业素养和综合素质,为他们未来的职业生涯打下坚实的基础。

(5)互动参与型:设计研学旅行路线及丰富多彩的活动课程,使学生们能够亲身实践,参与其中。据文献及网络调研梳理,互动参与类型的研学旅行受到国内外越来越多的图书馆的选择,并且往往具有优异的成效。

国内方面,公共图书馆已经成功开展了多个互动参与型研学旅行的案例。例如,2016年北京市海淀区获得首批"中国研学旅游目的地"称号,国家图书馆作为第二批全国中小学生研学实践教育基地,于2018年主办了"文旅·融合·创新——首届海淀区研学旅游季",开拓了四条研学旅行线路。此外,广西壮族自治区北部湾经济区图书馆服务联盟以中小学生读者为对象开展了"阅读北部湾"研学游,受到热烈欢迎。杭州市少年儿童图书馆则从少儿读者兴趣爱好出发,以社团形式开展"太阳风"系列体验活动。

国外方面,公共图书馆研学旅行更加注重技术的助推力量。例如,大英图书馆将游戏与视觉体验融入图书馆旅游体验设计中;伦敦政治经济学院图书馆与外部供应商合作开发音频导览内容;纽约州立大学布法罗学院图书馆为学生提供 iPad 平板电脑,并拍摄图书馆的不同区域并上传至公共网站供课堂讨论;希腊帕特雷大学图书馆向中小学提供试点教育项目"从古书到现代平板电脑",利用新技术打造沉浸式多媒体学习环境。

对于公共图书馆研学旅行的支持保障,学者们关注实践案例中的主体协作联合,以及人才保障和专门机构的成立等方面内容。例如,江西省图书馆与省内高校联合开展研学活动;湖南省少年儿童图书馆对员工进行专题学习培训,成立研学服务部并与相关单位交流合作以增强馆内专业人才队伍实力。这些措施旨在提升公共图书馆研学旅行的质量和影响力,推动其更好地为读者和社会服务。目前,研究地方文献与研学旅行相结合的文献资源较少,主要集中在国内。

公共图书馆承担着重要的社会教育功能,这与研学旅游的内在目标是一致的。为了更好地发挥这一功能,我们可以从特藏文献的古籍和地方文献入手，这些文献承载着丰厚的历史文化和地域文化信息，是公共图书馆开展传统文化教育的优势资源保障。通过深入挖掘传统文化和本地区的历史故事、历史人物、历史遗迹等，结合研学旅游活动，参与者可以更深入地领略历史文化的魅力和精髓，体验传统习俗和风土人情等，并激发他们阅读相关书籍的热情。

在具体路径方面，有学者提出了"走出图书馆"和"走进图书馆"两种方式。前者包括从城市书房到景区书房的拓展，以及多部门协同合作的模式；后者则侧重于创新实体空间，打造文旅融合特色服务项目，并借助虚拟空间打造文旅融合服务新平台。此外，还可以依托地方丰富的红色文化资源，整合馆藏红色文献与地方红色旅游景区信息，打造红色研学基地，推出红色研学游活动，弘扬红色革命精神。

这些措施的成效显著。地方文献开发利用与研学旅行服务的结合不仅可以带动相关图书资源的外借热度，利于地方文献宣传征集，还可以助力本地景点宣传推介。通过参加活动，读者可以发现新的知识，重新产生与他人分享的热情。研学旅行作为素质教育的崭新形式和文旅融合的创新路径，具有综合性、研究性、体验性、计划性和地域性等特点。地方文献资源可以充分体现地域特色、营造研学旅行差异性的源动力，对其进行开发利用有助于构建层层递进的课程体系，研发设计旅行路线。

在实践方面，一些公共图书馆已经开展了富有创意的活动。例如，上海图书馆与杨浦区图书馆合建的上海近代文献分馆以"行走杨浦"为载体，开展主题为"城市·阅读·行走"的创意阅读活动。松江区图书馆则借"世界读书日"契机打造"全民阅读＋修身行走"活动品牌，以"电子文化地图＋电子护照"的形式将互联网大数据、云平台、线上线下互动等"互联网＋阅读"创新模式展现在百姓面前。这些活动深受好评，成为深化文旅融合的典型实践。

通过这些方式，市民可以更方便地参与阅读行走活动。只需关注相关微信公众号并填写有效身份信息，前往任意文化场馆并输入场馆内易拉宝上的指定口令，即可根据提示答题并获得通关证书。此外，松江区图书馆还为读者设计了经典线路、佘山线路、自驾线路等涵盖不同文化场馆的行走阅读线路，引导全民参与、全民创新，增加松江地方特色认知，增强文化认同感。这些举措不仅丰富了市民的文化生活，还有助于传承和弘扬优秀传统文化，推动文化旅游产业的可持续发展。

二、图书馆开展研学旅行服务需求研究设计

为了深入了解学生对公共图书馆研学旅行的需求，我们仔细研读了国内的相关政策文件和文献。结合《研学旅行服务规范》和《关于推进中小学生研学旅行的意见》，针对研学旅行的意愿、时长、主题、内容和形式等五个方面，设计了调查问题。

关于研学旅行时长方面，虽然政策文件中未作具体规定，但根据教育部的相关意见，主要设计了以乡土乡情为主的小学阶段，以县情市情为主的初中阶段，以及以省情国情为主的高中阶段，每个阶段分别对应一天以内，一天到三天，四天及以上的时长选项。

要充分考虑到不同学段的目标，并结合《关于推进中小学生研学旅行的意见》，研学旅行内容不仅涵盖了自然、历史、地理、科技、人文和体验等传统活动课程，还特别强调了安全和生态保护等方面的内容。因此，我们最终确定了爱国主义及民族精神、安全知识及意识、历史文化知识、自然科学知识以及生态环保知识等五大衡量要素。

关于研学旅行的主题，参照旅游行业标准《研学旅行服务规范》，将其划分为知识科普型、自然观赏型、体验考察型、励志拓展型和文化康乐型等五大类（详情见表5.1）。

在研学旅行的过程中，学生可以从中获取丰富多样的知识和经验。知识科普型研学旅行，注重科普教育和知识普及，通过实地考察、实验操作等方式，让学生更深入地理解科学知识，培养科学思维和探究能力。例如，参观博物馆、植物园、科技馆等场所，让学生们了解科学技术的发展和各种科学现象的解释。

自然观赏型研学旅行则以自然景观为主要载体，通过观察、体验等方式，让学生感受到大自然的神奇和美丽。在旅行中，学生可以欣赏到壮丽的自然风光，了解生态系统的运作和环境保护的重要性。例如，进行徒步旅行、观赏动植物等自然景观的活动。

体验考察型研学旅行则注重学生的实践和体验,通过实地考察和调研,让学生深入了解社会现象和人类文明的发展。在旅行中,学生可以参与当地的文化活动,了解当地的历史、民俗风情等,培养人文素养和社会责任感。例如,参观历史文化遗址、村落等人文景观,参与当地的传统手工艺制作等。

励志拓展型研学旅行则注重培养学生的意志品质和团队协作能力。在旅行中,学生需要面对挑战和困难,通过团队合作、心理训练等方式,锻炼学生的意志力和解决问题的能力。例如,进行户外拓展训练、野外求生训练等活动。

文化康乐型研学旅行则注重学生的身心健康和文化素养的提升。在旅行中,学生可以参与到各种文化娱乐和体育活动中,放松身心、增强身体素质和审美能力。例如,参观艺术展览,欣赏音乐会,进行瑜伽、太极等健身运动。

通过上述方式,力求确保调查的严谨性、稳重性、理性和官方性,为后续的研究提供有力支撑。

表 5.1 研学旅行产品主题分类

主题类型	释义
知识科普型	各种类型博物馆、科技馆、动植物园、主题展览、历史文化遗产、工业项目、科研场所等资源
自然观赏型	山川、江、湖、海、草原、沙漠等资源
体验考察型	农庄、实践基地、夏令营营地或团队拓展基地等资源
励志拓展型	大学校园、红色教育基地、国防教育基地、军营等资源
文化康乐型	主题公园、演艺影视城等资源

资料来源:《研学旅行服务规范》

根据《研学旅行服务规范》的规定,研学旅行的教育服务项目应当多样化,其中包括每天不少于 45 分钟的健身项目、健手项目、健脑项目和健心项目(详情见表 5.2)。这些项目旨在提高学生的身体素质、动手能力、智力和心理素质,促进全面发展。

在健身项目中,学生可以通过各种运动来锻炼身体,提高身体素质。

健手项目注重培养学生的动手能力,让他们通过实践操作来掌握技能;健脑项目则通过各种智力游戏和挑战来提高学生的思维能力和创造力;而健心项目则关注学生的心理健康,通过心理辅导和团队活动来培养他们的积极心态和团队合作精神。

这些教育服务项目的实施需要精心设计和组织,以确保学生能够从中获益。在实施过程中,教育者应当注意学生的个体差异,提供个性化的指导和服务,使每个学生都能够充分发挥自己的潜力。

同时,《研学旅行服务规范》还规定,研学旅行的活动内容应当丰富多彩,需包括文化体验、科技创新、实践探索等多个方面。这些活动可以让学生更加全面地了解世界,开拓视野,提高综合素质。

表 5.2 研学旅行教育服务形式分类

项目名称	释义
健身项目	以培养学生生存能力和适应能力为主要目的的服务项目,如徒步、挑战、露营、拓展、生存与自救训练等
健手项目	以培养学生自理能力和动手能力为主要目的的服务项目,如综合实践、生活体验训练、内务整理、手工制作等
健脑项目	以培养学生观察能力和学习能力为主要目的的服务项目,如各类参观、游览、讲座、诵读、阅读等
健心项目	以培养学生的情感能力和践行能力为主要目的的服务项目,如思想品德养成教育活动以及团队游戏、才艺展示、情感互动等

资料来源:《研学旅行服务规范》

结合各图书馆项目自身的特点,并结合已有的政策文件中对研学旅行时长、主题、内容等的标准要求,增添项目对比情况以了解影响学生对类似项目喜爱程度的重点因素;增添各地区特色文化研学游意愿调查以了解学生是否具有主动参与图书馆举办的地方特色文化研学旅行的意愿,在此基础上构建问卷基本框架(详情见表 5.3)。此外,家长访谈、学校访谈、馆方访谈中均设置了相关问题以了解各方对于图书馆开展弘扬地方文化特色的研学旅行的态度需求和相关建议。

针对学生整体需求的问卷设计主要可分为三个维度,分别是学生对不同项目的态度、学生对图书馆研学旅行的服务需求、学生参与地方特色文化研学游意愿。学生对不同项目态度主要探究产生对活动偏爱的深层因素，从而在之后的产品设计中更加注意此类要素，借鉴相关单位主体的做法；学生对图书馆研学旅行服务需求的问卷主要以标准化的问题设置，了解学生的倾向态度，为之后的活动开展提供指导和借鉴；学生参与地方特色文化研学游意愿问卷设计从学生需求角度出发，研究他们是否具有参与图书馆举办的文化研学游的意愿，以赋予地方特色研学游可行性及意义。

表 5.3 调查问卷需求研究基本框架

问卷维度	问题设计
学生对不同研学项目的态度	曾参与项目的基本情况
	产生偏爱的原因
学生对图书馆研学旅行的服务需求	曾参与研学旅行情况
	参加图书馆研学旅行意愿
	期望研学旅行时长
	期望研学旅行主题
	期望研学旅行内容
	期望研学旅行形式
学生参与地方特色文化研学游意愿	了解地方文化的态度
	通过研学旅行学习地方文化的态度及具体内容
	了解地方文化的渠道媒介
	特色文化研学游对图书馆的反馈作用

第二节
公共图书馆地方文献阅读活动案例

近年来,公共图书馆在推广阅读、传承文化方面发挥着越来越重要的作用。地方文献作为图书馆特色馆藏的重要组成部分,也越来越受到关注。本节以某公共图书馆举办的地方文献阅读活动为例,介绍活动的策划、实施和效果,以期为其他图书馆开展类似活动提供参考。

一、金陵图书馆"诗游南京"

金陵图书馆致力于实现地方文献内容的特色化和载体的电子化,根据读者的需求,构建了多层次、多形式的完整收藏体系,便于读者进行检索、查阅和研究参考。此外,图书馆还采用了科学的分类编排方式,并构建了地方文献数据库,提供了智能化的信息检索手段。

金陵图书馆特别收藏了《南京明城墙》《南京民国建筑专辑》《南京诗文集》《南京地方志》《南京云锦》和《金陵明韵》等特色专题数据库,旨在唤起南京的文化记忆,重现历史场景。

然而,地方文献往往因为其内容的广泛性和复杂性,导致读者对其感到难以理解和利用。文化和旅游的融合为地方文献的阅读活动带来了新的机遇。金陵图书馆因地制宜地利用本土特色旅游资源,将地方文献生活化、简单化、场景化,以适应更多读者的需求。

情境阅读是解决这一问题的有效方法。首先确定主题,创设主题情境,构建阅读知识背景,将读者带入情境中。在探究的乐趣中,读者可以通过亲身参与、内化、吸收,激发阅读动机。在连续的情境中,将阅读内容与实物景观相结合,强化读者的阅读动机。

其次,整个活动概括为"探究——满足——乐趣——内发性动机产生"的过程。金陵图书馆将真挚情感的体验、形象思维与抽象思维相结合，充分利用馆藏文献资源，整理、对照、拼接不同体裁的地方文献，制作活动学习单，帮助读者积极主动地构建自己的阅读过程。

1. 主题的设计

南京，这座历史悠久的城市，古称金陵、白下、石头城等，一直以来都是人文荟萃、物产丰饶之地。作为长江中下游地区建成和开发较早的城市，南京是中国四大古都之一，更是中华文明重要的发祥地，以及江南地区政治、经济、文化中心。金陵图书馆精心策划的"诗游远方"活动，旨在鼓励人们在行走中深度阅读南京，解读其丰厚的历史文化底蕴。

以家庭为单位，根据不同节气，从地方文献中精选出具有代表性的地方特色景观，该活动在2019年上半年每月推出两期主题活动（详情见表5.4）。通过参与这一活动，家庭成员可以一同领略南京的独特魅力，感受其深厚的历史文化底蕴，让阅读与行走相得益彰，共同探寻南京的美丽与传奇。

表 5.4 "诗游远方"活动主题

时间	节气	活动地点	主题
2019 年 2 月	立春	南京博物院	史前到战国时期
	雨水	六朝博物馆	六朝时期的南京
2019 年 3 月	惊蛰	梅花山	梅花与孙权墓
	春分	玄武湖	武庙闸和玄圃
2019 年 4 月	清明	石头城	鬼脸城与外秦淮河
	谷雨	国防园	石头城的历史
2019 年 5 月	立夏	台城，阅武台	台城的兴衰
	小满	九华山	玄奘法师的故事
2019 年 6 月	芒种	东水关	南京的咽喉
	夏至	老门东	老南京的民俗
2019 年 9 月	白露	吴敬梓故居及桃叶渡	吴敬梓和王献之

2. 活动实施：以"吴敬梓故居及桃叶渡"为例

（1）活动准备

位于南京清溪河与秦淮河交界处的吴敬梓故居，紧邻古桃叶渡。活动

第五章
公共图书馆地方文献资源的开发利用

旨在引领读者深入了解吴敬梓故居和桃叶渡，并通过馆藏书籍如《秦淮河史话》《吴敬梓研究》及《南京诗词》等，整理出相关的阅读学习材料（详情见表5.5）。

表 5.5 活动学习单（示例）

	吴敬梓故居＋桃叶渡学习单
活动现场 仔细观察记录	1. 吴敬梓在南京创作的长篇讽刺小说叫什么名字？ 2. 王羲之父子在东晋时期都是著名人物，关于他们家族人物，有哪些成语？
活动诗词 背诵赏析	**秣陵关** （清）吴敬梓 筿（biān）舆芳径草痕斑，明庶风来渗客颜。 一带江城新雨后，杏花深处秣陵关。 **桃叶渡** （清）吴敬梓 花霏白板桥，昔人送归妾。水照倾城面，柳舒含笑靥。 邀笛久沉埋，麈扇空浩劫。世间重美人，古渡存桃叶。
二十四节气 与物候	2019年9月8日（星期日）——白露 白露之日鸿雁来，又五日玄鸟归，又五日群鸟养羞。 **白露诗词一则——《金陵城西楼月下吟》** （唐）李白 金陵夜寂凉风发，独上高楼望吴越。 白云映水摇空城，白露垂珠滴秋月。 月下沉吟久不归，古来相接眼中稀。 解道澄江净如练，令人长忆谢玄晖。

（2）情境阅读实施

活动安排在白露时节进行，老师引领学生们参观了吴敬梓纪念馆。馆内珍藏了吴氏家族的珍贵文物、名人的著述和字画。在参观过程中，老师为学生们讲述了吴敬梓的生平事迹，即他如何从继承家产到散尽千金，最终在困苦生活中创作出名著《儒林外史》。此次活动结合了传统二十四节气的特点，通过引用文献中的文字、诗词、古文段落和背景故事等，向读者展示了纪念馆的特色和亮点。老师详细解读了吴敬梓名字中"吴"字的起源和演变过程,并带领学生们一同赏析了他的诗词作品《秣陵关》和《桃叶渡》。在桃叶渡口,老师指着南京的母亲河——秦淮河,向学生们讲述了这里曾经的繁华景象、留下的优美诗句和民间传说。这种身临其境的学习方式,使学生们摆脱了传统的阅读模式,通过实地考察和互动学习,更加深入地了解文化知识。活动采用了任务式、体验式和启发式等多种教学方法,通过小组合作和互动解说的形式,激发学生们的主动性和创造力。最后,鼓励学生们阅读相关的地方文献,以加深对文化的理解和内化。同时,也鼓励家长们陪同学生参加阅读活动,以拓宽家长的教育视野,共同陪伴学生学习文化知识,促进他们的成长。

(3) 地方文献阅读推荐

根据本期主题,推荐读者们进一步阅读馆藏地方文献经典书目:薛冰的《家住六朝烟水间》。本书是作者关于南京文化的随笔作品集,收入《一代宏图开建业》《雄才伟略建明都》《金陵景物图咏》《秦淮溯源》《桨声灯影》等35篇。刘兆林所著的吴敬梓个人传记《儒林怪杰:吴敬梓传》和高安宁的《千秋风雅:秦淮河》,以享誉海内外的秦淮河为主线,撷取"十里秦淮"及其两岸最具代表性的21个自然人文地标连缀成书,表现了秦淮河的千秋神采和文人气度,讲述了秦淮河的成语典故和民间传说。推荐读者访问浏览馆藏数字资源《南京诗文集》,古典诗文中南京的出镜率很高,且大多脍炙人口、妇孺皆知,带领读者领略古今诗文中的南京城所散发的魅力。活动之后图书馆相关负责人员组建微信群,收集读者阅读反馈信息。读者自发借阅地方文献代表书籍,使得图书馆地方文献借阅率和数字资源利用率显著提高。正如一位参加了整个系列活动的读者所说:"这个活动让我受益匪浅,通过讲解我了解了这座城市,也让我真正读懂了一本书,并爱上了读书。"

二、"景点+图书馆"在公园或景区内打造阅读新亮点

近年来,越来越多的公园和景区开始在内部设置图书馆,将阅读与旅游相结合,为游客提供更加丰富的旅游体验。这种"景点+图书馆"的模式不仅让游客在游玩的过程中可以沉浸在书香中,同时也为公园和景区增

添了文化气息,提升了整体品质。

在公园中设置图书馆,可以让游客在欣赏美景的同时,也能够享受阅读的乐趣。例如,在一片绿意盎然的草坪上设置一个阅读区,游客可以在这里安静地阅读书籍,并且感受大自然的美丽与宁静。此外,在湖泊、花坛等景点周围设置阅读空间,可以让游客在欣赏美景的同时,也能够品味书中的智慧。

除了提供阅读空间,公园和景区还可以举办各种文化活动,如读书会、讲座、展览等,以吸引更多的游客参与其中。这些活动不仅能够丰富游客的文化生活,还能够提升公园和景区的知名度和美誉度。

在"景点+图书馆"的模式下,公园和景区可以与当地政府、学校、企业等机构合作,共同推广阅读文化。例如,可以与当地政府合作,将图书馆建设成为城市的文化地标;可以与学校合作,开展学生阅读活动;可以与企业合作,为员工提供休闲阅读空间。

在2019年,武汉市为了促进文化和旅游的深度融合,特别策划了一场别开生面的"阅读马拉松"接力活动。这次活动由16家公共图书馆联合举办,地点选在了市内的各大旅游景点内。通过这次活动,图书馆将"一馆一品"阅读推广活动与旅游景点紧密结合,为游客提供了一个全新的文化旅游体验。

为了方便游客参与活动,武汉市还特别开发了一款线上小程序。这款小程序以手绘地图的形式,详细展示了全市16家市、区公共图书馆的馆貌,同时还精选了一些旅游景点。游客可以通过这款小程序,轻松获取各个图书馆和景点的详细信息,以及各种文旅活动的链接。

此外,小程序还集纳了"文旅地图""全市市区公共图书馆活动链接""一馆一品展示+图书推荐的分享海报"等功能,让游客在享受美景的同时,也能深入了解武汉市的文化底蕴。

这次"阅读马拉松"接力活动,不仅将阅读与旅游完美结合,为游客提供了一种全新的文化旅游体验,也进一步推动了武汉市公共文化服务与旅游产业的深度融合。

三、读行结合——文化走读活动

近年来,文化走读活动日益受到社会各界的关注和欢迎。这种将阅读与行走相结合的活动形式,不仅能让参与者亲身体验文化氛围,还能在行走中感受城市的韵味和历史底蕴。

在文化走读活动中,参与者可以走进博物馆、古迹、图书馆等文化场所,通过阅读相关资料、听取专业讲解、实地参观等方式,深入了解当地的历史、文化和风土人情。同时,他们还可以在行走中感受城市的建筑风格、街区风貌和人文气息,从而更加全面地认识一个地方的文化内涵。

读行结合的文化走读活动,不仅可以丰富参与者的文化知识,提高他们的审美水平,还能促进城市文化的传承和发展。通过这样的活动,更多的人可以了解和关注当地的文化遗产,增强文化自信和归属感。同时,文化走读活动还能带动相关文化产业的发展,促进当地经济的繁荣。比如,可以组织参与者进行文化交流和互动,邀请当地文化名人进行分享,或者开展主题性更强的走读活动,如"古建筑走读""民俗文化走读"等。此外,我们还可以借助现代科技手段,如虚拟现实、增强现实等技术,为参与者提供更加沉浸式的文化体验。

2020年4月23日,广西壮族自治区图书馆启动了一项令人瞩目的文化体验自驾活动——走读广西。这一活动的宗旨在于将阅读爱好者与旅游爱好者紧密结合,引领他们走进广西的自然美景之中。通过自驾游的方式,参与者可以在欣赏壮丽风景的同时,深入了解广西丰富的历史文化。

在这场独特的旅程中,历史教授成为引领者,他们为参与者详细解读历史渊源,让那些沉淀在岁月中的故事重新焕发生机。摄影专家则分享他们的专业技巧,使每一位参与者都能捕捉到旅途中的美好瞬间,将这份美好化为永恒。

与此同时,宁波市图书馆也倾情打造了"读行天下"文化沙龙品牌。这一品牌将讲堂文化和旅游文化完美融合,使参与者在"读"中"行",在"行"中"读"。这种新颖的模式不仅让参与者学到了知识,更让他们在实践中亲身体验了文化的独特魅力。

国家图书馆则以"万物皆书卷,天地阅览室"为理念,引领研学旅游的新潮流。自 2011 年开始,他们就推出了"阅读之旅"等一系列研学旅游服务项目,这些项目不仅集阅读、旅行、理论学习和社会实践于一体,更注重深度阅读。通过这些项目,参与者在旅途中不仅增长了知识,还深入了解了各地的历史文化,从而提高了自身的综合素质。

四、"主题图书馆"

近年来,公共图书馆逐渐摆脱了传统单一的借阅模式,积极拓展了旅游休闲功能。这种新型的图书馆不仅提供书籍借阅服务,还融合了多种文化元素和休闲体验,让游客在欣赏图书馆的美景的同时,感受到浓厚的文化氛围。

为了更好地吸引游客,公共图书馆开始打造各种主题图书馆,如民宿图书馆、网红图书馆等。这些主题图书馆将阅读与旅游、文化与休闲相结合,为游客提供了一种全新的阅读体验。

以浙江省桐庐县的乡村生活书吧为例,这座书吧坐落在高端民宿内,借阅设施齐全,布置清新、舒适。游客可以在这里享受到阅读的乐趣,同时还可以感受乡村的宁静与美好。在木质靠椅上坐下来,品一杯清茶,手捧一本书卷,仿佛置身于一个远离尘嚣的世外桃源,让人感到悠闲惬意。

公共图书馆通过开发旅游休闲功能和打造主题图书馆,不仅丰富了游客的阅读体验,还为旅游业注入了新的活力。这种跨界合作的方式让公共图书馆焕发出新的生机与活力,成为城市文化旅游的一道亮丽风景线。

第三节
公共图书馆开发利用地方文献的意义

开发和利用地方文献是图书馆的一项重要使命。图书馆作为知识的宝库和信息的集散地,有责任和义务为读者、研究者提供相关地方的知识和信息。这不仅有助于满足人们对知识的渴求,还能为地方经济、政治、文化和社会建设的发展提供有力支持。

在当今这个信息爆炸的时代,地方文献作为记录地方历史、文化、经济和社会发展的重要载体,其价值愈发凸显。图书馆应该积极开展地方文献的收集、整理、保存和利用工作,为读者和研究人员提供全面、准确、可靠的信息。

一、为科学研究开发地区经济提供可靠依据

地方文献是某一地区历史的见证,包含着丰富的研究成果和前人的智慧。这些文献资料对于现如今的科学研究和经济决策具有重要的参考价值,为决策者提供了可靠的依据。

地方文献是研究本地历史、文化、经济等方面的重要资料来源。通过对这些文献的研究,可以深入了解当地的历史文化背景和社会经济发展情况,为当前的发展提供科学的依据和指导。

地方文献也为当地党政领导机关提供了重要的参考依据。在制定经济社会发展规划和政策时,党政领导机关需要充分了解本地的实际情况和特点。通过利用地方文献所包含的信息和资料,党政领导机关可以更加全面地了解本地的情况,制定更加符合实际情况的发展规划和政策措施。

地方文献在研究、开发本地自然资源,地理资源,人才资源等方面也具有重要的作用。通过深入研究这些文献,可以更加深入地了解本地的资

源优势和劣势，为研究、开发和利用工作提供科学的指导和支持。

二、为编史修志和研究区域相关历史的学者提供翔实资料

地方文献作为地域文化的珍贵载体，是地域历史与文化的重要记录。它不仅涵盖了地域的自然地理、人文历史、社会经济等多个方面，而且也是对地方发展历程的全面反映。因此，地方文献被誉为地方的百科全书，是后人了解和认识地域文化的宝贵资料。

在二十世纪八十年代初，随着全国编史修志工作的蓬勃发展，各图书馆的地方文献资源也得到了广泛利用。学者们纷纷借助地方文献，深入研究地域的历史、文化和社会变迁。这些研究不仅丰富了学术领域的知识体系，也为地方经济和社会发展提供了重要的参考依据。

与此同时，越来越多的高校和研究所开始重视地方文献的价值，将其作为研究地方历史、文化、社会等方面的基本资料。通过深入研究地方文献，学者们能够更加全面地了解地域文化的内涵和特点，进一步揭示地域发展的规律和趋势。

地方文献的收集、整理和保护工作也得到了广泛的关注和重视。各地方政府和相关部门纷纷加大投入力度，加强地方文献的数字化建设，提高其利用价值和传播效果。这不仅有利于推动地域文化的传承和发展，也有助于增强人们对地域文化的认同感和归属感。

三、进行爱国主义、传统教育的生动教材

地方文献是一个地区历史的珍贵记录，它详细地记载了该地区的富饶资源、灿烂文化、杰出人物和重要历史事件。这些资料不仅具有极高的历史价值，而且对于推动地区文化传承和发展也具有重要意义。

地方文献中记载的富饶资源是该地区经济发展的重要基础。这些资源不仅包括自然资源，如矿产、土地和水资源外，还包括人文资源，如人才、技术和文化资源。这些资源的开发和利用，为该地区的经济发展提供了强有力的支撑。

地方文献中记载的灿烂文化是该地区文化传承的重要基石。这些文化包括传统的手工艺、民间艺术、民俗文化和地方特色文化等。这些文化的传承和发展，不仅可以增强该地区的文化自信心和凝聚力，还可以促进地区文化产业的繁荣和发展。

地方文献中记载的杰出人物是该地区历史的重要组成部分。这些人物是政治、文学、艺术、科学等领域的杰出人才。他们的成就和贡献不仅为该地区的历史增添了光辉，而且对于后人的成长和发展也具有重要的启示和借鉴意义。

地方文献中记载的重要历史事件是该地区历史发展的重要见证。这些事件包括政治、经济、文化和科技等方面的重要事件。通过对这些历史事件的研究和分析，可以更好地了解该地区的历史发展轨迹和规律，为未来的发展提供有益的借鉴和参考。

由于地方文献具有如此丰富的内涵和价值，它是对青少年乃至广大民众进行爱祖国、爱家乡、继承革命传统教育的生动教材。他们通过学习这些文献资料，可以更好地了解自己的家乡和祖国，增强对家乡和祖国的热爱和自豪感。同时，也可以从中汲取智慧和力量，继承和发扬革命传统，为家乡和祖国的繁荣发展贡献自己的力量。

四、开发利用地方文献有利于和谐社会的发展

地方文献是各地区文化的珍贵遗产，它们凝聚着地域历史与文化的精髓，是该地区发展脉络的见证。这些文献资料不仅包含了丰富的历史信息，还反映了该地区在不同历史时期的社会文明和科学发展状况。它们为人们提供了翔实可靠的资料，帮助人们深入研究和探索特定地域内的历史和未来。

地方文献的重要性不言而喻。首先，它们是历史的见证。通过地方文献，可以了解一个地区的历史变迁、文化传承和社会发展，从而更好地认识和理解该地区。其次，地方文献也是科学研究的宝贵资料。对于历史学、社会学、地理学等多个学科的研究者来说，地方文献是不可或缺的原始资料，可以帮助他们揭示隐藏在历史背后的真相和规律。

地方文献还具有极高的文化价值。它们是地域文化的载体，代表着不同地区的特色和魅力。通过地方文献，可以了解一个地区的民俗风情、传统艺术、建筑风格等方面的信息，从而更好地欣赏和传承该地区的文化遗产。

应该重视地方文献的收集、整理和保护工作。只有通过全面系统地整理这些珍贵的地方文献，才能够让更多的人了解和认识一个地区的历史和文化，从而更好地传承和发展该地区的文化遗产。同时，还应该加强地方文献的研究和利用工作，让这些宝贵的资料发挥出更大的价值，为推动地域文化的发展和繁荣做出更大的贡献。

1. 开发利用地方文献有利于人与自然的和谐

在人类遭受由生态环境破坏带来多重灾难的今天，各地区在制定地方经济发展规划时都应重视开发地方文献并从中汲取其现代利用价值，因时、因地制宜使地区经济在发展的过程中得以实现人与自然的和谐。各地区所处的地理位置和地理环境导致存在不同的自然资源和风俗民情，经济发展的结构、程度和发展方向更不一样。

地方文献记录了当地的历史、文化和环境信息，可以帮助人们更好地了解和保护自己的家园。通过深入研究地方文献，人们可以更加系统地了解当地的环境和生态系统，从而更好地保护和利用自然资源。此外，地方文献还可以提供有关当地文化和传统的信息，促进人们对地区认同感和归属感的培养，从而更加珍惜和爱护自然环境。

首先，开发利用地方文献可以帮助人们更好地了解当地的环境和生态系统。地方文献中包含了大量的地理、气象、生物等方面的信息，这些信息可以帮助人们了解当地的环境特点和生态系统结构。通过深入研究这些文献，人们可以更加准确地掌握自然规律，从而更好地保护和利用自然资源。

其次，地方文献可以为当地的文化和传统提供重要的资料。地方文献中包含了大量的历史、民俗、艺术等方面的信息，这些信息可以帮助人们了解当地的文化和传统。通过深入挖掘这些文献，人们可以更加深入地了解该地区的文化和历史，从而更加珍惜和爱护自己的家园。

最后，开发利用地方文献还有利于人与自然的和谐共生。通过深入研究地方文献，人们可以更加深入地了解自然环境和生态系统的特点，从而更加尊重自然、顺应自然、保护自然。同时，地方文献也可以帮助人们更好地传承和弘扬当地的文化和传统，促进人们对地方认同感和归属感的培养，从而更加珍惜和爱护自然环境。

综上所述，通过深入研究地方文献，人们可以更加深入地了解自然环境和生态系统，更好地保护和利用自然资源；同时也可以更加深入地了解当地的文化和传统，促进人们对地方认同感和归属感的培养。因此，应该充分重视地方文献的收集、整理和利用工作，让这些宝贵的资源发挥出更大的价值。

2. 开发利用地方文献，有利于边远地区与发达地区之间的和谐

统筹区域发展，逐步扭转区域发展的差距，形成边远落后地区与东部发达地区的相互促进、优势互补、共同促进的新格局，这是全国各族人民共同的任务。然而，要实现这一目标，边远落后的地区需要寻求自身的发展，并努力追赶那些经济发达的地区。因此这需要地方官员和学者进行有益的探索和实践。

可持续发展应是在正视文化差异和获得文化生态平衡的基础上逐步实现的。这些地方文献提供的不是现成的经济发展模式，而是紧密结合地方实际拓展新思路、探索新途径、开创新局面的重要资源。通过开发利用这些地方文献，可从中获取知识，促进由知识转化为产业经济的模式，从而促进地方发展，对逐步实现边远地区与发达地区的和谐发展有着非常重要的意义和价值。

首先，边远落后地区需要充分发挥自身的资源优势和特色优势。这些地区通常拥有丰富的自然资源和独特的文化资源，可以结合当地实际情况进行合理规划和利用。例如，利用当地的自然环境发展旅游业，以推动生态农业、绿色产业等特色产业的发展。这不仅可以增加当地的就业机会和经济收入，还可以促进与外界的交流和合作，提高地区的知名度和形象。

其次，边远落后地区需要加强基础设施建设，提高交通、通信等基础设施的通达性和便利性。只有基础设施建设得到保障，才能更好地吸引外

部投资、技术和人才，促进地区经济的发展。同时，加强基础设施建设也可以提高当地居民的生活质量和社会福祉，增强他们对家乡的归属感和自豪感。

再次，边远落后地区还需要加强人才培养和引进。人才是推动经济发展的关键因素之一，通过加强教育、培训和引进高素质人才，可以提高当地的创新能力和竞争力。政府和企业应该制定优惠政策，吸引更多的人才到边远地区工作和生活，为当地的发展注入新的活力和动力。

最后，边远落后地区需要加强与外界的交流与合作。通过与发达地区的交流与合作，边远落后地区可以学习借鉴先进的发展经验和技术，推动自身的产业升级和创新发展。同时，加强与外界的交流与合作也可以提高当地的开放程度和国际化水平，吸引更多的投资和合作伙伴。

3. 开发利用地方文献，有利于民族大家庭的和谐。

实现民族平等、民族团结，促进各民族共同繁荣，是巩固和发展和谐的社会主义民族关系的基础。民族地方文献作为各个民族发展历程的记录，承载着丰富的民族文化传统，其独特的文献价值不容忽视。这些文献保存了大量珍贵的民族社会意识文化、语言风格、宗教信仰等方面的资料，它们反映着不同民族独特的社会文化、民族心态、民族历史和民族语言等方面的特点。

在当今社会，人们通过挖掘、收集、整理、分析、研究、开发、利用这些地方文献，将静态的民族地方文献资源转化为地方文化产业发展的优势和资本。这不仅有助于保护和传扬地方和民族的文化风俗，还能保护非物质文化遗产，进而创造新的民族文化。这样的努力让世界各地的人们相互学习、相互尊重、相互交流，实现平等协作。这对于了解中国乃至世界文明发展史，推进民族历史文化与现代文明的有机融合，促进各民族的共同团结奋斗、共同繁荣发展具有深远的意义。

为了实现这一目标，需要采取一系列措施。首先，加强民族地方文献的收集和整理工作，确保这些珍贵资料得到妥善保存和传承。其次，开展深入研究，挖掘民族地方文献中的深层价值，为文化产业的发展提供有力支持。此外，还应注重培养专业人才，加强民族地区与外界的文化交流，从而促进各民族的共同发展。

在实施这些措施的过程中,政府应发挥主导作用。通过制定相关政策和法规,为民族地方文献的保护和传承提供法律保障。同时,鼓励社会各界积极参与,形成合力,共同推动文化产业的发展。此外,还应加强国际合作,借鉴国际先进经验,提高我国民族地方文献保护和传承的水平。

4. 开发利用地方文献,有利于文化繁荣与经济社会发展

在当今世界,和谐建设先进文化已经成为一个民族的血脉和灵魂,它不仅是推动经济社会发展的强大动力,更是综合国力的重要组成部分,同时也是衡量社会文明程度和发展水平的重要标志。没有地方的发展,就没有全社会的发展。地方是社会的细胞,只有每个地方、每个民族的文化经济发展了,才能有效促进全社会的发展。

地方文献作为地方风土民情的反映和记载,其丰富的知识内涵对地方文化经济的发展具有重要的借鉴意义。科技是第一生产力,知识就是技术的积累,只有将知识转化为产业才能促进地方的发展。因此,应该重视地方文献的收集、整理和保护工作,让这些宝贵的文化遗产得以传承和发扬光大。

在和谐建设先进文化的进程中,应该深入挖掘地方文化的特色和优势,加强文化创意产业的发展,提高文化产品的质量和附加值。同时,还需要注重文化与科技的融合,推动文化产业的数字化转型和升级,以适应时代发展的需要。

此外,还需要加强对外文化交流与合作,推动中华文化走向世界。通过与其他国家和地区的文化交流,不仅可以增进友谊和彼此相互了解,还可以促进文化创新和产业升级,实现共同发展和繁荣。

第四节
开发利用地方文献的策略

开发和利用地方文献是一项长期而艰巨的任务，需要各方共同努力。通过全面普查和收集、整理和编纂、宣传和推广，以及建立健全的工作机制等策略，推动地方文献的传承和发展。

一、要抓好队伍建设

队伍建设是地方文献工作的核心，其重要性不容忽视。地方文献工作涉及诸多领域，其中包括历史、文化、民俗等，因此需要一支具备专业素养、技术能力和良好人际交往能力的团队来支撑。此外，建立一支稳定、专职、高效的地方文献工作队伍，是适应当前工作需求的必然选择。

为了实现这一目标，图书馆应积极抽调一批具备通晓文史、掌握现代化技术和具有公关能力的复合型业务骨干，并将其充实到地方文献工作人员队伍中。这些业务骨干不仅具备扎实的专业知识，还能够灵活运用现代技术，为地方文献工作注入新的活力。同时，他们还具备良好的公关能力，能够与各方人士进行有效沟通，促进合作与交流。

地方文献工作人员的培养也应成为图书馆人才培养的重点之一。随着时代的发展，地方文献工作面临着越来越多的挑战和机遇。为了应对这些挑战，加快人才培养进程是必不可少的。图书馆应具备责任感和紧迫感，积极创造各种机遇，为人才培养提供有力支持。

当前，不少市级公共图书馆在地方文献工作人员培养方面还存在一些问题。有的图书馆用人不精，缺乏专业背景和工作经验的人员被安排从事地方文献工作；有的图书馆甚至没有专职人员，地方文献工作被视为次要任务。若想让这些状况尽快改变，图书馆应加强对地方文献工作人员的培训和指导，提高其专业素养和工作能力。

二、要抓好宣传报道

图书馆作为知识的宝库，承担着守护和传承地方文化的重要职责。地方文献作为图书馆藏书的重要组成部分之一，其珍贵程度不言而喻。这些文献详细记录了某一地区的独特历史、文化和民俗，是研究地方历史、文化传承和发展不可或缺的宝贵资料。

然而，由于种种历史原因，部分图书馆在地方文献的整理和宣传方面仍有待加强。一些极具价值的地方文献可能因此被忽视或埋没，无法充分发挥其应有的价值。例如，一些珍贵的手稿、笔记和日记等，其中蕴含了大量珍贵的地方史料，但由于缺乏系统的整理和宣传，这些文献的价值被埋没，无法为社会广泛认知和利用。

为充分挖掘和利用地方文献的价值，图书馆应采取切实有效的措施。首先，图书馆应加大对地方文献的整理力度，进行系统的编目和数字化处理，建立完善的地方文献数据库，以便学者和研究人员检索和利用这些资源。其次，图书馆应加大宣传力度，通过各种渠道向社会公众宣传地方文献的价值和意义，提高人们对地方文献的认知度和重视程度。最后，图书馆还应积极与地方政府合作，争取更多的支持和资源，共同推动地方文献的保护和利用工作。

三、对收集到的地方文献进行整理收藏

地方文献是记录某一地区历史、文化、经济等方面的重要资料，对于当地的文化传承、历史研究、经济发展等方面都具有重要的价值。因此，对地方文献的管理和利用显得尤为重要。

对广泛征集到馆的地方文献进行科学分类是至关重要的。通过正确的分类，可以将不同学科的文献归入相应的类别，便于之后管理和利用。在进行分类时，应根据文献的内容、形式、载体等因素进行综合考虑，确保分类的科学性和准确性。同时，分类时应遵循国家标准局颁发的规则，确

保文献分类的一致性和规范性。

对地方文献进行著录和编排也是重要的环节。著录是指对文献的各种特征进行描述和记录的过程；而编排则是将这些特征进行有序化的组织。通过对地方文献的著录和编排，可以准确地揭示其内容，便于读者了解和利用。在著录和编排时，应遵循国家标准局的规则，尽可能完整、准确地揭示文献的内容和特征。

在管理地方文献时，应根据具体情况选择合适的管理方法。如果地方文献数量不多，可以采用分散管理的方法，即增设地方文献目录，使之有序化、系统化，从而便于使用者检索利用。如果地方文献数量多、内容广，则应采用集中统一管理的方法，即设立地方文献专藏或地方文献部，将反映地方内容的文献资料相对集中，从而便于使用者管理和利用。

为了更好地管理和利用地方文献，还需要加强数字化建设。通过数字化技术，可以将传统的纸质地方文献转化为数字格式，便于存储、管理和检索。同时，数字化建设还可以提高地方文献的利用率，扩大其影响范围，为更多的人提供学习和研究的便利。

四、有针对性地开展文献信息服务

地方文献资料作为历史的见证者，随着时间的推移，其史料价值会随着时间的久远而逐渐增加。这些资料不仅记录了中华民族的灿烂文化，而且反映了一个地区的历史发展和现状。对于未来的地区建设和发展，地方文献资料具有不可估量的重要性。它们不仅可以提供历史的借鉴，还可以为科研和经济开发提供宝贵的参考资料。

为了充分发挥地方文献资料的价值，需要面向社会，根据经济开发的进展及科研课题的需要选择编纂专题。通过精心阅读有关文献获取资料，将散见于文献中的有关地方内容的主题或事件资料进行摘录、整理，汇编成册，为专题研究者提供原始依据。这样，可以将文献信息有目的地及时输送到读者手中，以满足他们的需求。

为了确保地方文献资料的完整性和准确性，图书馆需要采取一系列的措施。首先，应该建立完善的地方文献资料收集机制，确保资料来源的可靠性。其次，应该对收集到的资料进行分类和整理，以便更好地管理和利用。最后，应该加强对地方文献资料的保护和保存工作，防止资料损坏或流失。

地方文献资料具有重要的史料价值和信息价值。应该充分认识到它们的重要性，采取有效的措施来保护和利用这些宝贵的资源。只有这样，才能更好地发挥地方文献资料的作用，为未来的地区建设和发展提供有力的支持。

五、要抓好研究开发

加强地方文献利用的理论研究是促进地方文献事业发展的重要前提。在深入挖掘地方文献资源的过程中，应不断探索新的利用途径，以期充分发挥文献的价值。对于反馈的地方文献利用情况，应及时进行科学分析，总结经验教训，探寻其中的规律性，为后续研究提供有益的借鉴。

为了推动理论与实践的紧密结合，定期举办地方文献研究会是十分必要的。通过这一平台，可以汇聚各方专家学者共同探讨地方文献研究的热点问题，交流研究成果和开发利用经验，将有助于开拓地方文献研究的新领域。同时，这也是一个提升图书馆学术性、增强全社会对图书馆重视程度的有效途径。

在研究地方文献时，应充分考虑不同地区的独特性和个性，进行有针对性的研究。重点挖掘地方文献中最具代表性的内容，有目的地进行深入研究，将有助于提高研究人员的研究效率，取得丰硕的成果。

通过地方文献研究，图书馆工作人员的综合素质也能得到提升，随之也会增强图书馆的专业性。这将进一步提升图书馆在文化传承中的地位和作用，为社会进步贡献更多力量。

六、走联合开发之路

地方文献是一种非常重要的文化资源，其内容丰富多样，涵盖了地方历史、文化、经济、社会等多个方面。由于其具有重复使用的价值，因此对于地方文献的收集、整理和保存工作十分重要。

为了更好地利用地方文献，需要对各个馆藏地方文献的机构进行调查了解，这包括档案馆、博物馆、文物所、图书馆和资料室等。通过了解这些机构的馆藏情况，可以更好地了解地方文献的分布和保存状况，从而更好地进行文献的利用和保护。

在馆际互操作的基础上，各馆应以平等互利为基础，进行地方文献的交换、转让、补缺和复印等工作。这样做可以使得各个机构之间的文献资源得到更好的共享和利用，避免重复收藏和浪费资源。同时，通过互操作，各馆之间也可以相互学习和交流，提高自身的业务水平和能力。

为了实现大范围内的地方文献资源共享，各馆需要加强合作和协调。这包括建立统一的元数据标准、数据交换格式和检索平台等，从而使得各个机构之间的文献数据能够相互兼容和共享。此外，各馆还需要加强数字化建设，将传统的纸质地方文献数字化，以便更好地进行保存和利用。

七、建立地方文献数据库

地方文献作为地域文化和历史的重要载体，对于了解和传承当地的历史文化具有重要意义。然而，在信息化社会中，如何有效地管理和利用这些宝贵的文献资源成了一个重要的问题。因此，对地方文献进行深层次加工，将文献信息数字化，成为地方文献在网络环境中进行深度开发的首要前提。

数字化技术为地方文献的管理和利用提供了极大的便利。通过数字化技术，可以将纸质文献转化为数字格式，方便存储、检索和传播。数据检索手段的多样化也是必要的，除了传统的分类和主题检索途径外，还可以通过输入局部关键字或词进行模糊检索，大幅缩短了检索时间。此外，数据库的建设和信息产品的开发也使信息得到了有效的增值，利用网络媒体的优势，信息的存储、检索和传播速度得到了极大的提升，扩大了信息产品的服务面，提高了其利用率。

在这个过程中,规范和标准问题也显得尤为重要。数据格式、通信格式及各种协议都必须遵循国际、国内标准,这样才能实现图书馆之间的网络连接和资源共享。只有通过规范和标准的制定和实施,才能更好地整合和利用各地的文献资源,为学术研究和社会发展提供更好的服务。

第六章 公共图书馆地方文献资源的评价体系

公共图书馆作为文化传承的重要场所，对地方文献资源的收集、整理与保存具有重要意义。为了更好地评估地方文献资源的价值，有必要建立一套完善的评价体系。本章将从以下几个方面探讨公共图书馆地方文献资源的评价体系。

资源内容是评价地方文献资源的基础。在评价时，应关注文献的全面性、准确性、独特性等方面。全面性是指文献是否涵盖了某一地区的历史、文化、经济等各个方面的内容；准确性是指文献提供的信息是否真实可靠；独特性则是指文献是否具有与众不同的特色和价值。

资源质量是评价地方文献资源的重要标准。高质量的文献应该具备以下几个特点：纸张优良、印刷清晰、装帧精美等。此外，文献的编纂质量和内容质量也应得到重视。编纂质量包括文献的分类、目录、索引等方面；内容质量则涉及文献的学术水平、史料价值等。

资源使用情况是评价地方文献资源的重要依据。图书馆应关注文献的借阅量、访问量、下载量等数据，以了解读者对文献的需求和偏好。同时，图书馆还应关注读者对文献的评价和反馈，以便日后不断改进和提高服务质量。

资源管理状况是评价地方文献资源的重要环节。图书馆应建立健全的文献管理制度，包括文献的采购、编目、保存、修复等方面。此外，图书馆还应加强数字化建设，以便更好地保存和利用地方文献资源。

本章旨在探讨公共图书馆地方文献资源的评价体系，以期为相关实践提供参考。

第一节
公共图书馆地方文献资源评价体系构建原则和依据

地方文献服务模式评价的主体和核心是服务效果与服务质量。在地方文献服务模式评价中，对服务效果的评价是至关重要的。服务效果的评价不仅是评价的核心，更是评价的主体。这意味着，需要关注的是地方文献服务质量的高低，以及这种服务对用户和社会的贡献。为了提高评价的准确性和有效性，需要采用多种评价方法，全面地了解用户和社会的需求和反馈，同时需要遵循以下几个原则：

1. 科学性：评价体系应基于科学理论和方法之上，确保评价结果的客观性和准确性。

2. 系统性：评价体系应全面考虑地方文献资源的各个方面，确保评价的全面性和完整性。

3. 实用性：评价体系应具有可操作性，便于实际应用和推广。

4. 发展性：评价体系应关注地方文献资源的发展趋势，以适应不断变化的需求。

2020年9月1日，中华人民共和国文化和旅游部发布了《公共图书馆评估指标》，其中第2部分：省、市、县级公共图书馆评估指标中，从地方文献工作组织、地方文献入藏、地方文献数据库建设三个方面来评价图书馆地方文献工作（如表6.1所示）。

表 6.1　省、市、县级公共图书馆评估指标中涉及地方文献工作的条目

A.3.2.3 地方文献	A.3.2.3.1 地方文献工作组织	定义	公共图书馆对本地区地方文献工作的组织和管理情况
		方法	1. 重点考查公共图书馆是否有专门组织机构和人员，是否有专门工作计划并实施，是否有图书馆自行采集的地方图片、地方音视频文献和地方档案，是否有地方文献专藏并管理，是否有地方文献编目加工整理，是否开展地方文献对外服务，是否有地方文献研究； 2. 有地方文献编目加工整理包括有多种地方文献目录、地方文献资料汇编； 3. 有地方文献研究指图书馆开展了针对整个区域地方文献或具体的某种地方文献的专门研究，且有研究成果
	A.3.2.3.2 地方文献入藏	定义	公共图书馆对本地区各类地方文献的收藏情况
		方法	1. 主要考查各类地方文献入藏的数量与质量，包括品种、载体和文献价值； 2. 各类地方文献包括：方志、谱牒类，地方出版物类（本地出版的书、刊、报，不含中、小学教科书和辅导资料），本地生成的内部资料等； 3. 本地生成的内部资料包括本地编辑印刷的材料、各种交换资料、各机构资料、会议资料、图片照片、手稿、音频视频文件、档案文件等； 4. 提供本馆地方文献目录
A.3.5.3 地方文献数据库建设		定义	公共图书馆对地方文献进行数字化加工、存储、组织、揭示和管理工作
		方法	1. 重点考察地方文献数据库的建设内容和建设规模，还可考察数据库的更新频率。 2. 包括书目数据库、全文数据库、多媒体数据库等

公共图书馆地方资源评价主要从以下几个方面入手：

1. 资源内容：包括地方文献的种类、数量、质量、覆盖面等，反映地方文献资源的丰富程度和特色。

地方文献的种类是反映地方特色的重要指标之一。包括地方志、地方年鉴、地方报纸、地方期刊等多种类型，这些文献从不同角度记录和反映

了当地的历史、文化、经济和社会发展状况。

地方文献的数量是衡量一个地区文化积淀和历史传承的重要标准之一。文献数量越多，说明当地的文化遗产和历史积淀越丰富。

地方文献的质量反映了当地的文化水平和历史研究的深度。高质量的地方文献不仅具有较高的学术价值，还能为当地的文化传承和发展提供有力支持。

地方文献的覆盖面反映了当地社会发展的广度和深度。一个地区的地方文献覆盖面越广，说明当地的社会发展越全面，文化传承越丰富。

综上所述，地方文献资源的丰富程度和特色对于一个地区的文化传承和发展具有重要意义。因此，加强地方文献资源的建设和管理，提高地方文献的种类、数量、质量和覆盖面，是当前图书馆和档案馆工作的重要任务之一。

2. 收藏质量：涉及文献的整理、编目、保护和数字化等，体现了图书馆对地方文献的管理水平。

图书馆需要对地方文献进行系统性的整理和编目。这包括对各种形式的文献进行分类、标引和著录，以便于读者查找和使用。在这个过程中，图书馆需要遵循国际通用的标准和规范，确保信息的准确性和一致性。

图书馆需要重视地方文献的保护工作。由于这些文献往往具有很高的历史和文化价值，因此需要采取有效的措施来保护它们的完整性及能够被世人长久保存。这包括控制库房的温度和湿度、定期进行防虫和除尘，以及定期检查和修复损坏的文献。

随着数字化技术的不断发展，图书馆还需要对地方文献进行数字化处理。这不仅可以方便读者在线查阅，还可以减少原件的使用和磨损。在数字化过程中，图书馆需要选择高分辨率的扫描设备和高品质的数字处理软件，以确保数字图像的清晰度和可读性。

图书馆需要制定完善的管理制度，以确保地方文献的收藏质量。这包括制定文献的收集、保管、修复和数字化等方面的规定和操作流程，以及建立相应的质量控制和监督机制。同时，图书馆还需要加强与相关机构和专家的合作与交流，共同推动地方文献的保护和传承工作。

3. 服务水平：涉及读者服务、参考咨询、阅读推广等方面，反映了图书馆对地方文献资源的利用效果。

要提高读者服务质量。图书馆应该为读者提供舒适的阅读环境，设置足够数量的座位，保证充足的照明和通风，以及提供便捷的借阅服务。此外，图书馆还应该提供各种形式的读者服务，如参考咨询、阅读推广等，以满足不同读者的需求。

要重视参考咨询服务。参考咨询服务可以帮助读者更好地利用图书馆资源，提高文献资源的利用率。图书馆应该建立完善的参考咨询服务体系，提供在线咨询、电话咨询等多种形式的咨询服务，并加强对咨询人员的培训和管理，从而提高咨询服务的水平和质量。

要强化阅读推广工作。阅读推广工作可以帮助读者更好地了解和利用图书馆的资源，提高读者的阅读兴趣和阅读能力。图书馆可以通过举办读书活动、开展阅读讲座、推出推荐书目等方式，吸引更多的读者参与阅读推广活动，以提高图书馆的影响力和美誉度。

因此，服务水平是评价图书馆工作至关重要的一环。为了提高服务水平，图书馆应该注重读者服务、参考咨询、阅读推广等方面的工作，建立完善的体系和流程，并加强对工作人员的管理和培训，以提高服务质量和服务效率。

4. 影响力：通过文献的借阅量、读者反馈、社会影响等方面体现，反映地方文献资源的社会价值。

借阅量是衡量地方文献资源影响力的重要指标之一。如果某一文献被大量借阅，说明该文献具有较高的使用价值，能够满足读者的需求。因此，在评估地方文献资源的社会价值时，我们需要关注其借阅量，了解其在社会中的认可度和需求程度。

读者反馈也是衡量地方文献资源影响力的重要依据。读者反馈包括读者对文献的评价、建议和意见等，反映了文献的质量和服务水平。如果某一文献得到了读者的广泛好评和认可，说明该文献具有较高的质量和价值，能够为社会提供有益的服务。

社会影响也是评估地方文献资源社会价值的重要方面。社会影响是指地方文献资源对社会发展所产生的实际效果和影响，如对文化传承、经济发展、教育普及等方面的作用。如果某一文献能够产生积极的社会影响，推动社会的发展和进步,说明该文献具有较高的社会价值。

评估地方文献资源的社会价值需要综合考虑其影响力。通过关注文献的借阅量、读者反馈和社会影响等方面,我们可以全面了解地方文献资源在社会中的认可度和价值,为更好地服务社会提供有力支持。

第二节
地方文献资源服务质量评价内容与体系建立

地方文献服务评价是衡量服务质量的重要手段，它涉及软硬件、人员、技术等多个方面。为了提高服务质量，必须对评价指标进行深入研究，以满足用户明确和潜在的信息需求和心理需求。在评价地方文献服务质量时，需要建立一套完整的指标体系，其涵盖资源建设、资源开发、服务人员素质、用户满意度、服务环境等多个方面。这些指标应与地方文献资源服务模式的每个流程紧密结合，确保评价结果的准确性和全面性。

服务因素是支撑服务的重要基础，包括硬件设备、软件环境和服务人员等。这些因素直接影响到用户对服务质量的感知和评价。为了满足用户期望，必须对服务因素进行全面分析和优化，提高服务的可靠性和效率。

服务期望是从用户角度来评价服务质量的重要标准。用户期望的形成受到多种因素的影响，如信息需求、以往的信息服务经历及社会形象与宣传等。为了更好地满足用户期望，需要对用户需求进行深入了解和分析，并根据用户反馈不断改进服务内容和质量。

在建立地方文献服务评价指标体系时，应充分考虑用户需求和期望，确保评价指标的针对性和实用性。同时，应注重对服务因素的优化和管理，提高服务的整体水平。通过不断完善评价指标体系和服务质量，可以更好地满足用户需求，推动地方文献服务的持续发展（如表6.2所示）。

第六章 公共图书馆地方文献资源的评价体系

表6.2 地方文献资源服务评价指标和体系

项目	内容		基本要素	评价要求	评价结果
地方文献资源服务要素	地方文献资源建设体系		采集协作网、呈缴制、专门阅览室或部门、专门书库、地方文献网站	协作网布局是否合理，呈缴制度能否贯彻执行，阅览室环境能否最大限度调动起读者的学习兴趣和内心愉悦感，网站设计是否合理、便捷、美观	完全满意 比较满意 一般满意 不满意 很不满意
	地方文献资源	资源结构	文献结构、文献特色、保障措施、文献保障率	馆藏文献是否结构合理、载体类型是否多样、是否有特色、是否空间舒适整洁、架位是否正确、分类适宜、保障有力。	
		资源开发	书目、索引、文摘、专题汇编、数据库资源	编制各种揭示地方文献的工具书质量如何，编制了多少种，编制到了什么程度，工具书检索是否方便	
		数字资源	权威性、时效性、特色性、实用性	数据是否完整、数据库是否资源丰富、有特色、服务成本是否低廉	
	技术支持	设备	计算机、网络、复印机、扫描仪等	是否设备齐全、网络通畅、网站内容丰富、界面友好快捷、通信方便、文献复制手段先进	
		手段	现代化程度、个性化程度、先进性程度、在线咨询	是否服务手段先进、现代化程度高、针对不同用户能够提供个性化服务	
地方文献资源服务期望	服务人员		专业知识、业务技能、服务态度、个人素质	包括其思想道德、个人情操是否高尚、服务态度是否友好等；知识结构是否合理，是否具有专业、外语、计算机及图书情报知识；是否具有跟踪了解专业领域内国内外最新发展动态能力；工作人员在信息服务活动中所表现的信息收集和加工能力，服务能力，协调、沟通和创新能力	
	用户需求		现实需求与潜在需求	资源的丰富程度、提供服务的能力是否满意；能否及时收集到读者的现实需求，并尽量挖掘其潜在需求，同时引导读者的信息需求	
	形象口碑		社会形象与读者口碑	是否社会形象好，在用户与读者中有良好的口碑	
	服务经历		过去接受服务的感受	读者在以往接受服务过程中是否感觉满意	
	服务宣传		宣传手段与内容	是否做了有效而充分的服务宣传	
	反馈		网上咨询	网上咨询服务效率是否在承诺的时限	

公共图书馆围绕着地方文献资源开展了许多工作，这些服务工作经过长期的累积，渐渐地形成了一种固定的形式，也就是一种模式。本章分析了地方文献服务模式影响因素，分析归纳并总结出地方文献资源服务模式类型，并结合地方文献服务模式，列举相关图书馆服务质量评价指标和图书馆评估细则中与地方文献有关的条目，建立起地方文献服务相关评价指标。

第三节
面向读者的评价机制

早在二十世纪七十年代,图书馆服务质量评估的探索便已开启。美国图书馆学家兰开斯特撰写了《图书馆服务的衡量与评价》,美国图书馆协会也出版了《公共图书馆的绩效评估》手册。这些研究在探讨图书馆质量评估重要性的基础上,开始探索如何开发绩效指标以评估图书馆的工作。

二十世纪八十年代后期至九十年代初,欧美图书馆界开始引入全面质量管理思想和方法体系。在这一背景下,图书馆对质量的界定开始从自身的知识基础和运作经验出发,并引入了"以人为本、用户至上"等全新理念。这使得图书馆界更加清楚地认识到,图书馆的本质属性是服务,而图书馆存在的价值在于其服务的对象——用户。

SERVQUAL 模型的提出充分体现了全面质量管理理论的主张。随后,研究人员在此基础上提出了 Lib QUAL+TM,这一图书馆服务质量评估方法充分体现了以"用户"为中心的思想,从用户体验角度出发对图书馆服务质量进行评估。

我国学者在图书馆服务质量评价方面也做了大量研究,一些大学图书馆或公共图书馆先后运用 SERVQUAL 原型和 Lib QUAL 的修正模型进行了服务质量调查。这些研究表明 SERVQUAL、Lib QUAL 的模式基本适用于我国高校图书馆,但在实际使用中并不能完全照搬。我们可以通过借鉴,建立适用于国内图书馆的服务质量评价体系。

因此,在构建国家图书馆服务质量评价指标体系时,选择了 Lib QUAL+TM 作为基本依据。

一、Lib QUAL+TM 服务指标评价体系概要

美国研究图书馆协会（Association of Research Libraries，简称 ARL）于 1999 年提出并实施了一种全新的图书馆服务质量评价方法——Lib QUAL+TM。该方法借鉴了面向顾客的问卷式服务质量评价工具 SERVQUAL，其理论基础为"服务质量差距理论"，强调服务质量取决于用户实际感受与期望服务水平之间的差异。经过连续四轮大规模实验（自 2000 年起），Lib QUAL+TM 逐渐完善并形成了一套成熟稳定的指标体系。

在 2000 年的首次测试中，ARL 对 13 家成员馆进行了服务质量评估，取得了较为理想的结果。然而，部分量表存在指标重复、部分指标在数据分析时无效等问题。针对这些问题，ARL 在后续的测评中不断进行改进和优化。

经过数次修订，Lib QUAL+TM 的测评指标逐渐稳定。至 2003 年修订后，该测评方法包含 22 个指标，分为服务感受、图书馆环境和信息控制三个层面。其中，服务感受层面包括同理心、响应性、准确性、可靠性四个考察维度；图书馆环境层面从馆舍空间、象征意义、应急安全设施三个角度进行评估；信息控制层面则从资源获取范围、便捷性、信息搜索易用性、时效性、设备可用性、自助性六个方面进行考察。

这些指标旨在全面了解社会公众对图书馆服务、软硬件设施及资源建设等方面的满意程度。经过多年的实践与优化，Lib QUAL+TM 已成为评价图书馆服务质量的重要工具之一，为图书馆的持续改进与发展提供了有力支持。

经过长达 10 余年的研究与探索，Lib QUAL+TM 测评指标体系在不断修正和完善中，逐步走向了稳定和成熟。如今，这一指标体系已经成为国际图书馆界广受认可且具有重大影响力的服务质量评价方法和体系。

二、国家图书馆服务质量评价指标体系构建的基本原则

为了保证评价指标体系的科学性、合理性和评价结果的可信度，在构建国家图书馆服务质量评价指标体系时，应遵循以下原则：

第六章
公共图书馆地方文献资源的评价体系

1. 坚持以用户为中心。

国家图书馆在设置评价指标时，要坚持以用户为中心。不仅需要关注图书馆的资源和服务，更要重视用户的需求和体验。评价指标应涵盖图书馆的各个方面，包括资源丰富度、设施设备、服务水平、阅读环境等，以便全面评估图书馆的综合实力和满足用户需求的程度。

除了图书馆本身的评价指标外，还应该关注用户的需求和体验。评价指标应包括用户满意度、借阅便捷度、信息检索速度等，以了解用户对图书馆的认可程度和使用效果。通过这些评价指标的建立，国家图书馆可以更好地了解用户需求、优化服务流程、提高服务质量，从而更好地满足社会各界的阅读需求。

2. 科学性原则。

在建立评价指标体系时，图书馆需要考虑评价主体的多样性，采用层次分析法等方法，合理分配各评价指标的权重。同时，为了保证评价结果的真实性，需要建立有效的监督机制，对评价过程进行全程监控，防止出现数据造假、篡改等问题。此外，为了提高评价结果的可比性，需要制定统一的评价标准，确保不同评价主体之间的评价结果具有可比性。在评价过程中，还需要注意评价方法的适用性和可行性，根据实际情况选择最合适的评价方法，避免出现过于复杂或不切实际的情况。只有通过科学、合理的设计和实施，才能确保评价结果的可信度和有效性，为后续的工作提供可靠的依据。

3. 本土化原则。

由于 Lib QUAL+TM 评价体系是在西方文化背景下建立的，因此在我国图书馆实践中应用时，必须结合我国图书馆事业发展的具体情况、国家图书馆的管理及用户需求实际情况，对评价方法的指标进行改进和完善。同时，调整指标以符合我国的使用习惯。

除了改进和完善评价指标，我们还需要考虑将 Lib QUAL+TM 评价体系与我国图书馆的具体业务和流程相结合。例如，在图书采购方面，我们需要考虑我国图书馆的经费来源和采购流程，以确保评价体系的实用性和可操作性。此外，在读者服务方面，我们需要关注我国图书馆的用户需求和服务模式,以提高评价体系的针对性和有效性。

在具体的实施过程中,我们需要充分利用现代信息技术手段,开发适合我国图书馆使用的 Lib QUAL+TM 评价系统。通过数据采集、分析和处理,实现对图书馆服务质量的有效评估和持续改进。同时,我们还需要加强与国内外图书馆界的交流与合作,借鉴其他图书馆先进的评价理念和方法,共同推动我国图书馆事业的发展。

4. 可操作性原则。

建立评价指标体系的目的不仅仅是为了理论上的设想,更是为了将其投入使用并取得实际效果。因此,在构建指标体系时,我们需要充分考虑其实践性和可操作性。选择核心指标是至关重要的一个环节,这些指标应该能够真实反映图书馆服务的水平和质量。同时,各项指标的设计也需要简单明了、易于理解,以便图书馆用户能够快速、准确地理解并使用这些指标。

为了确保评价指标体系的实际效果,我们需要对其进行充分的实证研究。收集实际数据,对指标进行测试和验证,确保它们在实际操作中能够准确地反映图书馆服务的实际情况。同时,我们还需要不断地对指标体系进行优化和改进,以适应图书馆服务的发展和变化。

此外,我们还需要注重指标体系的可扩展性和可持续性。随着图书馆服务的发展和变化,我们需要不断地更新和扩展指标体系,以确保其始终能够反映图书馆服务的最新趋势和要求。同时,我们还需要确保指标体系的可持续性,以便长期、持续地监测和评估图书馆服务的水平和质量。

5. 发展性原则。

图书馆事业是一个不断发展和变化的领域,其评价指标体系也应当随之调整和更新。评价指标体系是一套标准化的评估工具,用于衡量图书馆的服务质量和效益。随着图书馆事业的快速发展,原有的评价指标可能已经无法全面反映图书馆的实际状况,因此,评价指标体系需要不断地进行修订和完善。

在设置图书馆评价指标体系时,应当遵循一定的原则。首先,指标应当具有科学性,即能够客观地反映图书馆的实际情况。其次,指标应当具有可操作性,即能够在实际评估中得到应用和验证。最后,指标还应当具有动态性,即能够随着图书馆事业的发展而调整和更新。为了确保评价指标的有效性,需要留有一定的开放空间。具体指标应当具有一定的灵活性和适应性,能够根据图书馆事业发展的新情况、新模式进行调整和优化,这样可以确保评价结果更加准确、全面地反映图书馆的实际状况。在实际操作中,可以采用定性和定量相结合的方法来设置图书馆评价指标体系。其中定性指标可以通过专家评估、用户调查等方式获得;而定量指标则可以通过数据统计和分析来获取。这样可以确保评价指标的客观性和科学性。

在构建国家图书馆的服务评价体系时,以 Lib QUAL+TM 为基石,紧密结合服务质量评价的各项性能来确立服务评价指标。为了具体设定评价指标,深入研究现阶段 Lib QUAL+TM 体系的各项指标,进行必要的翻译、总结和分类。同时,也参考了美国伊利诺伊大学厄巴纳香槟分校、得克萨斯州大学、清华大学图书馆、天津工业大学图书馆,以及江苏大学工商管理学院等机构的调查问卷的结果,通过对同一层面不同评价内容的细致分割、归类和筛选,确保了评价指标的科学性和实用性。

1. 指标设计思路

从服务感受、信息控制和图书馆环境 3 个层面出发,并以服务评价指标所指向的服务质量评价性能为依据,从而构建起一套针对服务性能的服务评价指标系统。

经过实践证明,2002 年的 Lib QUAL+TM 量表更适用于图书馆这一特定服务环境。该量表能够准确识别影响图书馆服务质量的多种因素,并且具有较高的可靠性和适应性。因此,在构建国家图书馆服务质量评价指标体系时,决定以 2002 年的量表为基础进行调整,以确保评价体系的科学性和有效性(如表 6.3)。

表 6.3 Lib QUAL+TM 2002 年的评价指标

编号	问题	编号	问题
AS 01	图书馆员培养用户的信心	IC 07	图书馆能为我提供所需的印刷型资料
AS 04	图书馆员给予读者个别的关注	IC 10	图书馆能为我提供所需的电子信息资源

(续表)

编号	问题	编号	问题
AS 06	图书馆员始终彬彬有礼	IC 14	图书馆提供必备的设备帮助我轻松获取信息
AS 09	图书馆员时刻准备回答读者的问题	IC 16	有简便易用的工具使用户能自行找到信息
AS 11	图书馆员拥有回答读者问题的知识	IC 19	无人帮助时读者也能轻松地获取信息
AS 13	图书馆员以关切的态度对待读者	IC 20	图书馆为读者提供打印期刊或拷贝电子期刊的服务
AS 15	图书馆员明白读者的需求	LP 03	图书馆的环境有利于学习和研究
AS 18	图书馆员总是愿意帮助读者	LP 08	图书馆为我提供一个安静的空间
AS 22	图书馆员在处理用户需求时值得信赖	LP 12	图书馆整体环境舒适整洁
IC 02	使我在家或办公室都能访问到电子资源	LP 17	图书馆是一个学习和研究的好去处
IC 05	图书馆主页可以让读者自己检索信息	LP 21	图书馆有适合开展小组学习和探讨的空间

注：表格中的 AS 代表 Affect of Service（服务感受），LP 代表 Library as Place（图书馆环境），IC 代表 Information Control（信息控制）

经过对服务感受、信息控制、图书馆环境3个基础层面指标的修正，最终形成的指标体系有3个层级23个指标。

(1) 服务感受层面（如表6.4所示）

服务感受层面从服务态度、服务技能、服务礼仪等3个方面对馆员的服务能力进行评价，对该层面所评价的指标内容进行整合、切分后，可以分割出以下的评价指标元素：服务态度对馆员服务态度的人性化、同理心、服务的意愿和注意力集中程度进行评价，其中包括个别的注意力、友善性、礼貌性、热情性、服务意愿、随时到位等6个基础指标元素；服务技能从馆员服务能力的准确程度与知识储备方面进行服务评价，具体包括理解读者需求、具有必备知识、可靠性、建立读者信心、处理批评意见5个基础指标元素；服务礼仪对馆员的公共服务是否符合文明标准进行评价，其中包括仪表整洁和行为文明2个基础指标元素。

表 6.4 服务感受层面评价指标

评价类别	指标元素	评价内容
服务态度	个别的注意力	图书馆员给予我个性化的关怀
	友善性	图书馆员待人友善
	礼貌性	图书馆员待人礼貌热情
	热情性	图书馆员待人礼貌热情
	服务意愿	图书馆员愿意随时帮助我
	随时到位	图书馆员愿意随时帮助我
服务技能	理解读者需求	图书馆员正确理解我的需求
	具有具备知识	图书馆具备必要的知识和技能
	可靠性	图书馆或图书馆员提供的服务准确、可以信任
	建立读者信心	图书馆员培养用户的信心
	处理批评意见	图书馆员能及时处理批评和建议
服务礼仪	仪表整洁	图书馆员仪表整洁,行为举止文明
	行为文明	图书馆员仪表整洁,行为举止文明

(2) 信息控制层面(如表 6.5 所示)

信息控制层面从资源类型和资源使用方式两个角度对图书馆的信息资源服务情况进行评价,主要包括以下内容:资源类型包括电子资源、印刷型资源、现代化工具和图书馆网站 4 个方面的建设及储备情况的评价;使用方式是对图书馆信息资源的访问情况的评价,主要包括远程访问性、便捷性、自助性等。

表 6.5 信息控制层面评价指标

评价类型	指标元素	评价内容
资源类型	电子资源	图书馆能为我提供所需的电子信息资源
	印刷型材料	图书馆能为我提供所需的印刷型资料
	现代化工具	图书馆有现代化的设备,让我方便地访问所需的信息
	网站	图书馆网站设计合理,提供有用信息

(续表)

评价类型	指标元素	评价内容
使用方式	远程访问性	我能够方便地从馆外获取图书馆资源
	便捷性	独立使用的信息容易访问
	自助性	图书馆提供必备设备帮助我轻松获取信息

(3) 图书馆环境层面（如表6.6所示）

图书馆环境层面从环境的氛围和环境易用性角度，对图书馆的环境进行评价，环境的氛围主要包括安静感、舒适感、学习研究条件与团体研讨条件4个指标；环境易用性包括图书馆指引标识清晰明确与文献资源布局合理2个指标。

表6.6 图书馆环境层面评价指标

评价类别	指标元素	评价内容
氛围	安静感	图书馆为我提供一个安静的空间
	舒适感	图书馆整体环境舒适整洁
	学习研究条件	图书馆是一个学习和研究的好去处
	团体研讨条件	图书馆有适合开展小组学习和探讨的空间
环境易用性	指引和标识清晰明确性	图书馆指引和标识清晰明确
	文献资源布局合理性	图书馆文献资源布局合理便于查找

综合考虑国家图书馆的公共图书馆特性及其馆情，最终选取了17个指标作为本次研究的服务评价指标（如表6.7所示），其中服务感受层面指标6个，信息控制层面指标6个，图书馆环境层面指标4个，总体满意度指标1个。

表6.7 调查问卷指标体系

层级	指标问题内容
服务感受	馆员可以正确理解您的问题
	馆员具有专业的知识技能
	馆员对您礼貌热情
	馆员乐于随时帮助您
	图书馆员培养用户的信心
	图书馆员能及时处理批评和建议

(续表)

层级	指标问题内容
信息控制	馆藏电子资源能够满足您的需求
	您可以远程（在办公室或家中）获取国家图书馆的电子资源
	国家图书馆网站等设施易于使用，可以协助您独立地获取信息
	馆藏纸质资源能够满足您的需求
	您能及时获取最新的资源服务资讯
	国家图书馆的网络服务可以满足您的需要
图书馆环境	国家图书馆环境便于读者安静学习思考
	国家图书馆环境舒适整洁，具有文化氛围
	国家图书馆的指示牌和标识设置明确、美观
	国家图书馆是一个学习和研究的平台

在服务感受层面："图书馆员待人友善""图书馆员仪表整洁，行为举止文明""图书馆员待人礼貌热情"关注点近似，其主要侧重点都是文明礼貌、得体等，因此仅保留了最后一个；"图书馆员正确理解我的需求"和"图书馆或图书馆员提供的服务准确、可以信任"同样考察点相似，都侧重于提供服务的精准度，因此仅保留前者；"图书馆员给予我个性化的关怀"体现的是个性化服务，虽然近年来十分提倡，但是不属于最为核心的基本服务，因此删除。

在信息控制层面："图书馆有现代化的设备，让我方便地访问所需的信息""图书馆网站设计合理、提供有用信息""独立使用的信息容易访问""图书馆提供必备设备帮助我轻松获取信息"这4个指标都侧重于设施设备的易用性，以及其为读者获取信息带来的便捷性，因此合并为一个指标，即"国图网站等设施易于使用，可以协助您独立地获取信息"；信息的成功获取，离不开作为基础设施的网络建设，因此增加了"国图的网络服务可以满足您的需要"指标；信息时代一个显著特点就是信息的快速获取，因此增加了"您能及时获取最新的资源服务资讯"这一指标。

在图书馆环境层面："图书馆是一个学习和研究的好去处"和"图书馆有适合开展小组学习和探讨的空间"关注的都是图书馆提供学习和研究

场所方面，因此仅保留前者；"图书馆指引和标识清晰明确"和"图书馆文献资源布局合理便于查找"也都是关注的图书馆对读者的指引利用功能，因此仅保留前者。

2. 指标体系评估计分方法及相关说明

Lib QUAL+TM 问卷调查的评价部分，是一项细致且具有深度的评价方式。在每一项服务指标的评价中，要求读者给出三个评分值，这三个评分值各具意义。它们分别代表了对于该项指标的最低认受值、实际感受值和理想期望值。这三个评分如同三个角度的镜子，全方位地反映了服务的质量和用户的感受。

然而，考虑到在实际的测评过程中，给出三个评分可能对一些读者造成困扰，因而我们做出了一项人性化的调整，那就是将这三个评分中的最低分数值去除，这样读者在完成问卷时，仅需给出另外两个评分即可。这样的调整虽然简化了评分过程，但并没有改变 Lib QUAL+TM 指标体系的基本设计理念。即最终的服务质量取决于用户感受到的与期望的服务水平之间的差异。

这一理念是 Lib QUAL+TM 指标体系的基石。它强调了服务质量不仅取决于服务提供者的努力，更取决于用户的实际感受和期望。这正是 Lib QUAL+TM 与其他评价体系的区别所在，它真正做到了以用户为中心，从用户的角度出发去评价服务质量。

去除最低评分值并不是忽略了这个理念。相反，我们希望通过这种方式，更好地体现出用户对服务质量的期望与实际感受的差异，从而更全面、更真实地反映出服务质量的问题。这也是我们对 Lib QUAL+TM 问卷调查的期望：帮助服务提供者更好地理解用户的需求和期望，从而提供更优质的服务。

实证研究 / 第七章

第一节
南京图书馆地方文献征集工作细则

一、征集内容与范围

1. 江苏省各级党政机关、社会团体、企事业单位及个人编撰的反映本省历史、政治、经济、文化、教育等方面的各类公开出版物的数量（如表 7.1 所示）。

表 7.1　南京图书馆 2018—2021 年江苏地方出版社馆藏统计表（单位：种）

出版社	2018年	2019年	2020年	2021年
江苏人民出版社	427	453	505	385
译林出版社	379	344	325	280
南京大学出版社	806	695	709	435
广陵书社	164	177	146	93
凤凰出版社	200	212	262	154
南京师范大学出版社	177	156	191	118
南京出版社	915	791	783	537
江苏大学出版社	286	238	226	139
凤凰文艺出版社	1954	1420	1006	996
凤凰少年儿童出版社	188	79	126	31
凤凰科学技术出版社	599	444	379	422
苏州大学出版社	347	341	260	216
古吴轩出版社	185	164	119	120
中国矿业大学出版社	123	128	133	76
东南大学出版社	259	315	277	275

(续表)

出版社	2018年	2019年	2020年	2021年
凤凰教育出版社	170	95	124	77
凤凰美术出版社	409	285	184	142
河海大学出版社	78	174	204	323
江苏文艺出版社	97	37	9	27
江苏少年儿童出版社	5	11	3	
江苏科学技术出版社	21	3	1	

2. 各级单位编印的统计资料、调研报告、文件汇编、地图、名录等内部资料和内部出版物及其他有价值的文献资料（如表7.2所示）。

表7.2 南京图书馆江苏地区内刊馆藏统计表

中图分类号	刊名	出版周期
G	江苏教育·教育管理	月刊
R	江苏医药	半月刊
R	江苏中医药	月刊
C	江海学刊	双月刊
D	江苏党的生活	月刊
D	苏州杂志	双月刊
F	现代苏州	旬刊
D	江南论坛	月刊
C	秀江南	月刊
G	传媒观察	月刊
K	民国档案	季刊
C	南京社会科学	月刊
C	江苏社会科学	双月刊
I	太湖	双月刊
X	环境科技	双月刊
F	今商圈	月刊
N	江苏科技信息	半月刊
G	新世纪图书馆	月刊

(续表)

中图分类号	刊名	出版周期
G	东南文化	双月刊
G	江苏高教	双月刊
I	扬子江诗刊	双月刊
I	扬子江评论	双月刊
TU	现代城市研究	月刊
D	清风苑	月刊
F	江苏农村经济·品牌农资	月刊
TS	江苏纺织	月刊
S	江苏林业科技	双月刊
F	产业经济研究	双月刊
R	江苏卫生事业管理	双月刊
J	艺术百家	双月刊
E	铁军·纪实	月刊
R	江苏实用心电学杂志	双月刊
G	档案与建设	月刊
P	地质学刊（原江苏地质）	季刊
K	江苏地方志	双月刊
TU	江苏建筑	双月刊
F	江苏商论	月刊
TV	江苏水利	月刊
TN	江苏通信（原江苏通信技术）	双月刊
C	江苏统计	双月刊
R	江苏预防医学	双月刊
G	南京教育	双月刊
P	资源调查与环境	季刊
C	江海纵横	季刊
U	江苏船舶	双月刊
TQ	江苏陶瓷	双月刊
G	苏州教育研究	月刊

3. 江苏省史志史料（图7.1），含地方志、部门志、企业志、人物志、风情志、党史、校史、厂史、村史、事业史、大事记等。

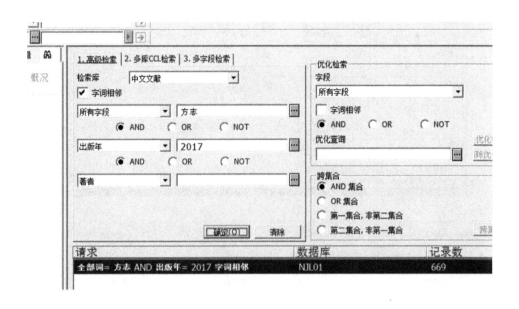

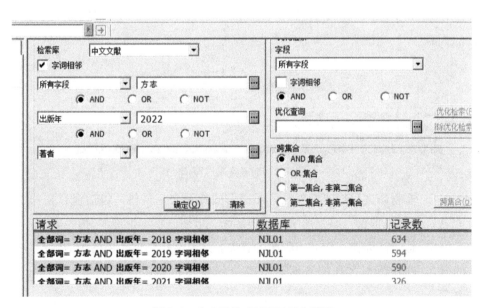

图 7.1 方志采选 ALEPH 后台截图

4. 民间谱录，含家谱（图 7.2）、族谱、宗谱等；江苏地方名人史料，包括家史、传记、书稿、专著、书信等。

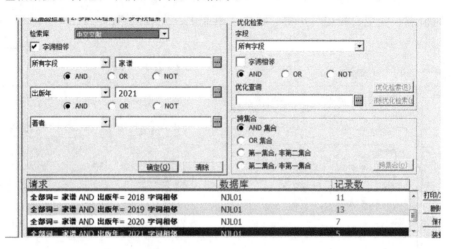

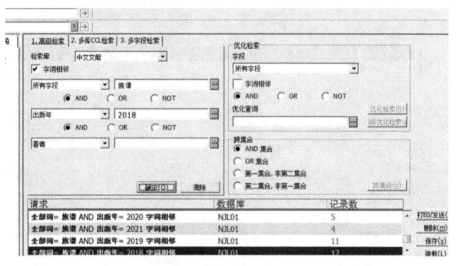

图 7.2　谱牒类采选图示

5. 非物质文化遗产资料及各类民俗图片及文字材料，包括金石拓片、书法、绘画、古籍、旧版图书、历史实物、歌册、账本、地契等。

6. 适合江苏作家作品馆收藏的各类著述、著作、作品手稿等。

7. 在江苏省召开的各级、各类会议宣传材料、会议文集、资料汇编等。

8. 民国文献。

9. 历史文献。

10. 其他与江苏相关的具有保存价值的正式或非正式出版物（如表7.3所示）。

表 7.3　2018—2021 年南京图书馆地方文献入藏统计表

年度	年地方文献采集总量（册）	江苏省内部报刊（册）	地方文献征集入藏书刊（册）	本地出版图书（册）	馆采方志谱牒类（册）	馆采江苏版报刊（册）
2018 年	133 842	4 968	1 388	31 156	2 082	94 248
2019 年	141 040	4 968	999	26 248	2 049	106 776
2020 年	163 124	4 968	1 302	23 888	1 998	130 968
2021 年	89 998	4 968	1 359	19 276	1 143	63 252

二、征集办法

南京图书馆地方文献工作一直有序开展，并时刻关注地方文献出版工作。其采编部根据地方文献工作细则，通过采购渠道进行购买；同时，采编部还有专职地方文献采集小组，负责地方文献的征集、呈缴、接受捐赠等工作。

1. 采购：包括书商购买、零购、网购、旧书市场购买等途径。购买是南京图书馆获得国内外出版物的主要采选方式，每年根据购书经费制订具体的采购计划，并通过竞争性谈判、邀请招标、公开招标和自主采购相结合的方式实施采购。在一个招标年度有固定的中标资源供应商，图书馆会每年对供应商进行考核评价。按《文献采选条例》中规定的结构、类型、载体、范围、复本标准购入文献。南京图书馆资源多样化，对不同资源采取相应的采选方式，保证重要资源的入藏，具体规定如表7.4所示：

表 7.4　南京图书馆不同文献类别的采选方式

| 文献类别 | 采选方式 | | | | | |
	订购	现采	出版商直购	网购	呈缴（捐赠）	复印
中文报刊	＋				＋	
进口报刊	＋					

(续表)

文献类别	采选方式					
	订购	现采	出版商直购	网购	呈缴（捐赠）	复印
中外文图书	+	+	+	+	+	
数字资源			+			
历史（民国）文献	+		+	+		+
地方文献	+	+	+	+	+	
视听资料		+	+		+	
少儿图书	+	+				
流通点图书		+				

2. 征集：江苏省各单位征集，指采选人员应通过经常性调研、主动发函、上门访求、网上征集等方式搜集地方文献、革命史料、手稿等。

3. 接受赠送：接受捐赠指本馆接受海内外团体及个人的文献捐赠。凡属入藏范围的，受赠时应办理产权移交手续。移交手续完毕，图书馆向捐赠方颁发荣誉证书，文献产权即归本馆所有，并加工入藏。对不在本馆收藏范围内，或已有足够复本，或残破严重（特藏文献除外）的文献，一般不接受捐赠。

4. 接收相关单位呈缴：接受呈缴是南京图书馆按照江苏省新闻出版局发布的《关于重申样本送缴有关规定的通知》及国家新闻出版署相关规定，接受并督促呈缴样本（品）。

5. 与江苏省档案局、江苏方志馆等单位建立专项合作关系

6. 加工与收藏：到馆地方文献，由专人接收、统计后，符合分编要求的，由采编部按文献资料正常加工、分编流程处理，并进入馆藏；不适合分类加工的地方文献，则经由专门或专题处理后，收入馆藏。地方文献加工小组成员及责任分工如表 7.5 所示：

表 7.5　小组成员及责任分工

小组成员	责任分工
A（主管）	南京图书馆地方文献小组日常管理； 地方文献征集及接收（呈缴本除外）； 制订地方文献征集工作计划； 到馆（征集）地方文献记录、统计及总结； 荣誉证书发放
B	接收江苏省出版社呈缴图书； 呈缴图书验收加工、简单编目； 呈缴图书记录、统计、总结； 呈缴图书催缴
C	地方文献征集及接收（呈缴本除外）； 到馆地方文献资料盖章、贴条码、简单编目等
D	地方文献拆包验收、盖章、贴条码

第二节
南京图书馆地方文献服务模式分析

南京图书馆以为读者服务为目的，在地方文献资源服务方面做了大量的工作，有些工作逐渐成为惯例，或者是说习惯。下面通过南京图书馆开展的有关地方文献资源服务工作，对照地方文献资源服务模式，以表格形式来实证本书的研究（如表7.6所示）。

表7.6 南京图书馆地方文献的服务类型

服务类型	具体工作内容
采集模式	1. 订购； 2. 交换，交换工作应本着"以我所有、换我所需"和"平等互利"的原则，与世界各国、各地区及国内图书馆等文献信息机构，广泛建立交换关系，重点交换有代表性、有参考价值，特别是通过贸易渠道难以获取的出版物； 3. 征集； 4. 呈缴本； 5. 利用TRS网络信息雷达系统搜索，对网络资源收集发布
合作模式	编制地方文献联合目录
收藏模式	1. 建有专门阅览室，配备专门书库； 2. 建立江苏作家作品馆
阵地服务模式	1. 接待地方文献用户，提供书、报、刊借阅服务； 2. 提供检索咨询、课题服务； 3. 利用网络提供资源赏析等服务
数字化服务模式	1. 工作原则是保护珍贵地方文献，深层次开发，方便利用； 2. 特色馆藏数据库的类型有地方文献文摘数据库、报刊全文数据库、主题数据库、图片库、视频库等

第七章
实证研究

一、江苏作家作品馆地方文献研究开发利用情况

江苏作家作品馆位于南京图书馆一楼大厅北侧，是江苏省首座以江苏地域文学为主题，集文献阅览、展览展示、文学交流，以及文学作品陈列、作家资料搜集等功能于一体的综合性文学馆。

1. 功能布局

馆内使用面积约638平方米。中央大厅开间宽敞，采光明亮，宜于举办作家作品的主题展览，另设服务咨询区、阅览查询区、研讨交流区、展览展示区四大区域。

服务咨询区：该区域背景依托巨幅书法作品《春江花月夜》，是由江苏省著名书法家孙晓云女士创作完成的。前台开放式空间布局，电脑、复印机、打印机等专业设备一应俱全，并设有专门工作人员，向广大读者提供问询、检索、复印等基本服务，维护馆内日常运作。

展览展示区：该区域以"吴韵汉风"主题展览为中心，集中展示了两汉至明清时期的65位名家的生平介绍及其善本影印本，近现代20位著名作家的生平介绍，江苏文学大事年表，以及改革开放以来获全国奖江苏作家作品目录，并从中勾勒出江苏文学发展脉络。

阅览查询区：该区域采用大书房式布局。通壁书架陈列古今千余位在江苏出生、工作、生活过的文学巨匠作品，分为先贤典籍、名家杰作、群芳争艳三个部分。体裁包含小说、诗歌、散文、戏剧、书信等。同时入藏地方文学丛书及省内知名文学刊物。

研讨交流区：该区域整体布局简洁素雅，设计古色古香。内设小型会议室，设施齐备，承担小型学术会议、文学沙龙等活动。

2. 运行介绍

江苏作家作品馆以地域文学推广服务为办馆宗旨，把展示江苏文学成就、搭建文学交流平台、创建一流文学馆作为总体目标，通过不断深化合作、加大名家名作宣传推广等方式，增进民众对江苏地方文学、地域特色的文化认同。

（1）读者接待情况：截至 2021 年底，江苏作家作品馆共接待读者近 70 000 人次，文献查阅逾 50 000 次，整理上架图书逾 100 000 册，接待读者咨询逾 40 000 次。

（2）馆藏资源建设情况：截至 2021 年底，共入藏文献 5 300 余册，通过不定期接收单位、个人捐赠及本馆自采等方式，基本形成馆藏的常换常新。所有书籍经采编部录入系统后再详细录入总书目库，并按作家姓氏首字母排列整理上架，读者可通过总书目库查询书籍所在架位，极大地方便读者找书、看书。

（3）活动开展情况：为弘扬优秀江苏文学作品，适应广大读者不同层次的需求，汇聚省内广大文学爱好者，作品馆一直坚持举办一系列形式多样、内容丰富的主题活动和社会教育活动，以期进一步促进读者与作品、作家与读者之间的互动。活动分为"四个面向"：面向高校文学青年、广大文学爱好者，面向作家，面向少年儿童，面向广大群众。层次分明、定位准确。目前初步形成了以阅览、参观为根本，以展览、讲座、沙龙等文学活动为精华的运作机制。

（4）数字资源建设情况：为了进一步全面展现江苏文学的繁荣景象，为今后文学事业全面发展奠定基础，江苏省作协与南京图书馆合作共建"江苏作家作品数据库"，对江苏省各时期文学家、作家及其作品成果进行梳理回顾。数据库下设人物库、作品库、研究库三个子库，包括作家简介、书籍出版情况、书籍简介、馆藏情况数据，共近 18 000 条数据，实现作家、作品、研究对象检索等功能。此外，馆内资源总书目库，包含作家简介、室藏作品、缺少作品、架位信息等，方便读者阅览查询。目前数据库已更新至 2021 年江苏省作协新入会的部分作家及作品。

（5）人员配置及岗位职责：江苏作家作品馆现配备工作人员 6 人。其中，业务主管及组长各 1 人，组员 4 人，是一支活跃在服务一线的中青年队伍。工作人员承担主要职责如下：保障日常阅览开放及读者问询、文献检索服务；筹划举办名家讲座、阅读分享会、文艺沙龙、小型书展等各类文学活动；不定期接收省作协及作家赠书并挑选、录入、上架；关注江苏本土作家及作品的最新动态，统计整理新书荐购单；定期更新馆藏总书目库信息数据；根据实际需求调整架位布局。

二、大运河——长江文化专题文献专区介绍

为把大运河文化遗产保护同文化旅游融合发展统一起来,把长江文化保护好、传承好、弘扬好,延续历史文脉,坚定文化自信。2021年4月,位于南京图书馆一层江苏作家作品馆的大运河——长江文化专题文献展区正式开放。

1. "大运河文化"专题文献展

运河之光,生生不息。大运河是我国古代创造的一项伟大工程,是世界上距离最长、规模最大的运河,并于2014年成功入选世界文化遗产名录。它贯通南北、沟通古今,是我国劳动人民智慧和勇气的体现,也蕴含着中华民族悠久绵长的文化基因。

"大运河文化"专题文献展区(如图7.3),包含大运河文化特色文献122种,183册。全景展现了大运河所承载的文化内涵和时代价值,不仅为读者揭开大运河的神秘面纱,更激励身处大运河发祥地的江苏人民砥砺前行,努力推进大运河文化带建设走在全国前列。

图7.3 "大运河文化"专题文献展区

2."长江文化"专题文献展

黄金水道川流不息,千年文脉绵延不绝。长江是中华民族的母亲河,是中华文明的代表性符号和标志性象征,是涵养社会主义核心价值观的重要源泉。在国家大力推进长江经济带发展的大背景下,保护好、传承好、弘扬好长江文化,让长江文化成为激励全体人民团结奋斗的精神动力。

"长江文化"专题文献展包含长江文化特色文献128种,197册。图文并茂地展现了母亲河的历史与现在,让读者认识到修复长江生态环境的重要性。

三、历史文献部地方文献的研究开发和利用情况

古籍和民国文献是南京图书馆特色馆藏,也是江苏地方文脉传承的重要印证。南京图书馆一直非常重视整理出版。2018年至2021年,南京图书馆通过整理地方文献资源,出版了古籍整理丛书《南京图书馆藏未刊稿本集成·经部》《南京图书馆藏未刊稿本集成·子部》,以及《江苏第五批国家珍贵古籍名录图录》《家国书运:八千卷楼藏书特展图录》等,另外对于民国文献的整理包括《民国日报(宁夏版)》《民国江苏省政府公报》《近代大运河史料丛编》等。

1.《南京图书馆藏未刊稿本集成·经部》300册(如图7.4)

该书含经部稿本文献84种。按四部分类法,这次收录影印的经部稿本文献,含"群经总义类"文献3种,"易类"4种,"尚书类"1种,"诗类"9种,"礼类"4种,"乐类"1种,"春秋类"9种,"四书类"4种,"孝经类"1种,"小学类"51种。经部文献中,有9种入选国家古籍名录:焦循(清)撰《陆玑疏考证二卷》,孙诒让(清)撰《周礼政要二卷》,王筠(清)撰《说文释例二十卷》,焦循(清)撰《易图略八卷》,陆以諴(清)撰《毛诗鸟兽草木本旨十三卷》,王铭西(清)撰《春秋比类观例二卷》《春秋属比考例二卷》,永恩(清)撰《律吕元音二卷》,俞汝言(清)撰《春秋平义十二卷》。该书无论是对稿本的研究,还是对中国经学史的研究,都具有重要的价值,将为广大学者、爱好者展开又一学术研究的武库。

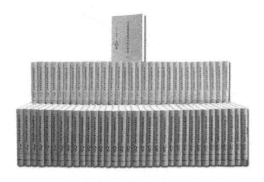

图 7.4　《南京图书馆藏未刊稿本集成·经部》

2.《南京图书馆藏未刊稿本集成·子部》300 册（如图 7.5）

收子部珍稀稿本 171 种，其中涉及儒家、兵家、法家、医家、天文算法、新学等十四大类。《南京图书馆藏未刊稿本集成·子部》收录的稿本中不仅有明、清至民国时期著名学者的子部著作，如戴从父、翁方纲、华蘅芳、焦循、章炳麟、李叔同、马叙伦等，而且还有相当一部分佚名学者及普通学者的作品《南京图书馆藏未刊稿本集成·子部》，充分反映了《南京图书馆藏未刊稿本集成·子部》稿本较高的学术水平。

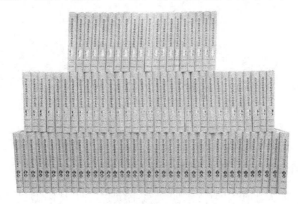

图 7.5　《南京图书馆藏未刊稿本集成·子部》

3.《江苏第五批国家珍贵古籍名录图录》（如图 7.6）

此次入选《江苏第五批国家珍贵古籍名录图录》的古籍版本类型丰富，除包含珍稀的宋元刻本、刻印精湛的内府刻本外，还收录了诸多名人稿本、抄本及名家题跋本。无锡市图书馆藏《华启直诗文集》出自明代无锡人华启直本人之手。华启直是无锡华氏家族中有名的文人，此文集为其手稿,当时并未付梓,因此更显珍贵。镇江市图书馆藏《古今全史一览》是由舒弘谔、李渔、黄中道接力完成的中国古代通史,全书用极工巧的蝇头细楷抄录而成,有罗振常、秦更年跋语,精美绝伦。南京图书馆藏稿本《石洲诗话》、明洪武刻本《书史会要》、清影元抄本《清庵先生中和集》等60余部古籍善本入选名录。其中《清庵先生中和集》还被选为五批名录代表性成果,参加在北京举办的"民族记忆精神家园——国家珍贵古籍特展"。

图7.6 《江苏第五批国家珍贵古籍名录图录》

图7.7 《家国书运:八千卷楼藏书特展图录》

4. 《家国书运:八千卷楼藏书特展图录》(如图7.7)

八千卷楼主人丁氏作为清季四大藏书家之一,其旧藏较为完整地保存在中国大陆。南京图书馆所藏万余部善本古籍中,有丁丙题跋者就有2 200余部,蔚为大观。2019年是八千卷楼主人丁丙逝世120周年,南京图书馆为此特举办纪念展。本图录即配合此次展览编纂,分为"卷起八千""插架琳琅""文澜再现""嘉惠艺林""盦山公藏"五部分,大体以时间为线,收录展览中呈现的八千卷楼珍藏,后附有关于八千卷楼藏书历史、文化及丁氏家族等相关学术论文。

5.《宁夏民国日报》(如图7.8)

《宁夏民国日报》初期每日出版四开报一张,后改为对开报。除登载国民党中央通讯社等的电讯稿外,也登载不少宁夏当地的新闻事件等,具有较明显的地方特点。《宁夏民国日报》在当时发行量不过千份,大多为党政机关、部队所订阅,广大群众较少能接触到。本次将其影印出版,以便利于学林和一般读者。

图7.8 《宁夏民国日报》

6.《民国江苏省政府公报》(如图7.9)

该项目是南京国民政府时期江苏省政府所出公报的总汇,时间始自1927年9月15日,终于1949年1月,抗日战争期间(1937年11月13日至1945年12月31日)因战事而中辍。该文献着重呈现了这段时期内江苏省政府在农矿、土地、税收、教育、卫生、军事、司法、外交、党务等方面的施政情况。其中各期的公报中还有专件、特载,记载当时社会经济发展大事、要事情况,此外还登载了江苏省政府制定的各方面的法规、规章等。

图7.9 《民国江苏省政府公报》

7. 《近代大运河史料丛编》（如图 7.10）

收录近代大运河稀见文献三十六种，分册影印出版。且每种文献文前均进行了简明介绍，卷末附《〈近代大运河史料丛编〉详细目录》。《近代大运河史料丛编》作为近代大运河史料集的第一编，旨在迅速向学界推出大量稀见的基础性史料，同时亦力图保护近代大运河稀见文献。

图 7.10　《近代大运河史料丛编》

此外，2018 年至 2021 年南京图书馆建设数据库包括：

1. 南京图书馆藏稀见方志全文影像数据库

该数据库包括馆藏旧志 20 部。（如图 7.11）

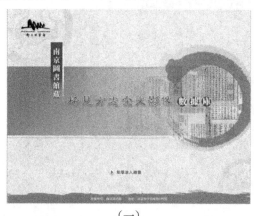

（一）

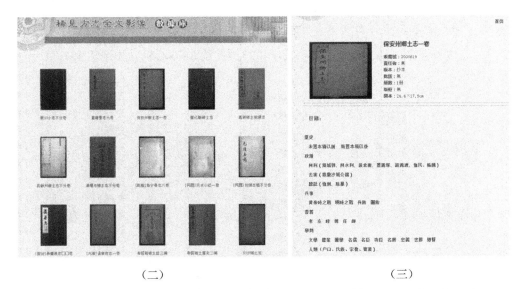

图 7.11 《南京图书馆藏稀见方志全文影像数据库》

2. 南京图书馆藏清人诗文集全文影像数据库

该数据库包括馆藏清人文集 220 部（如图 7.12）。

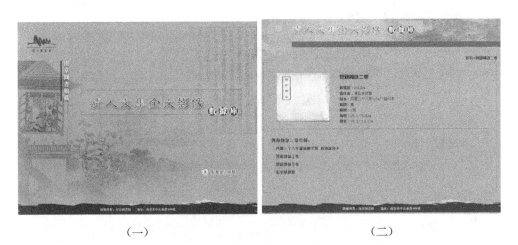

图 7.12 南京图书馆藏清人诗文集全文影像数据库

3. 南京图书馆历史文献全文影像阅读及检索平台

该数据库包括馆藏历史文献数字化扫描件约 30 000 种（如图 7.13）。

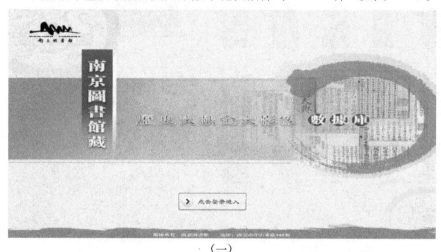

（一）

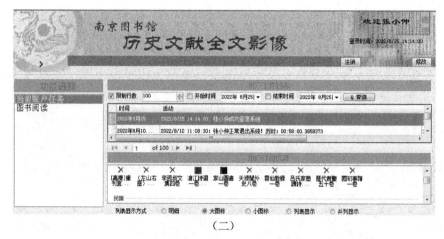

（二）

图 7.13　南京图书馆历史文献全文影像阅读及检索平台

四、信息资源开发部地方文献的研究开发和利用情况及数据库建设

2018—2021 年，在地方文献的研究开发和利用情况方面，南京图书馆信息资源开发部数据库组先后开展江苏地区老报纸数据库、近代国情报告全文数字资源集成与检索应用数据库这两个数据库的研发建设工作。其中

江苏地区老报纸数据库已于 2020 年底完成建库;2021 年起新的数据库近代国情报告全文数字资源集成与检索应用数据库开始建库。

江苏地方网络资源典藏数据库以江苏省的政府网站、门户网站和一些热点网站等作为主要的信息源,进行选择性地采集、分类、保存,其内容以网站发布、保留原始链接等方式来变现。自建数据库从江苏地方网络资源中按专题抽取信息推送到网站。目前已完成 9 个专题(如表 7.7 所示):《新型冠状病毒肺炎——江苏疫情专题库》《南京解放 70 周年》《共建江苏"一带一路"》《"强富美高"新江苏》《江苏知识产权》《南京大屠杀死难者国家公祭日》《江苏法治政府建设》《江苏全民阅读》《青奥会》。截至 2021 年底,已发布信息 878 136 条;已抓取未发布信息 2 759 457 条。

表 7.7 南京图书馆地方文献数据库建设情况

名称	建设时间	内容与数量
南京图书馆藏稀见方志全文影像数据库	2018 年	馆藏旧志 20 部
南京图书馆藏清人诗文集全文影像数据库	2019 年	馆藏清人文集 220 部
南京图书馆历史文献全文影像阅读及检索平台	2021 年	馆藏历史文献数字化扫描件约 30 000 种
民国时期国情调查报告全文影像及检索与应用数据库	2021 年	首批以《南京图书馆藏二十世纪三十年代国情调查报告》为加工对象
江苏地区老报纸数据库	2010 年—2021 年	数据库收录了中华人民共和国成立以后至二十世纪六十年代中期这段时期内的馆藏江苏省县级以上地区发行的报纸,全库共完成 66 种报纸的制作加工,共计数据 15.24 万条,占存储量的 2.19 TB
近代国情报告全文数字资源集成与检索应用数据库	2021—	数据库以馆藏特色民国文献《二十世纪三十年代国情调查报告》丛书为基础,目前完成江苏地区 43 册,共计 12 383 条数据,占存储量的 3.88 GB
新型冠状病毒肺炎——江苏疫情专题库	2019 年	收集江苏 13 个地级市的疫情相关新闻、疫情趋势和分布、各级数据、各地政策法规及抗疫文艺作品等,共计 207 093 条,占存储量的 22.37 G

(续表)

名称	建设时间	内容与数量
南京解放70周年	2019	收集关于南京解放70周年的新闻、活动记录等,共计14 434条,占存储量的1.56 G
共建江苏"一带一路"	2018年	收集关于江苏"一带一路"建设的相关新闻、经济和文化、旅游的相关建设、法律法规及其解读等信息,共计501条,占存储量的0.05 G
"强富美高"新江苏	2018年	收集江苏各地政府为建设强富美高新江苏而施行的各项举措及取得的成果,共计165 179条,占存储量的17.84 G
江苏知识产权	2017年	江苏地区关于知识产权的新闻、动态、法律法规、政策及相关解读,共计468条,占存储量的0.05 G
南京大屠杀死难者国家公祭日	2017年	收集关于国家公祭日的新闻动态、活动报道,介绍公祭的知识和相关学术研究,共计17 701条,占存储量的1.91 G
江苏法治政府建设	2017年	江苏省全面推进依法行政工作方面的新闻动态,共计4 376条,占存储量的0.47 G
江苏全民阅读	2016年	收集江苏省全民阅读的信息,包括新闻、政策解读、全民阅读活动报道、好书推荐、阅读研究等,共计230条,占存储量的0.02 G
江苏作家作品数据库	2016年—2019年	数据库下设人物库、作品库、研究库三个子库。包括作家简介、书籍出版情况、书籍简介、馆藏情况数据,共近18 000条数据。实现了作家检索、作品检索、研究对象检索、组合检索等检索功能

五、社会工作部基于地方文献的阅读推广项目

1. 文化走读

自2020年1月起至2022年,南京图书馆的"文化走读"项目以线上和线下相结合的方式,推出了多期精彩活动。其中,线上视频讲解以"'云'行走"为主题,通过微信、微博、哔哩哔哩、国家公共文化云等多个平台进

行推广，累计播放量近 30 万次，深受广大网友喜爱。这些视频讲解不仅介绍了图书馆的各类文化资源，还邀请了多位文化名人分享他们的阅读心得和人生经验，让观众在欣赏精彩讲解的同时，也能感受到文化的魅力。

除了线上活动，南京图书馆还组织了多期线下实地活动，着重强调"体验"二字。这些活动包括文化讲座、读书会、展览参观等，吸引了众多读者参与。由于受到场地和器材的限制，线下活动的总参与人数为 227 人次。尽管规模不大，但这些活动却给参与者带来了深刻的体验和感受，让他们更加深入地了解和喜爱图书馆的文化资源。

南京图书馆的"文化走读"项目不仅在江苏省内产生了广泛的影响，还得到了中华人民共和国文化和旅游部官网等众多权威媒体的关注和报道。这些报道让更多的人了解南京图书馆的文化活动，从而进一步提升了项目的知名度和影响力。此外，在 2022 年，该项目还在全省公共图书馆儿童阅读推广优秀案例征集中荣获优秀案例，这充分证明了其在儿童阅读推广方面的优秀成果和示范作用。

南京图书馆的"文化走读"项目通过线上和线下相结合的方式，为读者提供了一系列的精彩文化活动。这些活动不仅丰富了读者的文化生活，还促进了图书馆与读者之间的互动与交流。在未来，南京图书馆将继续推出更多类似的活动，让更多的人能够享受到阅读的乐趣和文化的美好。

为了更好地满足读者的需求和兴趣，阅读推广活动的开展需要充分了解读者的想法和倾向。为此，文化走读团队在成立后便采取了问卷和访谈的形式，深入了解南京图书馆的读者对实地行走阅读的需求和倾向。通过前期广泛的调查，策划团队发现读者偏爱南京城的历史人文，希望更深入细致地品读南京。

基于读者的需求，策划团队精心设计了文化走读活动。以 2021 年走读活动为例，策划团队以季节变换为切入点，结合南京厚重的历史文化底蕴，设计了框架为"岁时金陵"、蕴含"山、水、城、林"要素的走读路线。按照一个季节一个主题内容的频率，先后开展了以秦淮河、明城墙、南唐二陵、"春牛首""夏钟山""秋栖霞""冬石城"为主题的多场文化走读活动。这些活动囊括了南京城东南西北四个方向的特色，让读者们在不同季节领略到了南京独特的自然风光和人文景观。

在活动过程中，策划团队还注重与读者的互动和交流。设置互动环节和问答环节，让读者们更加深入地了解南京的历史文化和走读路线的内涵。同时，团队还为读者提供了丰富的文化体验和学习机会，让他们在参与活动的过程中增加知识和增长见识。

为了更好地推广阅读，文化走读团队还积极利用新媒体平台进行宣传和推广。通过微信公众号、官方网站等渠道发布活动信息和宣传海报，吸引更多的读者参与其中。同时，团队还积极与其他文化机构合作，共同推广阅读文化，提高读者的阅读兴趣和素养。

"文化走读"团队在策划和组织阅读推广活动时，始终坚持以读者的需求和兴趣为导向，通过深入了解读者的想法和倾向，精心设计活动内容和形式。同时，团队还注重与读者的互动和交流，提供丰富的文化体验和学习机会，让读者在参与活动的过程中增长知识和见识。通过这些努力，文化走读团队为推广阅读文化、提高读者的阅读兴趣和素养做出了积极的贡献。

若要使"文化走读"活动打响品牌并形成广泛的影响力，团队必须紧密依托社会资源，并加强与社会各界的合作。为了实现这一目标，团队以"秦淮水，金陵梦"为主题的线上走读活动为例，深入挖掘了文化单位、行政单位、民间团体，以及专家学者等社会力量的支持与合作。

首先，团队与中国科举博物馆、秦淮区文化稽查大队、南京地铁公安、秦淮区派出所等文化单位和行政单位建立了紧密的合作关系。这些单位不仅提供了丰富的文化资源和行政支持，还在活动宣传和组织协调方面给予了极大的帮助。同时，团队还得到了南京百年老字号奇芳阁和南京德云社剧场的积极参与，为活动增添了更多的文化色彩和活力。

除了与官方机构的合作，"文化走读"团队也非常重视与专家学者的合作。在本次活动中，组织者邀请了多位国家级非遗传承人和文化界专家担任顾问，为活动的主题设计、内容安排等方面提供了宝贵的意见和建议。这些专家学者的参与不仅提升了活动的专业性和权威性，也为打造"文化走读"品牌提供了强大的智力和学术支持。

为了更好地了解读者的需求和反馈，组织者在每场活动举办前都会建立读者群。在群内，大家不仅分享当期的精彩图片和活动细节，还积极与读者进行互动交流。更重要的是，活动结束后，团队会收集读者的反馈信息，其内容涵盖主题设计、内容安排、活动宣传、组织协调等方面。这些宝贵的意见为活动调整升级提供了方向和目标，也增加了读者对"文化走读"品牌的黏合度。

"文化走读"要打响品牌并形成影响力，必须依托社会资源并加强与社会各界的合作。通过与官方机构、民间团体和专家学者的深入合作，以及积极收集读者反馈信息，南京图书馆将不断优化活动内容和服务质量，为读者带来更加丰富和有价值的文化体验。同时，南京图书馆也希望借助"文化走读"品牌的影响力，推动社会各界能够更加关注和参与文化传承与发展，共同为中华文化的繁荣与发展贡献力量。

南京图书馆的"文化走读"活动一直以来都非常注重宣传策略的制定和执行。通过长期的策划和组织，团队已经积累了一些经验和对策，使得每一次的活动都能吸引大量读者的关注和参与。

在确定当期的活动路线和主题后，团队精心编写推送文章，确保内容有条理、有深度、有内涵。这些文章不仅通过南京图书馆的官方微信、微博和网站活动日历平台发布内容预告，还通过其他各种渠道进行广泛传播。这样一来，读者们就能提前了解活动的相关信息，为活动的成功打下坚实的基础。

南京图书馆的"文化走读"团队还非常注重活动的报名方式和名额限制。在活动临近的时候，组织者会在数字图书馆开放报名入口，并对人数进行限制。这种轻度饥饿营销的方式，使得活动名额变得非常抢手，进一步提升了活动的热度。

南京图书馆的"文化走读"团队还会邀请每期活动的特邀嘉宾一同参与宣传。这些嘉宾通常都具有自带"流量"的社会属性，他们的参与不仅增加了活动的吸引力，还能帮助南京图书馆"文化走读"活动在更广泛的范围内传播。

除了上述的宣传策略外，南京图书馆"文化走读"活动的资深讲解老师和推广人也会主动为活动宣传造势。他们通过各种渠道分享活动的相关信息，吸引更多的读者关注和参与。同时，参与活动的读者口口相传所积累的口碑也是活动热度不断提升的重要原因之一。

南京图书馆的"文化走读"活动之所以能够取得如此的成功，离不开精心策划和执行的宣传策略。该活动不仅提升了活动的知名度，还吸引了大量读者的关注和参与。在未来，南京图书馆"文化走读"团队将继续努力，不断创新和完善宣传策略，为读者们带来更多精彩的活动。

以南京图书馆"文化走读——'岁时金陵'之冬石城"这一期为例（活动安排见表7.8），我们可以看到南京图书馆对于传统文化的传承和推广所做出的努力。这次活动选择在石头城这一南京历史文化景点进行，正是为了借助这个古老的地方，让更多的人了解南京的历史和文化。

表7.8 "岁时金陵"之冬石城活动安排

活动时间	2021年12月26日（周日）下午13：30—16：00
活动人数	20人
走读路线	清凉山—清凉门—石头城公园北门（全程约2.5公里）
集合地点	清凉山公园门口
带队老师	南京图书馆文化走读推广人，"岁时金陵"主题活动策划人，南京优秀志愿者

石头城（见图7.14）作为南京的历史文化名胜，承载着丰富的历史信息和文化内涵。它见证了南京的历史变迁，是南京人民的精神家园。通过走读活动，参与者可以深入了解石头城的历史背景、文化特色和建筑风格，感受到南京历史文化的厚重和魅力。

图7.14 石头城公园，金陵四十八景之一

刘禹锡的《石头城》是一首脍炙人口的诗篇，它以石头城为背景，通过生动的描写和深沉的情感，展现了南京历史的沧桑和人文的底蕴。这首诗是南京历史文化的缩影，也是中华文化的瑰宝。通过学习这首诗，参与者可以更深入地了解南京的历史和文化，提高自己的文化素养和审美水平。

金陵五题·石城城
唐　刘禹锡

山围故国周遭在，潮打空城寂寞回。

淮水东边旧时月，夜深还过女墙来。

此外，南京图书馆"文化走读"还向参与者推荐了南京图书馆馆藏薛冰的《清凉山史话》（见图7.15）。这本书是薛冰先生对于南京历史文化的深入研究和独到见解，具有很高的学术价值和参考价值。该书是以继承弘扬南京园林历史文化为旨意的系列丛书中的一本，其他书籍还包括《玄武湖史话》《莫愁湖史话》和《幕燕史话》。此书展示了清凉山的风采和神韵，通过阅读这本书，参与者可以更全面地了解南京的历史和文化，对于石头城等历史文化景点也会有更加深刻的认识和理解。

图7.15　《清凉山史话》薛冰著

2."书海识·遗"品牌项目

南京图书馆将非遗系列活动打造成"书海识·遗"品牌项目（见图7.16），这一举措不仅拓展了公共图书馆的服务领域，更提升了其服务水平，为广大读者提供了一个深入了解和体验非物质文化遗产的平台。

图 7.16　"书海识·遗"宣传册

南京图书馆通过开展非遗讲座，邀请非遗传承人、专家学者等，向读者传授非遗知识，让更多人了解和认识非遗的起源、发展和现状。这种知识的传递有助于激发人们对非遗的兴趣，提升对非遗的认知度（见图 7.17）。

图 7.17　书海识·遗——南京图书馆非遗公开课

通过展演活动，南京图书馆向读者展示了丰富多彩的非物质文化遗产。无论是传统的手工艺品、表演还是美食，都能让读者身临其境地感受到非遗的魅力。这些展演活动不仅吸引了众多读者的眼球，更让人们在实际体验中感受到非遗的独特之处（见图7.18）。

（一）

（二）

图7.18　书海识·遗——南京图书馆非遗展演

南京图书馆还开展了研学培训活动（见图7.19，图7.20），为读者提供了一个亲自动手、实践操作的机会。通过学习非遗技艺，读者不仅能够深入了解非遗的制作过程，还能在实践中体验到传统文化的独特魅力。这种研学培训活动，不仅培养了读者的非遗技艺，更传承了中华优秀传统文化。

图 7.19　书海识·遗——南京图书馆非遗进校园活动

图 7.20　书海识·遗——南京图书馆非遗研学培训活动

第七章 实证研究

为更好地普及和推广非物质文化遗产、弘扬中华优秀传统文化，南京图书馆还将继续加大对"书海识·遗"品牌项目的投入力度。不断丰富活动内容、创新活动形式，让更多的人了解和参与非遗的保护与传承。同时，南京图书馆还将加强与各类机构、组织的合作与交流，共同推动非遗事业的发展。

表7.9是南京图书馆"书海识·遗"项目的活动概况统计。

表7.9 "书海识·遗"项目服务成果（服务人员、人次、数量等）

主题	活动形式	影响力
庆祝中国共产党成立100周年非遗主题	展览、展演活动	展览参观人数约10 000人；15个非遗类目，61场展演活动，参加人数约1 000人。
"我们的节日"主题活动		参加人数约250人
书海识·遗——非遗公开课	67场活动	参与人数约1 200人，公开课花絮视频28个，活动照片1 505张
书海识·遗——非遗进校园	长江路小学、长江路幼儿园、中山小学、逸仙小学等多个学校，计28场	参与人数约840人
书海识·遗——非遗研学	18场	参与人数约680人
书海识·遗——非遗视频	共9部纪录短片，包括南京剪纸、南京白局、金陵古琴、南京旗袍、金陵竹刻、麦秆画等	

第八章 地方文献开发利用现存问题与对策

地方文献是记录某一地区历史、文化、经济和社会发展的重要载体，是宝贵的文化遗产。然而，在当前的文献开发利用过程中，仍存在诸多问题，亟待解决。本章旨在探讨地方文献开发利用的现状，分析存在的问题，并提出相应的对策。

地方文献作为地域文化的结晶，具有不可估量的价值。只有解决目前地方文献开发利用中存在的问题，才能充分发挥其价值，为地域文化的发展和传承做出更大的贡献。因此，我们需要从管理、技术、人才等多个方面入手，全面提升地方文献的开发利用水平。

地方文献是地域文化的珍贵财富，是传承历史文化、服务社会发展的重要资源。针对目前江苏地方文献开发利用存在的问题，采取有效对策加以解决，将有助于更好地发挥地方文献的价值，推动江苏文化事业的发展。

第八章
地方文献开发利用现存问题与对策

第一节 江苏省公共图书馆地方文献工作的基本经验

在江苏省，一些公共图书馆准确把握机遇，充分利用该省丰富的人文资源和地方文献资源，将地方文献工作作为核心任务来推进。与以往侧重收集、忽略开发利用的做法不同，这些图书馆积极探索地方文献工作与本地区物质文明和精神文明建设的结合点，在服务与开发方面取得了显著成绩。这些图书馆不仅收获了令人满意的成果，还积累了宝贵的经验。

一、摆正位置，明确目标，强化措施

江苏省部分公共图书馆的实践验证，一个地区文化主管部门和图书馆领导对地方文献在图书馆中的地位和作用的理解深度，是决定图书馆地方文献工作水平高低的核心因素。只有深刻理解，才能真正将地方文献工作置于应有的高度，明确目标，制订详细的计划，并采取有力的措施。值得称赞的是，江苏省一些地市、县的领导已经真正认识到地方文献是地方的宝贵财富，加强地方文献工作对于当代和后代都有深远影响，它不仅服务于本地区的两个文明建设，促进经济、文化、教育、旅游等事业的发展，提高本地区人民的素质，还为后代留下了丰富的文化遗产。

历史上江苏是人杰地灵之地，地方文献极为丰富，祖先留下了珍贵的地方文献资源。从地方党政领导到图书馆馆长越来越认识到开发利用地方文献可以直接服务于本地区经济建设。一些党政领导通过"文化搭台，经济唱戏"，突显了文化对经济的推动作用。各地纷纷发掘历史名人、宣传历史名人，期望能够借助"名人效应"促进经济发展，其中地方文献起到了不可估量的作用。例如，江苏省连云港市赣榆区举办的徐复文化旅游节，刘邦故里沛县举办的汉文化节，江阴市举办的徐霞客国际文化旅游节

等，都是以历史文化名人作为引子，吸引投资、发展旅游业，进而推动地方经济发展。名人作为地方的宝贵财富，其生平事迹资料构成了该地区重要的地方文献。正因如此，一些地区的党政领导高度重视地方文献工作，将其视为促进地区发展的重要资源。

一些地方党政领导高度重视公共图书馆的建设，不仅将其视为展示精神文明建设的重要窗口和阵地，更是将其作为对青少年进行爱国主义教育的重要基地来培育。例如，盐城市政府接受胡乔木家属捐赠的2万余册胡乔木同志藏书，并将其专设在市图书馆的《胡乔木藏书陈列室》中。此外，还在市图书馆的庭院内建造了胡乔木同志塑像。盐城市图书馆现已成为爱国主义教育的重要基地。

苏州市委宣传部针对苏州两院院士众多的特点，支持苏州市图书馆筹建"院士风采陈列室"，作为对青少年教育的重要基地。陈列室中展示了苏州籍和曾在苏州市工作过的80余位两院院士的照片和事迹。自图书馆开放以来，吸引了众多机关干部、工人和学生前来参观，取得了良好的教育效果。这是苏州市图书馆为推动精神文明建设而举办的一项重要活动。

在纪念周总理100周年诞辰之际，南京梅园新村纪念馆建成了周恩来图书馆，这不仅是图书馆界的一大盛事，而且从侧面彰显了党和政府对地方文献工作的高度重视。

二、必须明确地方文献工作的基本原则，确保地方文献工作的顺利进行

公共图书馆地方文献工作是一项长期而又不能间断的工作，只有持之以恒，才能形成特色，取得成效。从江苏公共图书馆的实践看，必须遵循以下4个原则：

在收集地方文献的过程中，全面收集与突出重点的原则是至关重要的。对于地方文献的界定，虽然不同的人有不同的理解，但有一点大家是普遍认同的，那就是将地方史料和地方人士的著述纳入收集范围。不过，如何划定这个范围仍需进一步探讨。地方文献的时间跨度长，行政区域的变革也相当复杂，因此，为了确保全面、完整地收藏，图书馆在收集过程

第八章
地方文献开发利用现存问题与对策

中需要广泛撒网,宁可宽泛一些,也不要遗漏。

在确定地方文献的重点时,应结合本地区的实际情况。一个地区发生的重大历史事件和著名人物是文献收集的重点对象,这些重点的确定有助于形成图书馆的特色藏书。例如,苏州、常州、无锡、南通、扬州等市历史名人辈出,这些地区的图书馆围绕历史名人进行收集,如常熟市图书馆将历史名人和学部委员作为重点,苏州市图书馆重点收集范仲淹等一批历史名人和两院院士的资料;南通市图书馆重点收集张謇资料;常州市图书馆重点收集常州"三杰"(瞿秋白、恽代英、张太雷);而徐州市图书馆则把重点放在"汉文化"资料的收集上。虽各馆所确定的重点不同,但各馆的重点在全省汇总起来就显示出地域的分工性。这种突出重点的做法有利于集中财力、人力和物力,保证藏书特色的逐步形成。

在收集方法上,广泛联系与重点收集相结合的原则也是必不可少的。由于地方文献工作范围极大,收集的面广,有历史的、现代的,有本地的、外地的,甚至还有国外的,因此需要通过深入调查研究,发现线索,广泛联系征集或购买所需资料。江苏省一些公共图书馆利用报社、电台、电视台进行宣传,以扩大社会影响。一般市县图书馆都有几百个固定联系渠道。有广度更要注意深度,深度就是突出重点,对已确定的重点就必须重点加以收集。例如,宜兴市被誉为"教授之乡",该馆便把这批教授作为重点,并广为联系。除此之外,江苏省一些公共图书馆已做到了广度和深度并举,突出深度。一些馆编印征集单位和个人名录,逐步建立地方文献征集网络,且该网络以"滚雪球"的方式不断向外扩大。

在购买与征集的关系上,以征集为主的原则也应得到贯彻。公共图书馆的经费总是有限的,特别是县区图书馆经费更为紧张,江苏省各馆每年用于地方文献的购置费不到购书费的5%,有的甚至不到1%。正式出版的地方文献价格昂贵,一般公共图书馆买不起,因而在地方文献中,绝大部分是非正式出版物,大多是非卖品,这些内部出版物的价格都较高。面对价高的现实,公共图书馆只好硬着头皮去协调沟通。因此,在购买与征集的关系上必须以征集为主。从目前公共图书馆地方文献工作的情况看,大多数馆偏重于对现代地方人士著述和地方出版物的收集,获取方法主要是通过向单位和个人征集而得。对现代出版的有关本地区的史料，则应花钱购置。

在管理与利用上，以利用为主的原则至关重要。江苏省不少公共图书馆地方文献的管理工作较为得力，做到了有专人管理、专门目录、专库或专架陈列，管理工作基本上实现了规范化、标准化。

第二节
江苏省地方文献开发利用现存问题

一、地方文献资源建设体系不完善

地方文献资源建设体系不完善,主要表现在以下几个方面:

1. 缺乏统一规划和管理

各地的地方文献资源建设缺乏统一的管理机构和规划,导致资源分散、重复建设、无法共享等问题。

针对这一问题,建议建立全国性的地方文献资源管理机构,制定统一的建设规划和管理制度。通过整合资源、优化布局,避免重复建设和浪费资源,同时促进资源的共享和利用。此外,各地的地方政府也应该加强对地方文献资源建设的关注和支持,将其纳入地方文化事业发展的总体规划中,为地方文献资源建设提供更好的保障和支持。

2. 缺乏标准和规范

由于缺乏统一的标准和规范,各地在地方文献资源的采集、整理、加工等方面存在较大的差异,导致地方文献资源的可用性和可靠性受到限制。

缺乏标准和规范的问题,也影响了地方文献资源的共享和利用。由于各地的标准和规范不一致,导致资源共享的难度加大,无法实现有效的资源整合和利用。这不仅限制了学术研究的范围和深度,也制约了地方文化的发展和传承。

为了解决这个问题,需要制定统一的标准和规范,对地方文献资源的采集、整理、加工、存储等方面进行规范化和标准化。同时,也需要建立完善的地方文献资源共享平台,实现资源的有效整合和利用,从而促进学术交流和文化传承。

在制定标准时，需要充分考虑各地区的实际情况和特点，确保标准的可行性和实用性。此外，还需要加强培训和指导，提高各地在地方文献资源管理方面的专业水平和技术能力，为地方文献资源的建设和发展提供有力的人才保障。

3. 资源质量参差不齐

由于采集渠道、整理标准等方面的差异，地方文献资源的质量参差不齐，给用户使用带来不便。

针对这一问题应该加强采集渠道的管理和规范，制定统一的标准和规范，确保采集的文献资源的质量和可靠性；加强文献资源的整理和分类，建立科学合理的分类体系，方便用户查找和使用；加强文献资源的数字化建设，提高文献资源的可读性和易用性，方便更多用户获取和使用；同时，对于质量较差的文献资源，应该及时进行筛选和处理，避免给用户带来不良影响。

4. 缺乏专业人才

地方文献资源的建设需要专业的图书馆员、历史学家、文献学家等专业人才，而目前这方面的人才储备不足。

为了解决这个问题，首先应加强专业人才的培养。高校可以开设相关学科，培养专业的图书馆员、历史学家、文献学家等人才。此外，还可以通过举办培训班、研讨会等方式，提高现有专业人才的专业素质和技能水平。

其次，应引进外部人才。通过招聘、引进等方式，吸引更多的外部专业人才加入地方文献资源的建设。政府可以出台相关政策，提供优惠待遇，吸引更多的优秀人才。

最后，应加强合作与交流。与高校、研究机构等合作，共同开展地方文献资源的研究、整理和开发工作。同时，加强与其他地区的交流，借鉴他们的成功经验，促进共同发展。

5. 宣传推广不足

由于缺乏有效的宣传推广，很多有价值的地方文献资源没有被用户了解和利用，因而导致资源利用率较低。

为解决这一问题，第一，需建立统一的管理机构和规划。由政府或相关机构牵头，建立统一的地方文献资源管理机构，制定发展规划和政策，推动资源的整合和共享。第二，需制定标准和规范。制定统一的地方文献资源采集、整理、加工等方面的标准和规范，确保资源的可用性和可靠性。第三，需加强资源质量监管。建立资源质量监管机制，对采集渠道、整理标准等进行规范，提高资源质量。第四，需加强专业人才培养。通过专业培训、学术交流等方式，加强专业人才的培养和储备。第五，需加强宣传推广。通过各种渠道宣传推广地方文献资源，提高资源的知名度和利用率。

二、地方文献服务工作专业化管理有待加强

地方文献服务工作是图书馆工作中非常重要的一环，它涉及对地方历史、文化、经济等方面的收集、整理、保存和利用。然而，目前地方文献服务工作存在一些问题，其中最主要的问题是专业化管理有待加强。

首先，地方文献服务工作需要专业的人员。这些人员需要具备图书馆学、历史学、社会学等相关学科背景，同时还需要具备丰富的实践经验和技能。然而，目前很多图书馆的地方文献服务工作人员并不具备这些条件，这导致了服务的质量和效率难以得到保障。

其次，地方文献服务工作需要专业的管理制度。这些制度包括文献的收集、整理、保存和利用等方面的工作流程和规范。只有建立了完善的专业化管理制度，才能够保证工作的有序进行。然而，目前很多图书馆的地方文献服务管理制度并不完善，这导致了服务工作容易出现混乱和疏漏。

加强地方文献服务工作的专业化管理，必须加强人员培训和引进专业人才。图书馆应该加强对现有工作人员的培训，提高他们的专业素养和实践能力，积极引进具备相关专业背景和经验的人才，充实服务队伍。同时，建立完善的专业化管理制度也必不可少。图书馆应该建立一套完整的地方文献服务管理制度，明确工作流程和规范，强化责任落实和监督检查，确保工作的有序进行。

通过以上措施的实施，可以有效地加强地方文献服务工作的专业化管理，提高服务质量和效率。这对于保护和利用地方历史文化遗产、推动地方经济和社会发展具有重要意义。

三、地方文献资源服务的理论研究滞后

地方文献资源服务的理论研究滞后是一个不容忽视的问题。由于缺乏深入的理论研究，地方文献资源服务的发展受到了很大的限制。然而，这个问题的根源并非一朝一夕形成的。在长期的发展过程中，由于种种原因，如重视程度不够、研究力量薄弱、研究方法不科学等，导致地方文献资源服务的理论研究一直处于滞后状态。

为了解决这个问题，需要加强理论研究，深入探索地方文献资源服务的本质和规律。这不仅需要理论上的创新，更需要实践上的验证。只有通过深入的理论研究，才能更好地指导实践，推动地方文献资源服务的发展。同时，还需要加强学术交流和合作，借鉴国内外先进的研究成果和经验，推动理论研究的深入发展。

事实上，地方文献资源服务的理论研究滞后已经给地方文献服务工作带来了很大的困扰。由于缺乏科学的理论指导，在实践中经常会遇到各种各样的问题，如资源整合不力、服务效率低下、用户满意度不高等。这些问题不仅影响了服务质量，也影响了地方文献资源服务的社会认可度。因此，加强理论研究，推动地方文献资源服务的发展已经迫在眉睫。

四、地方文献利用率低

地方文献利用率低的问题是一个复杂的问题，涉及多方面的因素。首先，缺乏宣传和推广是地方文献利用率低的一个重要原因。许多人并不知道这些文献的存在，或者不知道如何利用这些文献来获取所需的信息。因此，加强宣传和推广，提高人们对地方文献的认识和了解，是提高地方文献利用率的重要途径。

其次，地方文献的收集、整理和保存也是影响利用率的关键因素。一

些地方文献可能存在散失、损坏或无法获取的情况，导致无法满足用户的需求。因此，加强地方文献的收集、整理和保存工作，确保文献的完整性和可获取性，也是提高利用率的重要措施。

服务质量也是影响地方文献利用率的一个重要因素。一些图书馆或档案馆可能存在服务态度差、服务质量不高等问题，导致用户不愿意前来利用这些文献。因此，提高服务质量，改善用户体验，也是提高地方文献利用率的有效途径。

第三节
文旅融合背景下公共图书馆
地方文献资源的发展策略

《中国文化旅游发展报告（2017）》指出，文化旅游已经在新时期旅游业发展中占据了重要地位，多个省份已明确将文化旅游定位为战略性支柱产业和产业转型升级的主要方向。中国旅游研究院发布的《2019 上半年全国文化消费数据报告》进一步指出，文化消费已成为国民消费升级的重要标志。为了进一步激发文化和旅游消费潜力，国务院于 2019 年 8 月颁布了《国务院办公厅关于进一步激发文化和旅游消费潜力的意见》，强调深化文化和旅游领域的供给侧结构性改革。在 2021 年 8 月 27 日的"文化和旅游赋能全面小康"新闻发布会上，时任文化和旅游部部长的胡和平指出，要把握机构改革契机，推动文化和旅游深度融合，让"诗"和"远方"完美结合，让人们更好地领略自然之美、文化之美、生活之美。经过几年的发展，文化旅游在中国已经呈现出蓬勃发展的态势，文化开发逐渐成熟，文化旅游产品也日益丰富。同时，通过深入剖析地方文献与文化旅游的关系，可以加快地方优秀文化和旅游的深度融合，从而进一步促进旅游的多元化发展，并传承和弘扬优秀的地方文化。

一、地方文献与文化旅游的关系

文化旅游是指以文化为核心吸引力，通过在旅游过程中体验文化内在价值来提升旅游体验的活动。依据是否存在文化的附着体，文化旅游被划分为显性文化旅游和隐性文化旅游。显性文化旅游的载体可以是历史遗迹，如故宫；历史活动场所，如古村落；历史战争防御公事，如长城等。

而隐性文化旅游则没有具体的文化载体，其传播方式通常为故事、传说、风俗、民歌等，需要深入挖掘才能凸显其文化旅游的价值。

地方文献是指依据其载体形式的不同，可分为金石文献、书画文献、纸质文献、口碑文献等。其主要存在形式为方志（通志）、地方古籍、族谱等。与传统的以皇朝封建者为记录中心的文献不同，地方文献以平民社会为中心，对自然地理、自然资源、自然灾害、经济、政治、文化等多维度和多角度的描述，通过序、志、纪、图、表等多种体裁的表达，将地方杰出文化和信息进行综合性记录，是反映地方历史发展的"百科全书"。

1. 地方文献促进文化旅游发展

地方文献作为记录地区历史与文化的重要载体，详实记载了当地人在物质与文化方面的生活轨迹，对于地方的文化旅游发展具有不可或缺的价值。首先，地方文献中蕴含的民族文化、传统文化和红色文化等元素，可转化为具有鲜明地方特色的文化旅游资源。例如，我国多个省份拥有丰富的红色文化资源，这些历史事件、英雄人物和历史遗迹充分展现了革命先烈的理想与追求，为开展爱国主义教育提供了宝贵的素材。

其次，地方文献的深入开发有助于弥补地方遗址和遗迹的局限性。一方面，通过丰富的史料为相关文化旅游景点提供有力的背景支撑，增强其文化底蕴；另一方面，为文物的修复与保护提供历史依据与参考。以贵州省贵阳市的青岩古镇为例，根据文献记载，古镇中原有8座牌坊，目前仅存3座。为了恢复青岩古镇的原貌，专家需要进一步挖掘与研究关于牌坊的文献记载。

最后，地方文献为隐性文化旅游的开发提供了可能性，成为实现地方古文化重构的必经之路。中国历史悠久，许多文化在历史的变迁中逐渐消失。然而，通过挖掘与整理地方志、古籍等资料，有可能复原那些失落的古文化。例如，为了还原思州文化，贵州省地方志办公室与省档案馆利用馆藏的岑巩县珍贵档案资料结合其他部门的地方文献资料，合作编撰了《中国名镇志——思城镇志》，全面描绘了古思州的历史社会风貌。这种对古文化的挖掘与呈现，不仅丰富了旅游的文化内涵，还为岑巩县的旅游发展增添了新的吸引力。

2. 文化旅游发展带动地方文献开发

在全国范围内如火如荼的文化旅游活动中，各地的地方文献得到了充分的开发和利用。地方文献的开发，主要是指对史料进行有目的的编研、出版或发布，促进社会经济、文化的发展，并充分体现其史料价值。首都图书馆自二十世纪九十年代起，便致力于以专题信息文献服务的方式，对馆藏的地方文献进行整理和挖掘，为地方旅游项目提供信息服务。该馆专家通过精心筛选馆藏文献资源，以元代园林特有的建筑形式为主线，结合金石书法、绘画、人物肖像等元素，形成了一套富有特色的开发方案，有力地支持了元大都遗址公园的重建工作。这一重建工程不仅促进了该主题下北京元代地方文献的整理、开发和利用，更促进了当前红色旅游的兴起，推动一大批学者对中国革命历史进行深入研究。

二、地方文献在文化旅游开发中的作用

1. 地方文献是文化旅游建设的资源组成

旅游资源是指那些能够吸引旅游者，并可被旅游业开发利用的事物与因素。这些资源既存在于自然界，也涵盖了人类社会。经过对旅游资源适当的开发，它们可以产生显著的经济效益、社会效益及环境效益。在各类旅游资源中，景区内所展示的金石铭刻、谱牒、声像档案、实物等具有极高的美学价值、史料价值及教育价值，是景区的代表性资源。因此，地方文献作为旅游资源的重要组成部分，同样值得关注。尤其值得一提的是，以红色文献为主的旅游资源在各类旅游产品中独树一帜。相关部门通过利用革命时期的文献、手稿、照片、文书和工作日志等资源，精心打造红色旅游路线、革命主题遗址公园和红色乡村小镇。这些举措不仅有助于宣传本地的旅游资源，同时也为游客提供了一个接受红色革命教育的机会，实现了双重目标。

2. 地方文献是文化旅游产品的内涵来源

旅游文化产品是指旅游介入者在旅游活动中所创造的精神财富，主要形式包括旅游服务、旅游景观作品、旅游宣传品、旅游路线，以及科研成

果等。为了推动旅游业多元化发展，我国多个省份的文化和旅游厅均积极推动文旅融合，而地方文献正是各类旅游文化产品的文化基石。以地方文献为灵感来源开发的旅游文化产品内容丰富，如备受游客喜爱的《云南映象》演艺产品、赣州至瑞金的红色旅游路线，以及具有"活化石"之称的贝叶经旅游纪念品等。然而，部分文化旅游公司由于过度追求经济效益，而忽视了对地方文化的深入挖掘和融入，导致大量资金和时间的浪费。例如，部分旅游小镇项目因缺乏精准的文化定位而最终失败。因此只有深入挖掘并融入旅游地方历史文化特色的旅游文化产品，才能真正提升旅游品牌的市场竞争力。

3. 地方文献是提高文化旅游吸引的基础动力

针对当前全国旅游业同质化严重的现象，深度开发和利用地方历史文化资源，打造独具特色的文旅品牌，是提升竞争力、实现可持续发展的关键措施。忽视地域文化的差异性，缺乏本地特有的文化内涵，将导致旅游项目大同小异，缺乏特色，使游客产生"疲惫感"，对地方文化旅游的可持续发展造成阻碍。以江南水乡乌镇古镇、丽江束河古镇和彝人古镇为例，它们分别以清朝末期民国初期文化、少数民族文化和彝族文化为自身文化定位，通过深度挖掘地方优秀文化，打造符合自身旅游发展特色的品牌，有效推进了地方优秀文化的传承和旅游经济的长远发展。因此，必须高度重视地方传统文化的保护和传承，加大对地方文化、革命文化和民族文化的挖掘力度，打造独具特色的旅游品牌，实现地方旅游经济的可持续发展。

4. 地方文献是增强文化自信的重要方式

2020年5月11日，习近平总书记亲自前往山西省大同市云冈石窟进行考察，并特别强调旅游业应成为人们深入感悟中华文化、增强文化自信的重要途径。作为一个民族、国家和政党对自身文化价值的充分肯定和积极践行，以及对文化生命力的坚定信心，文化自信是优秀传统文化的来源和保障。通过合理开发地方文献，能够将中国优秀文化的精髓以旅游为载体，更加鲜明地展示给来自世界各地的游客。这一举措不仅彰显了中国文化的独特魅力，而且有助于提升民族文化自信，从而进一步扩大中国优秀文化在全球的影响力。

三、公共图书馆开发地方文献助力文化旅游的优势

1. 庞大的馆藏数量

地方文献内涵丰富，详实记录了当地的自然状况和人文社会状况，涵盖了山水、河流、农耕、婚庆，以及重大历史事件等方方面面。这些文献主要保存在各类文化机构中，其中公共图书馆的馆藏数量尤为庞大。以云南省图书馆为例，该馆收藏了 2 800 余种地方文献和 340 余种方志，还有各类丰富的少数民族文字图书。此外，各地公共图书馆均藏有大量反映地方特色的珍贵文献，如广东省立中山图书馆的岭南文献、新疆图书馆的清代新疆文献、兰州图书馆的敦煌文献及天津图书馆的家谱文献等。这些文献是地方经济文化发展的历史资料宝库，对于研究地方文化的起源和少数民族的文化传承具有深远意义。

近年来，国家图书馆牵头开展了多项重大项目，旨在丰富公共图书馆的地方文献馆藏资源。其中包括 2007 年的《中华古籍保护计划》、2012 年的《中国记忆项目》及同年实施的《革命文献与民国时期文献保护计划》。在国家图书馆的引领下，各级图书馆积极参与、通力合作，取得了令人瞩目的成绩，为地方文献的保护和传承做出了重要贡献。

2. 丰富的编研产品

近年来，公共图书馆在地方文献的整理方面取得了显著成果。通过对文献的析出、核点、整合和编辑，大量文字出版物得以问世。例如，在目录类出版物方面，有《南京图书馆古籍普查登记目录》《民国时期图书总目·社会科学总论》等；丛编类出版物则包括《辛亥革命武昌起义报刊资料选编》《民国华侨史料三编》等；此外，还有《北碚月刊（一九三三——一九四九）》《浙江省政府公报：一九二七——一九四九》等汇编类出版物。在书籍方面，有《湖南少数民族文献概论》《稽古振今传本弘文——国家图书馆出版社四十周年纪念》等。

此外，各级图书馆还研发了大量音像作品，这些作品涵盖了多个主

题，如非物质文化遗产、民俗、生态环境和红色文化等。这些音像资源以更加生动和形象的方式展现了地方文献，促进了地方文化的传播。这些丰富的文字和音像出版物，不仅为学术研究提供了宝贵资料，也极大地丰富了公众对于地方文化的认识和了解。

3. 特色的数据资源库建设

数字资源建设在文化共享工程中占据核心地位，对于提升公共文化资源的供给能力，以及满足人民群众日益增长的精神文化需求具有重大意义。随着计算机技术的不断发展，各地的公共图书馆结合自身的地域特色，深入挖掘、整合并制作了一批具有鲜明地方特色的优秀资源，创建了众多特色数据库。例如，吉林省图书馆建立了吉林省非物质文化遗产数据库；延边朝鲜族自治州图书馆则建立了延边抗联专题数据库；陕西省图书馆建设了陕甘宁边区红色记忆资源库；湖南省图书馆建设了湖南红色记忆多媒体资源库；丹东市图书馆也先后建成了多个反映地方特色的数据库。这些数据库涵盖了舞台艺术、民间文化、少数民族文化、地域文化、农业信息、红色文化等多个领域，旨在全面展示各地特色文化的内涵与价值，为优秀特色文化的传承与弘扬提供有力支持。此外，特色数据库的建设不仅为专家和学者的地方文献研究提供了丰富的资源保障，还进一步拓宽了研究内容和范畴，为其对地方文献的深入研究提供了便利和可能性。

4. 专业的科研队伍

公共图书馆作为知识的宝库和信息的集散地，不仅为读者提供了丰富的文献资源，还肩负着推动学术研究、传承文化的重要使命。公共图书馆拥有一支专业的文献开发团队，他们依托图书馆的资源优势，积极开展多角度、多层次的研究工作。这些研究不仅涉及图书馆事业的发展，还涉及社会、文化、历史等多个领域。

公共图书馆的专业团队每年都会积极申请国家社科、省部级课题项目，这些项目涵盖了图书馆学、情报学、档案学等多个学科领域。据统计，自 2000 年至 2021 年 10 月，各级各类型图书馆共申报了重大项目 2 项、重点项目 18 项、一般项目 132 项、青年项目 50 项、西部项目 36 项、后期资助项目 6 项。这些项目的开展不仅推动了图书馆事业的发展，还为学术界和社会提供了丰富的研究成果。

随着这些项目研究的深入推进,产生了大量的学术论文、专业书籍、专利等研究成果。这些成果不仅丰富了图书馆的馆藏资源,还为学术界和社会提供了有益的参考和借鉴。同时,这些研究成果也进一步提升了公共图书馆在学术界和社会上的影响力和地位。

公共图书馆从业人员在学术研究方面所做出的贡献是不可或缺的。他们不仅为学术界和社会提供了丰富的文献资源和研究成果,还通过自身的实践和研究,推动了图书馆事业的发展和进步。在未来,公共图书馆从业人员将继续发挥其专业优势,为学术研究和社会发展做出更大的贡献。

5. 强大的信息服务能力

在当今社会,公共图书馆扮演着重要的信息服务中心角色。凭借其丰富的馆藏资源,结合先进的大数据技术,图书馆对各类信息进行严格的监管、系统的整理、合理的重组及深入的剖析,旨在为用户提供个性化的信息咨询服务。针对旅游地优秀文化的整合、提炼、优化及其与旅游产品的融合,是确保旅游业和谐发展的基础要素。然而,在当今这个信息爆炸的时代背景下,信息流量大幅增加,有效信息的比例逐渐降低,这使得用户在面对来源广泛、质量参差不齐的信息时,更难获取真实有效的内容。

在信息化社会中,公共图书馆需深化信息供给侧的改革,积极适应并满足旅游市场的需求。为提升服务效率和质量,图书馆应提供真实可信、优质的旅游文化信息服务,为地方旅游产业提供坚实的文化支撑,从而推动旅游产业的持续发展。

四、公共图书馆开发地方文献助力文化旅游发展的策略

1. 构建文献资源中心,扩大地方文献的收集

(1)建立地方文献保护机制

地方文献的采集、整理与使用是图书馆业务运作的基础环节,也是图书馆文献资源建设不可或缺的部分。为了更好地推动和保护地方文献资源,各省市已经从多个角度出发,制定了关于地方资源建设、采集、管理

的相关管理规定，例如，《浙江省公共图书馆地方文献资源建设规范（试行）》《厦门市地方文献管理办法》《济宁市地方史志工作管理办法》，和山西省图书馆的《地方文献专题征集方案》等。这些地方管理规定的实施，有助于民间散落的地方文献的采集工作，也有利于图书馆对馆藏地方文献的管理，进一步推动各级图书馆地方文献工作的规范化和制度化。

（2）创新地方文献收集方式

地方文献的征集工作，不仅充实了公共图书馆的馆藏，还为国家和社会的宝贵信息资源提供了有力保障。随着时代的发展，公共图书馆在地方文献征集方式上也有所创新。

首先，利用各类文化宣传活动来促进地方文献的征集。公共图书馆可以借助各类文化展览的机会，开展相关主题的地方文献征集活动，引导观众在欣赏文化的同时，主动捐赠相关文献。

其次，采用线上与线下相结合的征集方式。例如，首都图书馆在"百名摄影师聚焦脱贫攻坚图片巡展"活动中，除了进行线上线下的联展，还开展了相关的照片征集活动。

最后，口述史料的采集也是重要的征集方式之一。国家图书馆已开展了50余个专题的中国记忆项目，对一些代表性人物进行了口述历史的访问，并形成了大量的口述史料和历史影音资料等文献资源。在国家图书馆的引领下，各省市公共图书馆也纷纷推动了"城市记忆"和"口述史"等相关项目的实施。

2. 构建文化研发中心，建立地方文献开发体系

建立以省级公共图书馆为核心的横向与纵向交织的地方文献开发体系，不仅能有效降低地方文献开发所需的时间与人力成本，而且还能显著提升地方文献的查全率和查准率，进而优化信息利用效率。

（1）横向构建——开发主体间协作

为确保地方历史文献得到有效开发，应建立一种以旅游管理部门与图书馆协作为主，其他社会组织、民营机构为辅的开发模式。在此模式下，旅游部门需根据具体的旅游产品进行规划，而公共图书馆则负责对相关的地方文献进行深入调研，整合资源，并确定开发思路和具体方法。除此之

外，其他政府部门、社会组织及民间机构等也应提供必要的协助。

近期，国家图书馆与北京市公园管理中心达成了战略合作协议。根据协议，国家图书馆将依托自身丰富的馆藏资源，深入挖掘园林的历史文化内涵，从而推动图书馆与北京公园的融合发展。这一成功的合作模式为其他层级图书馆与其他部门开展文旅合作提供了宝贵的借鉴经验。

此外，南京图书馆也积极响应江苏省文化和旅游厅"以文促旅，以旅彰文"的工作思路，与省内各旅游景点展开紧密合作，成为促进文旅融合的重要力量。

公共图书馆还应充分发挥自身优势，主动与地方相关部门展开合作，通过举办各类文化、艺术、非遗等主题活动，将自身的地方文献馆藏资源及研究成果以创新形式呈现给社会，打造独具特色的文化旅游新产品。

（2）纵向构建——建立地方文献共享共建平台

省级公共图书馆作为核心力量，应积极推动各级公共图书馆之间的合作。在各地馆藏特色地方文献的基础上，以促进地区经济和社会发展为目标，共同构建特色文献数据库。通过这种方式，可以形成一个覆盖全省的图书馆共享共建平台。这种共享共建模式的建立，将有助于建立一个自下而上的地方文献共享数据平台，进一步推动地方文献的区域性、系统性和多样性。以广东省立中山图书馆为例，它与各地、市图书馆分工协作，充分利用各级图书馆对本土文化的深入了解和认识，建立具有本地特色的文化信息资源库，以实现地域范围内的特色资源共建共享。

3. 构建科技创新中心，深化文献信息服务

公共图情机构在创新与创业链条中发挥着引领作用，应积极与各类市场主体运营的创新平台、孵化器和产业园区等进行深度合作，共同推动创新创意的生成与发展。在深化文献信息服务的过程中，公共图书馆应充分利用现代化信息技术，为地方文化旅游事业的进步提供有力支持。

上海图书馆在2019年先后被确立为国家文化和旅游公共服务研究基地、文化和旅游研究基地。该馆聚焦于文旅融合、全域旅游等关键领域的研究。通过开放数据平台，上海图书馆成功举办了多届应用开发竞赛，吸引了大量高校师生、科研人员和企业团队参与，并催生了一批优质项目。

第八章
地方文献开发利用现存问题与对策

以清华大学图书馆的"THU—学者库服务团队"为例,该团队以上海图书馆的开放数据平台为基础,对上海的红色旅游景点进行了全面梳理和信息整合,构建了一系列知识图谱,并研发了名为"丹红印记"的微信小程序。这一小程序让游客在欣赏上海美景的同时,也能深刻感受到历史文化的厚重。此外,还有其他多种主题的微信小程序,它们将地方优秀文化、历史建筑和红色景点等元素融合在一起,利用增强现实技术(Augmented Reality,简称 AR)、游戏闯关等方式,充分挖掘和呈现了上海的人文旅游资源。上海图书馆在地方文献服务方面的创新思路,为地方文化与旅游资源的融合开发提供了一种全新的方法和路径。

第四节
建设面向地区经济与文化的地方文献信息资源体系

随着社会经济的发展和文化的繁荣,地方文献信息资源体系的建设变得越来越重要。为了更好地服务地区经济和文化发展,需要建设一个面向地区经济与文化的地方文献信息资源体系。

第一,这个体系需要涵盖地区内的各类文献资源,包括政府文件、企业报告、学术论文、历史档案、民俗文化资料等。这些资源不仅有助于了解地区的历史文化,还能为地区经济发展提供有力支持。

第二,这个体系需要具备数字化和网络化的特点。通过数字化技术,可以将各类文献资源转化为电子格式,方便存储和检索。通过网络化技术,可以将这些资源整合到一个平台上,从而实现资源共享和跨时空利用。

第三,这个体系需要注重资源的质量和更新,确保所收录的文献资源具有较高的学术价值和实用价值,同时还需要定期更新和补充新的文献资源,以保证体系的时效性和完整性。

第四,这个体系需要加强宣传和推广。通过各种渠道和媒体,宣传和推广这个体系,提高其知名度和影响力。同时,还需要积极与政府部门、企事业单位、学术机构等合作,共同推动地区经济和文化的发展。

一、地方文献的科学整理

地方文献是记录特定地区历史、文化、人物和事件的重要资料,它承载着一个地区的记忆和智慧,对于了解和研究地方发展具有不可替代的作用。然而，由于种种原因，这些文献往往散落在各个角落，难以得到有效的整理和利用。因此，地方文献的科学整理显得尤为重要。

科学整理地方文献需要有一个系统性的规划和设计。这包括确定收集范围、制定分类标准、建立检索系统等。在收集范围上，应尽可能地涵盖该地区的各个方面，包括历史、地理、文化、社会、经济等。例如，可以深入挖掘当地的历史事件、名人故事、民俗文化等内容，以丰富地方文献的内涵。在分类标准上，应根据文献的特点和内容进行科学合理的划分，以便于后续的检索和使用。例如，可以根据文献的类型、年代、主题等因素进行分类，建立层次分明、逻辑清晰的分类体系。在检索系统上，应充分利用现代信息技术，建立电子化的检索系统，提高文献的利用率和共享率。通过建立数据库、搜索引擎等工具，方便用户快速查找和获取相关文献。

除了系统性规划和设计外，科学整理地方文献还需要重视版本问题。由于许多文献具有历史价值，因此应尽可能收集各种版本，以反映历史的演变过程。同时，对于一些珍贵的孤本或手抄本，更应加强保护和修复工作，避免因不当处理而造成损坏。这就需要专业人员对文献进行精心呵护和科学管理，以确保这些珍贵的资料能够长久保存下去。

科学整理地方文献还需要加强与其他机构的合作与交流。通过合作与交流，可以共享资源、互相学习、共同进步。例如，可以与当地图书馆、博物馆、档案馆等机构合作，共同开展地方文献的整理和研究工作。同时，也可以通过学术交流、研讨会等方式，促进不同机构之间的交流与合作，从而推动地方文献整理工作的不断发展。

二、面向地区经济、文化建设的地方文献体系模式

在当今社会，地方文献对于推动地区经济和文化发展具有重要意义。为了更好地服务于地区经济和文化建设，我们需要构建一个完善的地方文献体系模式。

在构建地方文献体系时，首先需要明确收集的范围。这包括本地区的政治、经济、文化、历史等方面的文献资料。此外，还应该包括本地区的

地理、人口、自然资源等方面的资料。通过明确收集范围，可以确保地方文献的完整性和系统性。

为了方便管理和利用地方文献，需要建立地方文献数据库。数据库应该包括各种类型的地方文献，如图书、期刊、报纸、图片、视频等。同时，数据库应该具备强大的检索功能，方便用户快速查找所需资料。此外，数据库还应该定期更新和维护，以确保数据的准确性和完整性。

随着数字化技术的不断发展，数字化已经成为地方文献管理的重要趋势。通过数字化技术，可以将传统的纸质地方文献转化为数字格式，方便存储和传播。同时，数字化技术还可以提高地方文献的检索速度和准确性，进一步扩大地方文献的影响力和利用率。

为了更好地服务于地区经济和文化建设，需要开展地方文献研究和出版工作。这包括对地方文献进行整理、编纂、研究，挖掘其中的历史和文化价值。此外，还应该通过出版物等形式，将研究成果传播给社会各界，从而推动地区经济和文化的发展。

为了提高地方文献的知名度和影响力，需要加强宣传和推广工作，可以通过举办展览、开展宣传活动、加强与相关机构的合作等方式实现。通过宣传和推广工作，可以吸引更多的人关注和利用地方文献，为地区经济和文化发展做出更大的贡献。

面向地区经济、文化建设的地方文献体系模式需要从保障体系、收集体系和服务体系三个方面入手，全面提升地方文献工作的质量和水平。只有这样，才能更好地服务于地区经济和文化建设，推动地区的发展和进步。

保障体系是地方文献体系的基石，主要包括政策保障、资金保障和人才保障。政策保障对于地方文献工作至关重要，它能够为文献的收集、保存和利用提供法律支持，确保各项工作有法可依；资金保障则是实现地方文献工作持续发展的关键因素之一，通过提供稳定的经费支持，可以用于购买和维护地方文献的设施设备，提高文献的保护和管理水平；而人才保障则是推动地方文献工作专业化发展的重要力量，通过培养和引进专业人才，能够提高地方文献工作的专业化水平，提升整体服务质量和效果。

收集体系是地方文献工作的核心环节。在收集地方文献时，首先要明

第八章
地方文献开发利用现存问题与对策

确收集范围，根据地区经济和文化建设的需要来确定收集的重点和覆盖面。同时，要采取多种途径进行收集，包括捐赠、交换、购买等，以确保文献来源的多样性和丰富性。此外，收集程序应规范、透明，遵循一定的规则和流程，确保文献的真实性和完整性。在收集过程中，还要注重对文献的分类、编目和整理工作，建立完善的文献档案管理制度，方便后续的查询和使用。

服务体系是地方文献工作的最终目的。服务内容应紧密结合地区经济和文化建设的需要，提供具有针对性和实用性的服务。例如，可以提供历史资料、文化资源等，为地区的发展和进步提供有力的支持。其服务方式可以采取多种形式，如在线查询、借阅、复制等，以满足不同用户的需求。同时，要注重提高服务质量，这可以通过不断改进服务流程、提升服务水平、提高用户满意度等方式来实现。此外，还要加强与地区内其他相关机构的合作与交流，共同推动地区经济和文化的发展。

参考文献

[1] 黎细玲. 文旅融合背景下省级公共图书馆地方文献资源利用与开发[J]. 图书馆, 2022 (3): 98-103, 111.

[2] 陈秋华. 公共图书馆对地方文献资源的开发利用探讨[J]. 兰台内外, 2023 (17): 61-63.

[3] 查炜. 图书馆与旅游融合发展实践及思考[J]. 图书馆, 2020 (2): 41-45.

[4] 李丹丹, 刘士莹. 文化软实力视域下公共图书馆地方文献资源建设[J]. 图书馆学刊, 2023, 45 (12): 41-44.

[5] 潘玲, 任竞.《公共图书馆法》视野下的图书馆协同治理与协同创新[J]. 图书馆论坛, 2023, 43 (12): 95-101.

[6] 万真真. 公共图书馆价值资源挖掘分析[J]. 河南图书馆学刊, 2023, 43 (11): 42-44.

[7] 乔红霞, 耿雪芬, 刘敬启. 公共图书馆地方文献资源的开发和利用[J]. 情报资料工作, 2000 (S1): 130-131.

[8] 王自洋, 陈一诗, 肖雨滋. 文旅融合背景下我国公共图书馆特色资源建设与利用策略研究[J]. 图书馆, 2021 (6): 80-86.

[9] 何虹. 图书馆地方文献资源建设与利用途径探索: 以广州图书馆为例[J]. 图书馆, 2019 (11): 105-111.

[10] 杨思洛, 杨依依. 省级公共图书馆特色数据库建设调查分析[J]. 图书馆, 2019 (8): 104-111.

[11] 许志云. 公共图书馆地方文献建设的现状与变革[J]. 图书馆, 2016 (4): 97-100.

[12] 刘佳. 安徽省公共图书馆地方特色文献资源建设探析[J]. 晋图学刊, 2020 (5): 24-29.

[13] 赵丹阳. 国家图书馆网络资源采集与保存平台的技术实现[J]. 数字图

书馆论坛,2020 (9):41-47.

[14] 张明乾.地方特色数字资源建设的实践与思考:以宁夏回族自治区图书馆为例 [J].图书馆理论与实践,2020 (5):57-60,79.

[15] 张锡田,王琪.地方特色档案收集的问题与对策研究 [J].北京档案,2018 (7):11-14.

[16] 邹燕琴.社会记忆视域下地方特色数字档案资源开发模式与路径研究 [J].档案与建设,2018 (7):13-16,20.

[17] 杨敏.省级公共图书馆地方特色资源建设研究:以湖南地方戏剧资源库建设为例 [J].高校图书馆工作,2017,37 (6):52-54.

[18] 夏秀丽.地方特色档案资源开发 [J].中国档案,2017 (6):38-39.

[19] 郑映锋.对区域数字图书馆联盟建设的几点思考:以清远地区为例 [J].清远职业技术学院学报,2017,10 (2):14-18.

[20] 王祝康.公共图书馆自建特色数据库版权管理探析 [J].图书馆工作与研究,2016 (12):31-36.

[21] 张瑞兰.广东省公共图书馆文旅融合发展研究 [D].广州:广州大学,2023.

[22] 刘文钰.我国公共图书馆文旅融合服务现状研究 [D].太原:山西大学,2023.

[23] 古彪.评估视角下县域公共图书馆建设现状及对策研究:以C县图书馆为例 [D].南宁:广西民族大学,2023.

[24] 任崴薇.省级图书馆地方特色数字资源建设研究 [D].郑州:郑州航空工业管理学院,2023.

[25] 刘一凡.基于地方文献开发利用的公共图书馆研学旅行研究:以嘉定区图书馆"支教结合"项目为例 [D].上海:华东师范大学,2023.

[26] 林姝婷.基层图书馆提供公共文化服务存在的问题及对策研究:以福州市L县为例 [D].福州:福建师范大学,2022.

[27] 程小玲.我国省级公共图书馆地方文化数据库建设与利用研究 [D].合肥:安徽大学,2022.

[28] 湖南图书馆.全国地方文献工作与研究 [M].北京:国家图书馆出版社,2019.

［29］金晓林，乌兰山丹，陈春燕．中国图书馆人物［M］．呼和浩特：远方出版社，2018．

［30］莫少强，伍清霞，张喜年．开放 合作 共享 服务：联合参考咨询的实践探索与社会反馈［M］．广州：广东经济出版社，2012．

［31］吴慰慈，董焱．图书馆学概论［M］．北京：国家图书馆出版社，2008．

［32］金胜勇，锅艳玲，陈则谦．信息资源建设［M］．北京：科学出版社，2017．

［33］陈平殿．21世纪的信息资源建设［M］．北京：海洋出版社，2011．

［34］程焕文，潘燕桃．信息资源共享［M］．北京：高等教育出版社，2004．

［35］李丹．我国公共图书馆评估制度研究［M］．北京：国家图书馆出版社，2021．

［36］陈立旭．创新公共文化发展模式：浙江的探索［M］．北京：中国社会科学出版社，2014．

［37］叶娅丽，李岑虎．研学旅行概论［M］．桂林：广西师范大学出版社，2020．

［38］王以俭，廖晓飞．地方文献与阅读推广［M］．北京：朝华出版社，2019．

［39］甘肃省图书馆．文化、旅游与地方文献［M］．北京：光明日报出版社，2019．

［40］祝胜华，何永生．研学旅行课程体系探索与践行［M］．武汉：华中科技大学出版社，2018．

附录一

中华人民共和国公共图书馆法

(2017年11月4日第十二届全国人民代表大会常务委员会第三十次会议通过 根据2018年10月26日第十三届全国人民代表大会常务委员会第六次会议《关于修改〈中华人民共和国野生动物保护法〉等十五部法律的决定》修正)

目录

第一章 总 则
第二章 设 立
第三章 运 行
第四章 服 务
第五章 法律责任
第六章 附 则

第一章 总 则

第一条 为了促进公共图书馆事业发展，发挥公共图书馆功能，保障公民基本文化权益，提高公民科学文化素质和社会文明程度，传承人类文明，坚定文化自信，制定本法。

第二条 本法所称公共图书馆，是指向社会公众免费开放，收集、整理、保存文献信息并提供查询、借阅及相关服务，开展社会教育的公共文化设施。

前款规定的文献信息包括图书报刊、音像制品、缩微制品、数字资源等。

第三条 公共图书馆是社会主义公共文化服务体系的重要组成部分，应当将推动、引导、服务全民阅读作为重要任务。

公共图书馆应当坚持社会主义先进文化前进方向，坚持以人民为中心,坚持以社会主义核心价值观为引领,传承发展中华优秀传统文化,继承革命文化,发展社会主义先进文化。

第四条 县级以上人民政府应当将公共图书馆事业纳入本级国民经济和社会发展规划,将公共图书馆建设纳入城乡规划和土地利用总体规划,加大对政府设立的公共图书馆的投入,将所需经费列入本级政府预算,并及时、足额拨付。

国家鼓励公民、法人和其他组织自筹资金设立公共图书馆。县级以上人民政府应当积极调动社会力量参与公共图书馆建设,并按照国家有关规定给予政策扶持。

第五条 国务院文化主管部门负责全国公共图书馆的管理工作。国务院其他有关部门在各自职责范围内负责与公共图书馆管理有关的工作。

县级以上地方人民政府文化主管部门负责本行政区域内公共图书馆的管理工作。县级以上地方人民政府其他有关部门在各自职责范围内负责本行政区域内与公共图书馆管理有关的工作。

第六条 国家鼓励公民、法人和其他组织依法向公共图书馆捐赠,并依法给予税收优惠。

境外自然人、法人和其他组织可以依照有关法律、行政法规的规定,通过捐赠方式参与境内公共图书馆建设。

第七条 国家扶持革命老区、民族地区、边疆地区和贫困地区公共图书馆事业的发展。

第八条 国家鼓励和支持发挥科技在公共图书馆建设、管理和服务中的作用,推动运用现代信息技术和传播技术,提高公共图书馆的服务效能。

第九条 国家鼓励和支持在公共图书馆领域开展国际交流与合作。

第十条 公共图书馆应当遵守有关知识产权保护的法律、行政法规规定,依法保护和使用文献信息。

馆藏文献信息属于文物、档案或者国家秘密的,公共图书馆应当遵守有关文物保护、档案管理或者保守国家秘密的法律、行政法规规定。

第十一条 公共图书馆行业组织应当依法制定行业规范,加强行业自律,维护会员合法权益,指导、督促会员提高服务质量。

第十二条　对在公共图书馆事业发展中作出突出贡献的组织和个人，按照国家有关规定给予表彰和奖励。

第二章　设　立

第十三条　国家建立覆盖城乡、便捷实用的公共图书馆服务网络。公共图书馆服务网络建设坚持政府主导，鼓励社会参与。

县级以上地方人民政府应当根据本行政区域内人口数量、人口分布、环境和交通条件等因素，因地制宜确定公共图书馆的数量、规模、结构和分布，加强固定馆舍和流动服务设施、自助服务设施建设。

第十四条　县级以上人民政府应当设立公共图书馆。

地方人民政府应当充分利用乡镇（街道）和村（社区）的综合服务设施设立图书室，服务城乡居民。

第十五条　设立公共图书馆应当具备下列条件：

（一）章程；

（二）固定的馆址；

（三）与其功能相适应的馆舍面积、阅览座席、文献信息和设施设备；

（四）与其功能、馆藏规模等相适应的工作人员；

（五）必要的办馆资金和稳定的运行经费来源；

（六）安全保障设施、制度及应急预案。

第十六条　公共图书馆章程应当包括名称、馆址、办馆宗旨、业务范围、管理制度及有关规则、终止程序和剩余财产的处理方案等事项。

第十七条　公共图书馆的设立、变更、终止应当按照国家有关规定办理登记手续。

第十八条　省、自治区、直辖市人民政府文化主管部门应当在其网站上及时公布本行政区域内公共图书馆的名称、馆址、联系方式、馆藏文献信息概况、主要服务内容和方式等信息。

第十九条　政府设立的公共图书馆馆长应当具备相应的文化水平、专业知识和组织管理能力。

公共图书馆应当根据其功能、馆藏规模、馆舍面积、服务范围及服务人口等因素配备相应的工作人员。公共图书馆工作人员应当具备相应的专业知识与技能，其中专业技术人员可以按照国家有关规定评定专业技术职称。

第二十条　公共图书馆可以以捐赠者姓名、名称命名文献信息专藏或者专题活动。

公民、法人和其他组织设立的公共图书馆，可以以捐赠者的姓名、名称命名公共图书馆、公共图书馆馆舍或者其他设施。

以捐赠者姓名、名称命名应当遵守有关法律、行政法规的规定，符合国家利益和社会公共利益，遵循公序良俗。

第二十一条　公共图书馆终止的，应当依照有关法律、行政法规的规定处理其剩余财产。

第二十二条　国家设立国家图书馆，主要承担国家文献信息战略保存、国家书目和联合目录编制、为国家立法和决策服务、组织全国古籍保护、开展图书馆发展研究和国际交流、为其他图书馆提供业务指导和技术支持等职能。国家图书馆同时具有本法规定的公共图书馆的功能。

第三章　运　行

第二十三条　国家推动公共图书馆建立健全法人治理结构，吸收有关方面代表、专业人士和社会公众参与管理。

第二十四条　公共图书馆应当根据办馆宗旨和服务对象的需求，广泛收集文献信息；政府设立的公共图书馆还应当系统收集地方文献信息，保存和传承地方文化。

文献信息的收集应当遵守有关法律、行政法规的规定。

第二十五条　公共图书馆可以通过采购、接受交存或者捐赠等合法方式收集文献信息。

第二十六条　出版单位应当按照国家有关规定向国家图书馆和所在地省级公共图书馆交存正式出版物。

第二十七条　公共图书馆应当按照国家公布的标准、规范对馆藏文献信息进行整理，建立馆藏文献信息目录，并依法通过其网站或者其他方式向社会公开。

第二十八条　公共图书馆应当妥善保存馆藏文献信息，不得随意处置；确需处置的，应当遵守国务院文化主管部门有关处置文献信息的规定。

公共图书馆应当配备防火、防盗等设施，并按照国家有关规定和标准对古籍和其他珍贵、易损文献信息采取专门的保护措施，确保安全。

第二十九条　公共图书馆应当定期对其设施设备进行检查维护，确保正常运行。

公共图书馆的设施设备场地不得用于与其服务无关的商业经营活动。

第三十条　公共图书馆应当加强馆际交流与合作。国家支持公共图书馆开展联合采购、联合编目、联合服务，实现文献信息的共建共享，促进文献信息的有效利用。

第三十一条　县级人民政府应当因地制宜建立符合当地特点的以县级公共图书馆为总馆，乡镇（街道）综合文化站、村（社区）图书室等为分馆或者基层服务点的总分馆制，完善数字化、网络化服务体系和配送体系，实现通借通还，促进公共图书馆服务向城乡基层延伸。总馆应当加强对分馆和基层服务点的业务指导。

第三十二条　公共图书馆馆藏文献信息属于档案、文物的，公共图书馆可以与档案馆、博物馆、纪念馆等单位相互交换重复件、复制件或者目录，联合举办展览，共同编辑出版有关史料或者进行史料研究。

第四章　服　务

第三十三条　公共图书馆应当按照平等、开放、共享的要求向社会公众提供服务。

公共图书馆应当免费向社会公众提供下列服务：

（一）文献信息查询、借阅；

（二）阅览室、自习室等公共空间设施场地开放；

（三）公益性讲座、阅读推广、培训、展览；

（四）国家规定的其他免费服务项目。

第三十四条　政府设立的公共图书馆应当设置少年儿童阅览区域，根据少年儿童的特点配备相应的专业人员，开展面向少年儿童的阅读指导和社会教育活动，并为学校开展有关课外活动提供支持。有条件的地区可以单独设立少年儿童图书馆。

政府设立的公共图书馆应当考虑老年人、残疾人等群体的特点,积极创造条件,提供适合其需要的文献信息、无障碍设施设备和服务等。

第三十五条 政府设立的公共图书馆应当根据自身条件,为国家机关制定法律、法规、政策和开展有关问题研究,提供文献信息和相关咨询服务。

第三十六条 公共图书馆应当通过开展阅读指导、读书交流、演讲诵读、图书互换共享等活动,推广全民阅读。

第三十七条 公共图书馆向社会公众提供文献信息,应当遵守有关法律、行政法规的规定,不得向未成年人提供内容不适宜的文献信息。

公共图书馆不得从事或者允许其他组织、个人在馆内从事危害国家安全、损害社会公共利益和其他违反法律法规的活动。

第三十八条 公共图书馆应当通过其网站或者其他方式向社会公告本馆的服务内容、开放时间、借阅规则等;因故闭馆或者更改开放时间的,除遇不可抗力外,应当提前公告。

公共图书馆在公休日应当开放,在国家法定节假日应当有开放时间。

第三十九条 政府设立的公共图书馆应当通过流动服务设施、自助服务设施等为社会公众提供便捷服务。

第四十条 国家构建标准统一、互联互通的公共图书馆数字服务网络,支持数字阅读产品开发和数字资源保存技术研究,推动公共图书馆利用数字化、网络化技术向社会公众提供便捷服务。

政府设立的公共图书馆应当加强数字资源建设、配备相应的设施设备,建立线上线下相结合的文献信息共享平台,为社会公众提供优质服务。

第四十一条 政府设立的公共图书馆应当加强馆内古籍的保护,根据自身条件采用数字化、影印或者缩微技术等推进古籍的整理、出版和研究利用,并通过巡回展览、公益性讲座、善本再造、创意产品开发等方式,加强古籍宣传,传承发展中华优秀传统文化。

第四十二条 公共图书馆应当改善服务条件、提高服务水平,定期公告服务开展情况,听取读者意见,建立投诉渠道,完善反馈机制,接受社会监督。

第四十三条　公共图书馆应当妥善保护读者的个人信息、借阅信息以及其他可能涉及读者隐私的信息，不得出售或者以其他方式非法向他人提供。

第四十四条　读者应当遵守公共图书馆的相关规定，自觉维护公共图书馆秩序，爱护公共图书馆的文献信息、设施设备，合法利用文献信息；借阅文献信息的，应当按照规定时限归还。

对破坏公共图书馆文献信息、设施设备，或者扰乱公共图书馆秩序的，公共图书馆工作人员有权予以劝阻、制止；经劝阻、制止无效的，公共图书馆可以停止为其提供服务。

第四十五条　国家采取政府购买服务等措施，对公民、法人和其他组织设立的公共图书馆提供服务给予扶持。

第四十六条　国家鼓励公民参与公共图书馆志愿服务。县级以上人民政府文化主管部门应当对公共图书馆志愿服务给予必要的指导和支持。

第四十七条　国务院文化主管部门和省、自治区、直辖市人民政府文化主管部门应当制定公共图书馆服务规范，对公共图书馆的服务质量和水平进行考核。考核应当吸收社会公众参与。考核结果应当向社会公布，并作为对公共图书馆给予补贴或者奖励等的依据。

第四十八条　国家支持公共图书馆加强与学校图书馆、科研机构图书馆以及其他类型图书馆的交流与合作，开展联合服务。

国家支持学校图书馆、科研机构图书馆以及其他类型图书馆向社会公众开放。

第五章　法律责任

第四十九条　公共图书馆从事或者允许其他组织、个人在馆内从事危害国家安全、损害社会公共利益活动的，由文化主管部门责令改正，没收违法所得；情节严重的，可以责令停业整顿、关闭；对直接负责的主管人员和其他直接责任人员依法追究法律责任。

第五十条　公共图书馆及其工作人员有下列行为之一的，由文化主管部门责令改正，没收违法所得：

（一）违规处置文献信息；

（二）出售或者以其他方式非法向他人提供读者的个人信息、借阅信息以及其他可能涉及读者隐私的信息；

（三）向社会公众提供文献信息违反有关法律、行政法规的规定，或者向未成年人提供内容不适宜的文献信息；

（四）将设施设备场地用于与公共图书馆服务无关的商业经营活动；

（五）其他不履行本法规定的公共图书馆服务要求的行为。

公共图书馆及其工作人员对应当免费提供的服务收费或者变相收费的，由价格主管部门依照前款规定给予处罚。

公共图书馆及其工作人员有前两款规定行为的，对直接负责的主管人员和其他直接责任人员依法追究法律责任。

第五十一条　出版单位未按照国家有关规定交存正式出版物的，由出版主管部门依照有关出版管理的法律、行政法规规定给予处罚。

第五十二条　文化主管部门或者其他有关部门及其工作人员在公共图书馆管理工作中滥用职权、玩忽职守、徇私舞弊的，对直接负责的主管人员和其他直接责任人员依法给予处分。

第五十三条　损坏公共图书馆的文献信息、设施设备或者未按照规定时限归还所借文献信息，造成财产损失或者其他损害的，依法承担民事责任。

第五十四条　违反本法规定，构成违反治安管理行为的，依法给予治安管理处罚；构成犯罪的，依法追究刑事责任。

第六章　附　则

第五十五条　本法自 2018 年 1 月 1 日起施行。

附录二

中华人民共和国档案法

（1987年9月5日第六届全国人民代表大会常务委员会第二十二次会议通过 根据1996年7月5日第八届全国人民代表大会常务委员会第二十次会议《关于修改〈中华人民共和国档案法〉的决定》第一次修正 根据2016年11月7日第十二届全国人民代表大会常务委员会第二十四次会议《关于修改〈中华人民共和国对外贸易法〉等十二部法律的决定》第二次修正 2020年6月20日第十三届全国人民代表大会常务委员会第十九次会议修订）

目 录

第一章 总 则
第二章 档案机构及其职责
第三章 档案的管理
第四章 档案的利用和公布
第五章 档案信息化建设
第六章 监督检查
第七章 法律责任
第八章 附 则

第一章 总 则

第一条 为了加强档案管理，规范档案收集、整理工作，有效保护和利用档案，提高档案信息化建设水平，推进国家治理体系和治理能力现代化，为中国特色社会主义事业服务，制定本法。

第二条 从事档案收集、整理、保护、利用及其监督管理活动，适用本法。

本法所称档案，是指过去和现在的机关、团体、企业事业单位和其他组织以及个人从事经济、政治、文化、社会、生态文明、军事、外事、科技等方面活动直接形成的对国家和社会具有保存价值的各种文字、图表、声像等不同形式的历史记录。

第三条 坚持中国共产党对档案工作的领导。各级人民政府应当加强档案工作，把档案事业纳入国民经济和社会发展规划，将档案事业发展经费列入政府预算，确保档案事业发展与国民经济和社会发展水平相适应。

第四条 档案工作实行统一领导、分级管理的原则，维护档案完整与安全，便于社会各方面的利用。

第五条 一切国家机关、武装力量、政党、团体、企业事业单位和公民都有保护档案的义务，享有依法利用档案的权利。

第六条 国家鼓励和支持档案科学研究和技术创新，促进科技成果在档案收集、整理、保护、利用等方面的转化和应用，推动档案科技进步。

国家采取措施，加强档案宣传教育，增强全社会档案意识。

国家鼓励和支持在档案领域开展国际交流与合作。

第七条 国家鼓励社会力量参与和支持档案事业的发展。

对在档案收集、整理、保护、利用等方面做出突出贡献的单位和个人，按照国家有关规定给予表彰、奖励。

第二章 档案机构及其职责

第八条 国家档案主管部门主管全国的档案工作，负责全国档案事业的统筹规划和组织协调，建立统一制度，实行监督和指导。

县级以上地方档案主管部门主管本行政区域内的档案工作，对本行政区域内机关、团体、企业事业单位和其他组织的档案工作实行监督和指导。

乡镇人民政府应当指定人员负责管理本机关的档案，并对所属单位、基层群众性自治组织等的档案工作实行监督和指导。

第九条 机关、团体、企业事业单位和其他组织应当确定档案机构或者档案工作人员负责管理本单位的档案，并对所属单位的档案工作实行监督和指导。

中央国家机关根据档案管理需要，在职责范围内指导本系统的档案业务工作。

第十条 中央和县级以上地方各级各类档案馆,是集中管理档案的文化事业机构,负责收集、整理、保管和提供利用各自分管范围内的档案。

第十一条 国家加强档案工作人才培养和队伍建设,提高档案工作人员业务素质。

档案工作人员应当忠于职守,遵纪守法,具备相应的专业知识与技能,其中档案专业人员可以按照国家有关规定评定专业技术职称。

第三章 档案的管理

第十二条 按照国家规定应当形成档案的机关、团体、企业事业单位和其他组织,应当建立档案工作责任制,依法健全档案管理制度。

第十三条 直接形成的对国家和社会具有保存价值的下列材料,应当纳入归档范围:

(一)反映机关、团体组织沿革和主要职能活动的;

(二)反映国有企业事业单位主要研发、建设、生产、经营和服务活动,以及维护国有企业事业单位权益和职工权益的;

(三)反映基层群众性自治组织城乡社区治理、服务活动的;

(四)反映历史上各时期国家治理活动、经济科技发展、社会历史面貌、文化习俗、生态环境的;

(五)法律、行政法规规定应当归档的。

非国有企业、社会服务机构等单位依照前款第二项所列范围保存本单位相关材料。

第十四条 应当归档的材料,按照国家有关规定定期向本单位档案机构或者档案工作人员移交,集中管理,任何个人不得拒绝归档或者据为己有。

国家规定不得归档的材料,禁止擅自归档。

第十五条 机关、团体、企业事业单位和其他组织应当按照国家有关规定,定期向档案馆移交档案,档案馆不得拒绝接收。

经档案馆同意,提前将档案交档案馆保管的,在国家规定的移交期限届满前,该档案所涉及政府信息公开事项仍由原制作或者保存政府信息的单位办理。移交期限届满的,涉及政府信息公开事项的档案按照档案利用规定办理。

第十六条 机关、团体、企业事业单位和其他组织发生机构变动或者撤销、合并等情形时,应当按照规定向有关单位或者档案馆移交档案。

第十七条 档案馆除按照国家有关规定接收移交的档案外,还可以通过接受捐献、购买、代存等方式收集档案。

第十八条 博物馆、图书馆、纪念馆等单位保存的文物、文献信息同时是档案的,依照有关法律、行政法规的规定,可以由上述单位自行管理。

档案馆与前款所列单位应当在档案的利用方面互相协作,可以相互交换重复件、复制件或者目录,联合举办展览,共同研究、编辑出版有关史料。

第十九条 档案馆以及机关、团体、企业事业单位和其他组织的档案机构应当建立科学的管理制度,便于对档案的利用;按照国家有关规定配置适宜档案保存的库房和必要的设施、设备,确保档案的安全;采用先进技术,实现档案管理的现代化。

档案馆和机关、团体、企业事业单位以及其他组织应当建立健全档案安全工作机制,加强档案安全风险管理,提高档案安全应急处置能力。

第二十条 涉及国家秘密的档案的管理和利用,密级的变更和解密,应当依照有关保守国家秘密的法律、行政法规规定办理。

第二十一条 鉴定档案保存价值的原则、保管期限的标准以及销毁档案的程序和办法,由国家档案主管部门制定。

禁止篡改、损毁、伪造档案。禁止擅自销毁档案。

第二十二条 非国有企业、社会服务机构等单位和个人形成的档案,对国家和社会具有重要保存价值或者应当保密的,档案所有者应当妥善保管。对保管条件不符合要求或者存在其他原因可能导致档案严重损毁和不安全的,省级以上档案主管部门可以给予帮助,或者经协商采取指定档案馆代为保管等确保档案完整和安全的措施;必要时,可以依法收购或者征购。

前款所列档案,档案所有者可以向国家档案馆寄存或者转让。严禁出卖、赠送给外国人或者外国组织。

向国家捐献重要、珍贵档案的，国家档案馆应当按照国家有关规定给予奖励。

第二十三条 禁止买卖属于国家所有的档案。

国有企业事业单位资产转让时，转让有关档案的具体办法，由国家档案主管部门制定。

档案复制件的交换、转让，按照国家有关规定办理。

第二十四条 档案馆和机关、团体、企业事业单位以及其他组织委托档案整理、寄存、开发利用和数字化等服务的，应当与符合条件的档案服务企业签订委托协议，约定服务的范围、质量和技术标准等内容，并对受托方进行监督。

受托方应当建立档案服务管理制度，遵守有关安全保密规定，确保档案的安全。

第二十五条 属于国家所有的档案和本法第二十二条规定的档案及其复制件，禁止擅自运送、邮寄、携带出境或者通过互联网传输出境。确需出境的，按照国家有关规定办理审批手续。

第二十六条 国家档案主管部门应当建立健全突发事件应对活动相关档案收集、整理、保护、利用工作机制。

档案馆应当加强对突发事件应对活动相关档案的研究整理和开发利用，为突发事件应对活动提供文献参考和决策支持。

第四章 档案的利用和公布

第二十七条 县级以上各级档案馆的档案，应当自形成之日起满二十五年向社会开放。经济、教育、科技、文化等类档案，可以少于二十五年向社会开放；涉及国家安全或者重大利益以及其他到期不宜开放的档案，可以多于二十五年向社会开放。国家鼓励和支持其他档案馆向社会开放档案。档案开放的具体办法由国家档案主管部门制定，报国务院批准。

第二十八条 档案馆应当通过其网站或者其他方式定期公布开放档案的目录，不断完善利用规则，创新服务形式，强化服务功能，提高服务水平，积极为档案的利用创造条件，简化手续，提供便利。

单位和个人持有合法证明，可以利用已经开放的档案。档案馆不按规定开放利用的，单位和个人可以向档案主管部门投诉，接到投诉的档案主管部门应当及时调查处理并将处理结果告知投诉人。

利用档案涉及知识产权、个人信息的，应当遵守有关法律、行政法规的规定。

第二十九条　机关、团体、企业事业单位和其他组织以及公民根据经济建设、国防建设、教学科研和其他工作的需要，可以按照国家有关规定，利用档案馆未开放的档案以及有关机关、团体、企业事业单位和其他组织保存的档案。

第三十条　馆藏档案的开放审核，由档案馆会同档案形成单位或者移交单位共同负责。尚未移交进馆档案的开放审核，由档案形成单位或者保管单位负责，并在移交时附具意见。

第三十一条　向档案馆移交、捐献、寄存档案的单位和个人，可以优先利用该档案，并可以对档案中不宜向社会开放的部分提出限制利用的意见，档案馆应当予以支持，提供便利。

第三十二条　属于国家所有的档案，由国家授权的档案馆或者有关机关公布；未经档案馆或者有关机关同意，任何单位和个人无权公布。非国有企业、社会服务机构等单位和个人形成的档案，档案所有者有权公布。

公布档案应当遵守有关法律、行政法规的规定，不得损害国家安全和利益，不得侵犯他人的合法权益。

第三十三条　档案馆应当根据自身条件，为国家机关制定法律、法规、政策和开展有关问题研究，提供支持和便利。

档案馆应当配备研究人员，加强对档案的研究整理，有计划地组织编辑出版档案材料，在不同范围内发行。

档案研究人员研究整理档案，应当遵守档案管理的规定。

第三十四条　国家鼓励档案馆开发利用馆藏档案，通过开展专题展览、公益讲座、媒体宣传等活动，进行爱国主义、集体主义、中国特色社会主义教育，传承发展中华优秀传统文化，继承革命文化，发展社会主义先进文化，增强文化自信，弘扬社会主义核心价值观。

第五章　档案信息化建设

第三十五条　各级人民政府应当将档案信息化纳入信息化发展规划，保障电子档案、传统载体档案数字化成果等档案数字资源的安全保存和有效利用。

档案馆和机关、团体、企业事业单位以及其他组织应当加强档案信息化建设，并采取措施保障档案信息安全。

第三十六条　机关、团体、企业事业单位和其他组织应当积极推进电子档案管理信息系统建设，与办公自动化系统、业务系统等相互衔接。

第三十七条　电子档案应当来源可靠、程序规范、要素合规。

电子档案与传统载体档案具有同等效力，可以以电子形式作为凭证使用。

电子档案管理办法由国家档案主管部门会同有关部门制定。

第三十八条　国家鼓励和支持档案馆和机关、团体、企业事业单位以及其他组织推进传统载体档案数字化。已经实现数字化的，应当对档案原件妥善保管。

第三十九条　电子档案应当通过符合安全管理要求的网络或者存储介质向档案馆移交。

档案馆应当对接收的电子档案进行检测，确保电子档案的真实性、完整性、可用性和安全性。

档案馆可以对重要电子档案进行异地备份保管。

第四十条　档案馆负责档案数字资源的收集、保存和提供利用。有条件的档案馆应当建设数字档案馆。

第四十一条　国家推进档案信息资源共享服务平台建设，推动档案数字资源跨区域、跨部门共享利用。

第六章　监督检查

第四十二条　档案主管部门依照法律、行政法规有关档案管理的规定，可以对档案馆和机关、团体、企业事业单位以及其他组织的下列情况进行检查：

（一）档案工作责任制和管理制度落实情况；

（二）档案库房、设施、设备配置使用情况；

（三）档案工作人员管理情况；

（四）档案收集、整理、保管、提供利用等情况；

（五）档案信息化建设和信息安全保障情况；

（六）对所属单位等的档案工作监督和指导情况。

第四十三条　档案主管部门根据违法线索进行检查时，在符合安全保密要求的前提下，可以检查有关库房、设施、设备，查阅有关材料，询问有关人员，记录有关情况，有关单位和个人应当配合。

第四十四条　档案馆和机关、团体、企业事业单位以及其他组织发现本单位存在档案安全隐患的，应当及时采取补救措施，消除档案安全隐患。发生档案损毁、信息泄露等情形的，应当及时向档案主管部门报告。

第四十五条　档案主管部门发现档案馆和机关、团体、企业事业单位以及其他组织存在档案安全隐患的，应当责令限期整改，消除档案安全隐患。

第四十六条　任何单位和个人对档案违法行为，有权向档案主管部门和有关机关举报。

接到举报的档案主管部门或者有关机关应当及时依法处理。

第四十七条　档案主管部门及其工作人员应当按照法定的职权和程序开展监督检查工作，做到科学、公正、严格、高效，不得利用职权牟取利益，不得泄露履职过程中知悉的国家秘密、商业秘密或者个人隐私。

第七章　法律责任

第四十八条　单位或者个人有下列行为之一，由县级以上档案主管部门、有关机关对直接负责的主管人员和其他直接责任人员依法给予处分：

（一）丢失属于国家所有的档案的；

（二）擅自提供、抄录、复制、公布属于国家所有的档案的；

（三）买卖或者非法转让属于国家所有的档案的；

（四）篡改、损毁、伪造档案或者擅自销毁档案的；

（五）将档案出卖、赠送给外国人或者外国组织的；

（六）不按规定归档或者不按期移交档案，被责令改正而拒不改正的；

（七）不按规定向社会开放、提供利用档案的；

（八）明知存在档案安全隐患而不采取补救措施，造成档案损毁、灭失，或者存在档案安全隐患被责令限期整改而逾期未整改的；

（九）发生档案安全事故后，不采取抢救措施或者隐瞒不报、拒绝调查的；

（十）档案工作人员玩忽职守，造成档案损毁、灭失的。

第四十九条　利用档案馆的档案，有本法第四十八条第一项、第二项、第四项违法行为之一的，由县级以上档案主管部门给予警告，并对单位处一万元以上十万元以下的罚款，对个人处五百元以上五千元以下的罚款。

档案服务企业在服务过程中有本法第四十八条第一项、第二项、第四项违法行为之一的，由县级以上档案主管部门给予警告，并处二万元以上二十万元以下的罚款。

单位或者个人有本法第四十八条第三项、第五项违法行为之一的，由县级以上档案主管部门给予警告，没收违法所得，并对单位处一万元以上十万元以下的罚款，对个人处五百元以上五千元以下的罚款；并可以依照本法第二十二条的规定征购所出卖或者赠送的档案。

第五十条　违反本法规定，擅自运送、邮寄、携带或者通过互联网传输禁止出境的档案或者其复制件出境的，由海关或者有关部门予以没收、阻断传输，并对单位处一万元以上十万元以下的罚款，对个人处五百元以上五千元以下的罚款；并将没收、阻断传输的档案或者其复制件移交档案主管部门。

第五十一条　违反本法规定，构成犯罪的，依法追究刑事责任；造成财产损失或者其他损害的，依法承担民事责任。

第八章　附　则

第五十二条　中国人民解放军和中国人民武装警察部队的档案工作，由中央军事委员会依照本法制定管理办法。

第五十三条　本法自2021年1月1日起施行。

附录三

关于征集地方文献的函

南京图书馆是江苏省省级公共图书馆,国家一级图书馆,前身可追溯至1907年创办的江南图书馆和1933年国民政府时期筹建的中央图书馆。南京图书馆新馆坐落在大行宫,已成为南京的一个地标性建筑。

作为江苏省文献信息资源保障与服务中心,收藏本省出版物是南图职责所在。我馆也是贵单位资料得到永久妥善保存的最佳场所,同时,还能更多地方便读者阅览到贵单位的珍贵资料。目前南图的地方文献征集工作得到各出版单位乃至全社会的大力支持,地方文献馆藏已具备一定规模,为此我们专设了江苏地方文献阅览室以方便读者使用。

为进一步充实我馆地方文献馆藏,特面向贵单位征集我省各地相关文献资料(含正式出版和非正式出版物),您可以邮寄或者直接来馆,我馆在收到相关资料后,将及时出据捐赠证书,以示谢意。请贵单位继续一如既往地支持南图的地方文献征集工作,共同为江苏地方文献资源建设作贡献。

南京图书馆
二〇一五年十二月

邮寄地址:南京市中山东路189号南京图书馆采编部
邮编:210018

附录四

地方文献资源赠送协议书

为促进南京图书馆地方文献资源建设,本着诚实守信的原则,双方经友好协商,签订本协议如下:

第一条 协议宗旨

南京图书馆是江苏省省级公共图书馆,国家一级图书馆。作为江苏省文献信息资源保障与服务中心,地方文献工作不但是图书馆藏书的重点;利用地方文献信息资料,为社会发展和经济建设服务,也是公共图书馆应尽的社会责任。

南京图书馆的地方文献征集工作一直得到_____的大力支持,诚请_____继续支持南图的地方文献征集工作,共同为江苏地方文献资源建设作贡献。

第二条 甲方责任

江苏省档案局收藏或出版的,属于地方文献范围的文献资料均可赠送。

第三条 赠送范围

江苏省档案局收录的地方文献资料复本、地方文献资料研究出版物。纸质、录音、录像、影片、照片、光盘、缩微胶片、实物等载体形式不限。

第三条 乙方责任

1 乙方接受甲方所赠文献资料后,应及时加工、整理、上架,供读者阅览。

2 乙方在接收了甲方所赠地方文献资源之后,必须保证所赠文献资料用以补充地方特色馆藏、不得用于商业用途。

3 乙方可以利用所赠地方文献资源,进行本地区文献资源的组织、加工、整理、归纳等资源挖掘工作。

本协议一式两份,甲方执一份,乙方执一份。
本协议自签订之日起生效。

附录五

江苏省档案局地方文献资源赠送协议书

江苏省档案局为中共江苏省委、江苏省人民政府直属单位，履行档案行政管理职能。江苏省档案局借助档案开展编研工作，实施档案文化精品建设，编辑并出版了一大批档案类书籍，发挥了资政襄政、引领风尚、教育人民、服务社会、推动发展的作用。

南京图书馆是江苏省省级公共图书馆，国家一级图书馆。作为江苏省文献信息资源保障与服务中心，江苏档案类文献资料是南京图书馆重点藏书之一。利用档案类文献资料，为社会发展和经济建设服务，是公共图书馆应尽的社会责任，南京图书馆藏书征集工作得到了社会各界的大力支持。

一、南京图书馆恳请江苏省档案局继续支持南图的江苏地方文献资料收藏工作，在促进南京图书馆地方文献资源建设的同时，共同发挥服务经济社会发展、服务人民群众的功能。

二、江苏省档案局及全省档案系统公开或非公开出版的档案类书籍均为南京图书馆重点收藏。江苏省档案局安排专人通过电话、网络等方式及时告知出版信息，乙方派专人专程去取。乙方亦可购买相关档案类图书。

三、南京图书馆接受甲方所赠文献资料后，应及时加工、整理、上架，供广大读者借阅和利用。南京图书馆可以利用所赠文献资料，进行本地区文献资源的组织、加工、整理、归纳等资源挖掘工作。

本协议一式两份，甲方执一份，乙方执一份。

本协议自签订之日起生效。

附录六

关于建立馆际交流合作的协议书

甲方江苏省方志馆是具有收藏、借阅、展览、交流培训、资源开发等多种功能的公共文化服务场所，是宣传省情、地情，传承文明，服务社会，进行爱国主义教育的基地。馆内主要收藏江苏省、市、县（市、区）三级方志、年鉴、地情书，以及全国各省、市、自治区的方志、年鉴以及极具价值的旧志、文献资料等。

为促进双方藏书全面、系统，最大限度地满足读者需求，更好地为社会各界提供一站式服务，以此次《江苏历代方志全书》赠送活动为契机，秉持平等互利、资源共享、双向受益的原则，双方达成如下协议：

一、甲方支持乙方的江苏地方文献资料收藏工作，定期提供江苏省及全省市区县地方志系统公开出版的各类志书、年鉴、地情资料等相关信息，并视情赠送相关书籍。

二、乙方利用本馆资源，积极支持甲方志书、年鉴、地情资源建设工作。双方建立互助协作关系，开展馆际之间互相交流，实现文献资源共建共享。乙方馆藏的与方志相关的古籍、稿本、工具书、光盘等资料，优先向甲方赠送（条件允许）或进行文献传递和复制。

江苏省方志馆地址：江苏省南京市建邺区梦都大街50号

邮编：210019

联系电话：025—86383565，86381057

本协议一式两份，甲方执一份，乙方执一份。

本协议自签订之日起生效。

附录七

南京图书馆地方文献征集管理工作细则

1 征集内容与范围

1.1 江苏省各级党政机关、社会团体、企事业单位及个人编撰的反映本省历史、政治、经济、文化、教育等方面的各类公开出版物。

1.2 各级单位编印的统计资料、调研报告、文件汇编、地图、名录等内部资料和内部出版物及其他有价值的文献资料。

1.3 江苏省史志史料，含地方志、部门志、企业志、人物志、风情志、党史、校史、厂史、村史、事业史、大事记等。

1.4 民间谱录，含家谱、族谱、宗谱等；江苏地方名人史料，包括家史、传记、书稿、专著、书信等。

1.5 非物质文化遗产资料和各类民俗图片及文字材料，包括金石拓片、书法、绘画、古籍、旧版图书、历史实物、歌册、账本、地契等。

1.6 适合江苏作家作品馆收藏的各类著述、著作、作品手稿等。

1.7 在江苏省召开的各级、各类会议宣传材料、会议文集、资料汇编等。

1.8 民国文献。

1.9 历史文献。

1.10 其他与江苏相关的具保存价值的正式或非正式出版物。

2 征集办法

2.1 采购，包括书商购买、零购、网购、旧书市场购买。

2.2 征集：全省各单位征集。

2.3 接受赠送。

2.4 接收相关单位呈缴。

2.5 与江苏省档案局、江苏方志馆等单位建立专项合作关系。

3 加工与收藏

到馆地方文献，由专人接收、统计后，符合分编要求的，由采编部按文献资料正常加工、分编流程处理，并进入馆藏；不适合分类加工的地方文献，则经由专门或专题处理后，收入馆藏。

附录八

蓬莱区图书馆地方文献管理办法

做好地方文献的搜集、加工、整理工作,是各级公共图书馆的主要任务之一。随着社会的发展和科学技术的进步,地方出版物数量不断增长,原有的以索取为主的收集方式已远不能适应时代发展的需要。如何更新思想观念、改革运行机制、已成为地方文献征集工作的一个新的课题。具体措施如下:

1. 更新思想观念

多年来,图书馆人对地方文献的征集工作存有偏见,认为此项工作只是职能部门的事,只是图书馆工作的一个分支,好坏不影响大局。为破除这种陈旧观念,我们不惜花费大量时间,进行任务教育,使大家认识到地方文献是一个地区文明程度的象征。没有文化的土地是贫穷的土地,而有其悠久的历史与文化,不能很好地收集、挖掘、利用,可谓图书馆的工作失职。

2. 强化行政手段

通过工作汇报等形式,积极争取各级领导的重视,并以政府的名义下发文件,要求各部门、单位,凡编撰地方出版物、地方著述、地方史志及名人著作等,必须交付图书馆收藏存档。

3. 建立目标责任制

将图书馆工作人员、按部门、系统划分,按年度下达任务,制定目标、明确责任,年终进行征集工作评议,并记入工作成果。

4. 走访地方名人

向本地和外地名人定期发函、征集业绩成果及有关地方著述。有条件的可进行专访,保持经常联系,开发地方文献资源。

5. 定期举办展览

随着地方文献征集成果的扩大,馆藏的不断丰富,每隔2~3年,举办一次成果展览，形式多样、不拘一格。如地方风物展、地方史志展、地方英烈展等。把征集成果推向社会，扩大影响。

6. 搞好咨询代查

地方文献入藏有专人管理、有专门目录、有专架。有征集工作开展情况。

将地方文献编目存档，专室专柜专人负责，开办地方文献陈列室，开展经常性的咨询代查工作，使地方文献工作逐步走向规范化。

举办地方文献展览，不仅为弘扬家乡文化开辟了阵地，也为征集工作注入了活力、拓宽了道路。

我馆逐年搜集地方文献，已初具规模。通过举办展览、改进征集方式、扩大征集范围，征集数量成倍增长，质量不断提高，收到了事半功倍的效果。组织各部门、单位参观，即使家乡人受到教育和激励，也极大地提高了图书馆的声誉和知名度。

用家乡的历史，提高乡民素质，用家乡的人和事，教育家乡人。展览生动、形象、具体，前来参观的人，无不为新鲜丰富的内容所吸引，为新颖别致的形式所感染，为名人的事迹所打动。许多老同志结合个人经历，回顾历史，思绪万千。广大青少年纵观家乡史实、名人业绩，备受鼓舞，立志成才。地方名人见多识广，有专长，对地方深有影响，所提供的地方风物人文史料，都是宝贵的地方文献。

通过展览，社会各部门、各阶层对图书馆的社会地位及作用，予以重新估价，并对地方文献工作充满热忱。不少人主动提供地方文献和名人线索，使过去那种索要方式得到根本改变。这次地方文献展，历时一个月，参观阅览者近万人。停展之后转为陈列室，继续开展咨询代查、参观阅览活动。此次展览，已成为联结本地与外地的桥梁，对沟通信息、提供情报、引进项目、开放故乡起到了积极的作用，为家乡的经济建设带来了发展的契机。在外地工作的老专家，老教授，在来信中诚恳表达了愿为家乡做奉献且分文不取的意愿。展览期间，部分科技工作者和企业的管理人员对来自外地的科技论文和经济信息十分感兴趣，认真阅读记载。举办地方文献展，是我馆对地方文献征集工作的一次新的探索和大胆尝试，它兼"收""藏""用"于一体，充分体现了图书馆的办馆宗旨。

附录九

湖南省地方志文献资料保存管理办法

（试行）

第一条　为加强地方志文献资料保存管理，根据《地方志工作条例》等有关法律法规规定，制定本办法。

第二条　本办法适用于湖南省各级地方志工作机构专门用于集中保存地方志文献资料的库房，包括方志馆、资料室、阅览室、临时存放点、地方志文献资料保存展示区、特藏中心等。

第三条　本办法所称地方志文献资料，包括志书、年鉴、地情文献和在地方志编修过程中收集的地方志资料以及形成的地方志文稿等。

第四条　地方志工作机构应根据地方志文献资料现有藏量及预期增速，配备面积适宜的库房。库房选址应避免潮湿或易漏水易受潮的地方。

库房应当配备适合文献资料保护的消防设施，禁止使用喷淋系统。

因条件所限，可以移交档案馆的文献资料，应当及时移交。

第五条　库房应合理设置书刊架，分类规范存放地方志文献资料。条件允许的，可按《中国图书馆分类法》分类排架，建立文献资料目录。

第六条　地方志工作机构应当结合实际，建立地方志文献资料管理制度，指定专人负责日常保管工作。

第七条　库房应合理设置灯光、通风、防尘、防火、防盗、防潮等设施，建立安全保障设施定期巡查制度和应急预案。

第八条　库房钥匙应由专人管理，不得擅自转交他人保管和使用，不得自行配制。遗失应立即报告，及时换锁。

第九条　库房内严禁烟火，严禁放置易燃、易爆、放射性物品；严禁携带食物进入库房；库房通道严禁堆放杂物。

第十条　库房管理人员应当严格落实消防安全和文献安全工作责任制，做好库房防潮、防霉、防虫、防尘、防光等工作。经常巡查库房内文献保存状况，检查书刊存放状态，及时报告情况。定期投放除虫灭鼠药，及时回收过期药。

第十一条 库房管理人员应当做好书库的卫生清洁工作，维护书库卫生环境，及时清运垃圾。定期清理地面和书架，禁止用湿抹布擦拭书籍上的灰尘。

第十二条 库房应选择天气状况良好的天气通风，避免在阴雨、潮湿、大风、空气污染严重的天气开窗通风。

第十三条 建立健全地方志文献资料入藏、调拨、转移、取用、借阅制度，做好台账记录和交接登记。库房管理人员应定期对逾期未归还的文献资料进行盘点催回。

第十四条 文献资料入藏、分编、上架要及时。可直接上架的文献资料，原则上一周内完成；需要记到的现报现刊，应做到日清日结，归回的文献资料应于当天上架。

第十五条 根据事业发展需要，及时完善库房管理和文献服务操作流程规范，提升工作标准化、规范化水平。

第十六条 本办法自发布之日起试行。

附录十

河北省档案收集管理办法

《河北省档案收集管理办法》已经 2012 年 11 月 22 日省政府第 112 次常务会议通过，现予公布，自 2013 年 1 月 1 日起施行。

第一条　为加强档案收集工作，维护档案的完整与安全，有效地利用档案为经济和社会发展服务，根据《中华人民共和国档案法》和《河北省档案工作条例》等有关法律、法规的规定，结合本省实际，制定本办法。

第二条　本办法所称的档案收集，是指各级国家档案馆依照国家、本省有关规定，接收机关、团体、企业、事业单位和其他组织的档案，以及采用收购、征购、交换、接受捐赠等方式，征集散存于公民、法人和其他组织或者散失于境外对国家、社会具有保存价值的档案的活动。

第三条　本办法适用于本省各级国家档案馆的档案收集工作。其他各类档案馆收集档案，按国家和本省有关规定执行。

第四条　县级以上人民政府应当加强对档案收集工作的领导，将档案收集工作所需经费纳入财政预算。

第五条　县级以上人民政府档案行政管理部门主管本行政区域的档案收集工作，依法查处档案收集活动中的违法行为。

第六条　各级国家档案馆应当按规定接收本级下列机关、团体、企业、事业单位和其他组织的档案：

（一）中国共产党委员会及其所属各部门；

（二）人民代表大会及其常设机构；

（三）人民政府及其所属各部门和单位；

（四）人民政治协商会议及其常设机构；

（五）人民法院、人民检察院；

（六）民主党派机关；

（七）工会、共产主义青年团、妇女联合会和残疾人联合会等社会团体；

（八）事业单位和国有企业。

前款规定单位设置的临时机构和下属单位的档案，各级国家档案馆应当全部或者部分接收。

国家有关部门驻冀单位的档案，经其上级主管部门同意后，相关国家档案馆可以接收。

乡（镇）、街道办事处及其所属单位的档案，由县（市、区）国家档案馆负责接收。

第七条　前条规定的单位被撤销、解散、依法宣告破产或者由于其他原因终止的，相关国家档案馆应当按规定接收其尚未移交的档案。

第八条　除按本办法第六条、第七条的规定接收档案外，各级国家档案馆还应当将中华人民共和国成立前本行政区域各个历史时期政权机构、社会组织的档案，以及在中华人民共和国成立前后本行政区域的重大活动、重要事件、著名人物的档案和涉及民生的专业档案列入接收范围。

第九条　除本办法另有规定的外，各单位的档案应当向本级国家档案馆移交。

第十条　档案列入省国家档案馆接收范围的单位，应当向省国家档案馆移交其保管期限为"永久"的各种门类和载体的档案；档案列入设区的市和县（市、区）国家档案馆接收范围的单位，应当向设区的市和县（市、区）国家档案馆移交其保管期限为"永久"和"30年"以上的各种门类和载体的档案。

第十一条　对移交各级国家档案馆的档案，各单位应当按规定进行整理，经相关国家档案馆验收合格后办理移交手续。

第十二条　向各级国家档案馆移交档案时，各单位应当同时移交下列有助于了解档案内容及本单位历史的相关设备、工具和资料：

（一）按本省统一规定的信息网络传输标准和数据格式制作的文件数据资料；

（二）按国家有关规定编制的案卷目录、全引目录、机读目录、整理说明、全宗介绍、历史沿革、大事记、文件汇编和成果汇编等检索工具、参考资料；

（三）与移交档案有关的报刊、年鉴、方志、回忆录和口述档案等资料；

（四）管理和利用档案必需的专用设备。

第十三条　除国家另有规定的外，各单位应当按下列期限向相关国家档案馆移交档案：

（一）列入省国家档案馆接收范围的档案，自形成之日起满15年移交；

（二）列入设区的市国家档案馆接收范围的档案，自形成之日起满10年移交；

（三）列入县（市、区）国家档案馆接收范围的档案，自形成之日起满5年移交；

（四）本办法第六条规定的单位被撤销、解散或者由于其他原因终止时尚未移交的档案，自被撤销、解散或者终止之日起3个月内移交；

（五）国有企业依法宣告破产时尚未移交的档案，自企业破产清算终结之日起1个月内移交；

（六）重大活动、重要事件形成的档案，自重大活动或者重要事件结束之日起1个月内移交。

提前或者延期移交档案的，应当经本级人民政府档案行政管理部门同意。

第十四条　对列入各级国家档案馆接收范围但未到移交期限的档案，相关国家档案馆应当提前登记，档案形成单位应当进行全文数字化，并向相关国家档案馆备份。

第十五条　各级国家档案馆对散存于公民、法人和其他组织或者散失于境外对国家、社会具有保存价值的档案，可以依法予以征集。

第十六条　非国家所有的对国家和社会具有保存价值或者依法应当保密的档案，档案所有者应当妥善保管，也可以向各级国家档案馆寄存、捐赠或者出卖。对保管条件恶劣或者其他原因被认为可能导致档案严重损毁和不安全的，可以依法采取代为保管等确保档案完整和安全的措施，必要时可以依法收购或者征购。

第十七条　鼓励档案所有者向各级国家档案馆捐赠档案。捐赠者可以优先使用其捐赠的档案，并对档案中不宜向社会开放的部分提出限制使用意见。各级国家档案馆应当维护捐赠者的合法权益。

第十八条 在档案征集活动中，各级国家档案馆或者档案所有者对档案的真伪和价值有异议的，可以向省人民政府档案行政管理部门提出鉴定、评估申请。省人民政府档案行政管理部门接到申请后，应当及时聘请三名以上具有相关知识的专家进行鉴定、评估，并将鉴定、评估结果书面告知申请人。

第十九条 各级国家档案馆应当适应信息化建设的需要，收集电子档案和纸介质档案的数字化副本。有条件的国家档案馆应当按国家有关规定，开展电子档案备份和异地备份工作。

第二十条 单位和个人违反本办法规定的，由县级以上人民政府档案行政管理部门依照档案法律、法规的规定处理。

第二十一条 本办法自2013年1月1日起施行。2001年12月13日河北省人民政府通过的《河北省档案接收和收集管理办法》同时废止。